HEINZ-CHRISTIAN JÜLICH

Chancengleichheit der Parteien

Schriften zum Öffentlichen Recht

Band 51

Chancengleichheit der Parteien

Zur Grenze staatlichen Handelns gegenüber den politischen Parteien nach dem Grundgesetz

Von

Dr. Heinz-Christian Jülich

DUNCKER & HUMBLOT / BERLIN

Gedruckt 1967 bei Buchdruckerei Bruno Luck, Berlin 65
Printed in Germany
D 6

Vorwort

Das Parteiensystem in der Bundesrepublik hat sich seit 1949 zunehmend verfestigt. Die Zahl der zu Wahlen mit eigenen Wahlvorschlägen zugelassenen Parteien hat sich beträchtlich verringert; seit 1961 sind nur noch drei Fraktionen im Bundestag vertreten. Kritiker sprechen warnend vom „Establishment" und vom „Parteienkartell". Die demokratische Legitimität dieses Parteiensystems ist durch seine Offenheit gegenüber Veränderungen bedingt. Diese Offenheit wird durch den Grundsatz der gleichen Wettbewerbschancen aller Parteien vom Grundgesetz gewährleistet. Die vorliegende Arbeit geht der Frage nach, inwieweit die Chancengleichheit der Parteien das staatliche Handeln begrenzt.

Die Arbeit hat im Sommersemester 1966 der Rechts- und Staatswissenschaftlichen Fakultät der Westfälischen Wilhelms-Universität Münster als Dissertation vorgelegen. Das Manuskript wurde im April 1966 abgeschlossen; für die Drucklegung wurde es geringfügig ergänzt. Die Entscheidungen des Bundesverfassungsgerichts vom 19. Juli 1966 zur Frage der Parteienfinanzierung aus öffentlichen Mitteln sowie das bis zum Oktober 1966 erschienene Schrifttum konnten noch zum Teil berücksichtigt werden.

Dank schulde ich in besonderer Weise Herrn Professor Dr. Hans Ulrich *Scupin*, der die Arbeit betreut und ihre Entstehung hilfsbereit gefördert hat. Danken möchte ich auch Herrn Professor Dr. Dr. Ernst-Wolfgang *Böckenförde*, der mir die Anregung zu dem Thema der Arbeit gegeben hat, sowie dem Korreferenten Herrn Privatdozenten Dr. Erich *Küchenhoff*. Ferner habe ich all denen zu danken, die mir durch Hinweise und Auskünfte geholfen haben.

Herrn Ministerialrat a. D. Dr. Johannes *Broermann* gilt mein Dank für die Aufnahme der Arbeit in sein Verlagsprogramm.

Münster (Westf.), im Dezember 1966.

Heinz-Christian Jülich

Inhaltsverzeichnis

Zweiter Abschnitt

Chancengleichheit der Parteien als verfassungsrechtliches Prinzip

Dritter Abschnitt

Chancengleichheit der Parteien als Grenze staatlichen Handelns

Abkürzungsverzeichnis

AdG	=	Archiv der Gegenwart
AöR	=	Archiv des öffentlichen Rechts
ARD	=	Arbeitsgemeinschaft der öffentlich-rechtlichen Rundfunkanstalten Deutschlands
AUD	=	Aktionsgemeinschaft Unabhängiger Deutscher
Bay	=	Bayern
BayVerfGH	=	Bayerischer Verfassungsgerichtshof
BayVGH	=	Bayerischer Verwaltungsgerichtshof
BayVGHE	=	Entscheidungen des Bayerischen Verwaltungsgerichtshofs und des Bayerischen Verfassungsgerichtshofs
BayVBl	=	Bayerische Verwaltungsblätter
BdD	=	Bund der Deutschen
BGBl	=	Bundesgesetzblatt
BHE	=	Block der Heimatvertriebenen und Entrechteten
BK	=	Bonner Kommentar. Kommentar zum Bonner Grundgesetz. Bearb. v. H. J. Abraham u. a. Hamburg 1954. Zweitbearbeitung Hamburg 1964 ff.
Bln	=	Berlin
BP	=	Bayernpartei
BR	=	Bayerischer Rundfunk
BR-Gesetz	=	Gesetz über die Errichtung und die Aufgaben einer Anstalt des öffentlichen Rechts „Der Bayerische Rundfunk" v. 10. 8. 1948 (GVBl 135) i. d. F. v. 22. 12. 1959 (GVBl 314)
Bre	=	Bremen
BT	=	Bundestag
BVerfG	=	Bundesverfassungsgericht
BVerfGE	=	Entscheidungen des Bundesverfassungsgerichts
BVerwG	=	Bundesverwaltungsgericht
BVerwGE	=	Entscheidungen des Bundesverwaltungsgerichts
Bulletin	=	Bulletin des Presse- und Informationsamtes der Bundesregierung
BW	=	Baden-Württemberg
BWG	=	Bundeswahlgesetz v. 7. 5. 1956 (BGBl I, 383) i. d. F. der Gesetze v. 23. 12. 1956 (BGBl I, 1011), v. 14. 2. 1964 (BGBl I, 61) und v. 16. 3. 1965 (BGBl I, 65)
BWG 1949	=	Wahlgesetz zum ersten Bundestag und zur ersten Bundesversammlung der Bundesrepublik Deutschland v. 15. 6. 1949 (BGBl 21) i. d. F. der Gesetze v. 5. 8. 1949 (BGBl 25), v. 11.5. 1951 (BGBl I, 297), v. 15. 1. 1952 (BGBl I, 21), v. 20. 12. 1952 (BGBl I, 831) und v. 8. 1. 1953 (BGBl I, 2)
BWG 1953	=	Wahlgesetz zum zweiten Bundestag und zur Bundesversammlung v. 8. 7. 1953 (BGBl I, 470)

BWO	= Bundeswahlordnung v. 16.5.1957 i. d. F. der Bekanntmachung v. 8.4.1965 (BGBl I, 239)
CDU	= Christlich-Demokratische Union
CSU	= Christlich-Soziale Union
CVP	= Christliche Volkspartei
DDP	= Deutsche Demokratische Partei
DFU	= Deutsche Friedensunion
DJT	= Deutscher Juristentag
DNVP	= Deutschnationale Volkspartei
DöV	= Die öffentliche Verwaltung
DP	= Deutsche Partei
DRP	= Deutsche Reichs-Partei
Drs	= Drucksache
DRZ	= Deutsche Rechtszeitschrift
DVBl	= Deutsches Verwaltungsblatt
DVP	= Deutsche Volkspartei
DW-DF-Gesetz	= Gesetz über die Errichtung von Rundfunkanstalten des Bundesrechts (Deutsche Welle, Deutschlandfunk) v. 29.11. 1960 (BGBl I, 862)
EFP	= Europäische Föderalistische Partei
EStDVO	= Einkommensteuer-Durchführungsverordnung
EStG	= Einkommensteuergesetz
FAZ	= Frankfurter Allgemeine Zeitung
FDP	= Freie Demokratische Partei
FN	= Fußnote
FPÖ	= Freiheitliche Partei Österreichs
FR	= Frankfurter Rundschau
FSU	= Freisoziale Union
GDP	= Gesamtdeutsche Partei
GG	= Grundgesetz für die Bundesrepublik Deutschland v. 23.5.1949 (BGBl 1)
GrR II	= Die Grundrechte. Handbuch der Theorie und Praxis der Grundrechte. Band 2. Hrsg. v. Franz Neumann, Hans Carl Nipperdey, Ulrich Scheuner, Berlin 1954
GVBl	= Gesetz- und Verordnungsblatt
GVP	= Gesamtdeutsche Volkspartei
Hbg	= Hamburg
HDStR	= Handbuch des Deutschen Staatsrechts. Hrsg. v. Gerhard Anschütz und Richard Thoma. 2 Bde. Tübingen 1930 und 1932
Hes	= Hessen
HR	= Hessischer Rundfunk
HR-Gesetz	= Gesetz über den Hessischen Rundfunk v. 2.10.1948 (GVBl 123)
JIR	= Jahrbuch für Internationales Recht
J. O.	= Journal Officiel
JöR	= Jahrbuch des öffentlichen Rechts der Gegenwart
JR	= Juristische Rundschau
JW	= Juristische Wochenschrift
JZ	= Juristenzeitung
KWG	= Kommunalwahlgesetz

L-S	= Die Rechtsprechung des Staatsgerichtshofs für das Deutsche Reich. Hrsg. v. Hans-Heinrich Lammers und Walter Simons. Berlin 1929
LVerwG	= Landesverwaltungsgericht
LWG Bay	= Gesetz über Landtagswahl, Volksbegehren und Volksentscheid (Landeswahlgesetz) i. d. F. der Bekanntmachung v. 5. 9. 1958 (GVBl 221) und der Gesetze v. 12. 11. 1958 (GVBl 329), v. 3. 2. 1960 (GVBl 11), v. 26. 10. 1962 (GVBl 268), v. 25. 5. 1966 (GVBl 183) und v. 21. 9. 1966 (GVBl 267)
LWG Bln	= Gesetz über die Wahlen zum Abgeordnetenhaus und zu den Bezirksverordnetenversammlungen (Landeswahlgesetz) v. 28. 3. 1958 (GVBl 305) i. d. F. der Gesetze v. 14. 12. 1962 (GVBl 1304) und v. 25. 2. 1965 (GVBl 313)
LWG Bre	= Wahlgesetz für die Bürgerschaft (Landtag) v. 22. 4. 1955 (GVBl 63) i. d. F. der Bekanntmachung v. 8. 1. 1963 (GVBl 1) und des Gesetzes v. 21. 5. 1963 (GVBl 105)
LWG BW	= Gesetz über die Landtagswahlen (Landtagswahlgesetz) i. d. F. der Bekanntmachung v. 20. 9. 1963 (GVBl 153)
LWG Hbg	= Gesetz über die Wahl zur hamburgischen Bürgerschaft v. 6. 12. 1956 (GVBl 497) i. d. F. der Gesetze v. 24. 4. 1961 (GVBl 139) und v. 14. 2. 1966 (GVBl 46)
LWG Hes	= Gesetz über die Wahlen zum Landtag des Landes Hessen (Landtagswahlgesetz) i. d. F. der Bekanntmachung v. 12. 7. 1962 (GVBl 343) und des Gesetzes v. 4. 7. 1966 (GVBl 143)
LWG Nds	= Niedersächsisches Landeswahlgesetz i. d. Neufassung v. 30. 1. 1963 (GVBl 10)
LWG NW	= Gesetz über die Wahl zum Landtag des Landes Nordrhein-Westfalen (Landeswahlgesetz) i. d. F. v. 9. 2. 1966 (GVBl 40)
LWG RhPf	= Landeswahlgesetz i. d. F. der Bekanntmachung v. 12. 1. 1959 (GVBl 23) und der Gesetze v. 11. 7. 1962 (GVBl 73) und v. 17. 12. 1963 (GVBl 1964 5)
LWG Saar	= Gesetz Nr. 724 über die Wahl des Landtages des Saarlandes (Landtagswahlgesetz) v. 29. 9. 1960 (ABl 759)
LWG SchlH	= Wahlgesetz für den Landtag von Schleswig-Holstein (Landeswahlgesetz) i. d. F. v. 18. 3. 1966 (GVBl 41)
MW	= Mittelwelle
NDR	= Norddeutscher Rundfunk
NDR-Vertrag	= Staatsvertrag über den Norddeutschen Rundfunk (NDR) v.16. 2. 1955 (GVBl Nds 167)
Nds	= Niedersachsen
NJW	= Neue Juristische Wochenschrift
NPD	= Nationaldemokratische Partei Deutschlands
NW	= Nordrhein-Westfalen
NWDR	= Nordwestdeutscher Rundfunk
OVG	= Oberverwaltungsgericht
OVGE	= Entscheidungen der Oberverwaltungsgerichte Münster und Lüneburg
ÖVP	= Österreichische Volkspartei

PartGEntwKoal	=	Parteiengesetzentwurf der Fraktionen der CDU/CSU und FDP v. 17. 12. 1964 (BT Drs IV/2853)
PartGEntwReg	=	Regierungsentwurf eines Parteiengesetzes v. 25. 5. 1959 (BT Drs III/1509)
PartGEntwSPD	=	Parteiengesetzentwurf der Fraktionen der CDU/CSU und 1965 (BT Drs IV/3112)
PVS	=	Politische Vierteljahresschrift
RB	=	Radio Bremen
RB-Gesetz	=	Gesetz über die Errichtung und die Aufgaben einer Anstalt des öffentlichen Rechts „Radio Bremen" v. 22. 11. 1948 (GVBl 225) i. d. F. v. 12. 5. 1949 (GVBl 101)
RG	=	Reichsgericht
RGBl	=	Reichsgesetzblatt
RhPf	=	Rheinland-Pfalz
ROP	=	Recht und Organisation der Parlamente. Hrsg. im Auftrag der Interparlamentarischen Arbeitsgemeinschaft. Bielefeld 1958 ff
RStW III	=	Recht-Staat-Wirtschaft. Hrsg. v. Wandersleb. Band 3. Düsseldorf 1951.
RuF	=	Rundfunk und Fersehen.
RWG	=	Reichswahlgesetz v. 27. 4. 1920 (RGBl 627) i. d. F. v. 6. 3. 1924 (RGBl I, 159) und v. 13. 3. 1924 (RGBl I, 173).
Saar	=	Saarland
SDR	=	Süddeutscher Rundfunk
SDR-Gesetz	=	Württ.-bad. Gesetz Nr. 1096 (Rundfunkgesetz) v. 21. 11. 1950 i. d. F. v. 2. 8. 1951 (RegBl 63)
SED	=	Sozialistische Einheitspartei Deutschlands
SFB	=	Sender Freies Berlin
SFB-Gesetz	=	Gesetz über die Errichtung einer Rundfunkanstalt „Sender Freies Berlin" v. 12. 11. 1953 (GVBl 1400) i. d. F. v. 26. 10. 1964 (GVBl 1152)
SPD	=	Sozialdemokratische Partei Deutschlands
SPÖ	=	Sozialdemokratische Partei Österreichs
SR	=	Saarländischer Rundfunk
SR-Gesetz	=	Gesetz Nr. 806 über die Veranstaltung von Rundfunksendungen im Saarland (GVRS) v. 2. 12. 1964 (ABl 1111) i. d. F. v. 16. 12. 1965 (ABl 1966 49)
SSW	=	Südschleswigscher Wählerverband
StenBer	=	Stenographische Berichte
StGH	=	Staatsgerichtshof für das Deutsche Reich
StuKvw	=	Staats- und Kommunalverwaltung
SWF	=	Südwestfunk
SWF-Vertrag	=	Staatsvertrag über den Südwestfunk v. 27. 8. 1951 i. d. F. v. 29. 2. 1952 (GVBl RhPf 71)
SZ	=	Süddeutsche Zeitung
UAP	=	Unabhängige Arbeiterpartei
UKW	=	Ultrakurzwelle
UWG	=	Unabhängige Wählergemeinschaft
VerwRspr	=	Verwaltungs-Rechtsprechung in Deutschland
VVDStRL	=	Veröffentlichungen der Vereinigung der Deutschen Staatsrechtslehrer

WDR	=	Westdeutscher Rundfunk
WDR-Gesetz	=	Gesetz über den „Westdeutschen Rundfunk Köln" v. 25. 5. 1954 (GVBl 151)
WRV	=	Verfassung des Deutschen Reiches v. 11. 8. 1919 (RGBl 1383) (Weimarer Reichsverfassung)
ZaöRV	=	Zeitschrift für ausländisches öffentliches Recht und Völkerrecht
ZDF	=	Zweites Deutsches Fernsehen
ZDF-Vertrag	=	Staatsvertrag über die Errichtung der Anstalt des öffentlichen Rechts „Zweites Deutsches Fernsehen" v. 6. 6. 1961 (GVBl NW 269)
ZgesStW	=	Zeitschrift für die gesamte Staatswissenschaft
ZPol	=	Zeitschrift für Politik

Einleitung

§ 1: Gegenstand und Aufbau der Arbeit

Mehr als siebzehn Jahre nach der Erteilung des Verfassungsauftrages an den Bundesgesetzgeber steht das Parteiengesetz noch aus. Vergebliche Ansätze, politische Gegensätze und ein nur zum Teil verständliches Zögern des Parlaments liegen zurück, wenn — so bleibt zu hoffen — der 5. Deutsche Bundestag das Parteiengesetz verabschieden wird. Die demokratische Legitimität dieses zutiefst politischen Gesetzes — insoweit nur dem Wahlgesetz vergleichbar — wird davon abhängen, ob es die freien Wettbewerbschancen aller Parteien wahrt. Dieser Grundsatz, der einseitige Begünstigungen bestimmter Parteien durch das Parteiengesetz verbietet, wird in dem künftigen Gesetz selbst konkretisiert werden. Nicht im Brennpunkt der Auseinandersetzungen und damit auch nicht im Blickfeld der Öffentlichkeit stehend, ist in allen drei Gesetzentwürfen, die dem Bundestag bisher vorgelegen haben, der Grundsatz der Chancengleichheit der Parteien formuliert worden. Angesichts dieses ersten Versuches, das Rechtsverhältnis der Parteien untereinander sowie gegenüber dem Staat und anderen Trägern öffentlicher Gewalt auch außerhalb des Wahlrechts gesetzlich zu regeln, erscheint es notwendig, jenen Grundsatz näher zu untersuchen.

Als nach der wählerbezogenen Rechtsprechung und Lehre in der Weimarer Republik zum parlamentarischen Wahlrecht sich die Aufmerksamkeit der Verfassungsrechtler in der Bundesrepublik in besonderem Maße den politischen Parteien zuzuwenden begann, forderten bereits im Jahre 1950 drei bekannte Staatsrechtslehrer[1], im Rahmen des Parteiengesetzes auch das Prinzip der gleichen Wettbewerbschancen der Parteien zu sichern. Infolge des Schweigens des Gesetzgebers ist diese Aufgabe in der Folgezeit weitgehend dem Bundesverfassungsgericht zugefallen[2], dessen Rechtsprechung indessen noch nicht als völlig abgeschlossen angesehen werden kann und darf.

---

[1] *Forsthoff* DRZ 50, 315; *Leibholz*, 38. DJT, S. C 28; *v. Mangoldt* DöV 50, 574.

[2] Zur Problematik durch das „Hineinragen der Verfassungsgerichtsbarkeit in den Bereich des Politischen" vgl. *Klein*, Bundesverfassungsgericht, insbes. S. 17 ff.

Dem verfassungsrechtlichen Postulat der Chancengleichheit aller Parteien kann nicht der politisch-soziologische Befund der unterschiedlichen realen Startchancen der Parteien entgegengehalten werden. Das freie Spiel der politischen Kräfte im gesellschaftlichen Raum führt notwendigerweise zu solchen „natürlichen" Unterschieden. Dem hier zu behandelnden verfassungsrechtlichen Grundsatz der Chancengleichheit steht aber jede wettbewerbsverzerrende hoheitliche Einflußnahme entgegen. Im parlamentarischen Parteienstaat ist damit das Spannungsverhältnis berührt zwischen den auf Erhaltung und Verbesserung des status quo gerichteten Bestrebungen der *beati possidentes* und der demokratischen Forderung nach der Abhängigkeit aller staatlichen Herrschaft von der freien Willensbildung des Volkes.

Aufgabe der Arbeit ist es zu zeigen, wie der Grundsatz der Chancengleichheit aller Parteien ein Strukturprinzip unseres demokratischen Staates ist, welche Ausformung er im Verfassungssystem des Grundgesetzes besitzt und welche Folgerungen sich aus ihm für das staatliche Handeln gegenüber den Parteien ergeben. Während das traditionelle Verhältnis des Staates zu den Parteien fast ausschließlich durch gesetzliche Reglementierungen des Parteienwirkens im Zusammenhang mit Wahlen bestimmt worden ist, steht im Vordergrund der jüngsten Entwicklungsphasen dieses Verhältnisses die parteienfördernde Tätigkeit des Staates. So werden in einem ersten darstellenden Abschnitt der Arbeit zunächst Übersichten zu geben sein, die die Entwicklung und Beurteilung des staatlichen Handelns gegenüber den Parteien in den drei Bereichen Wahlrecht, Rundfunkwerbung und Parteienfinanzierung zum Gegenstand haben. Im anschließenden dogmatischen Teil soll versucht werden, den Grundsatz der Chancengleichheit näher zu bestimmen, während im dritten Abschnitt die Wirkungen dieses Grundsatzes als Grenze staatlichen Handelns in den angeführten Bereichen zu untersuchen sind. Abschließend werden die sich hieraus ergebenden Folgerungen aufgezeigt werden, die für die Gestaltung des künftigen Parteiengesetzes zu beachten sind.

Erster Abschnitt

Übersicht über die Entwicklung der Problematik

§ 2: Die Vorgeschichte eines Parteiengesetzes

I. Der Verfassungsauftrag

In der zweiten Lesung des späteren Artikels 21 GG im Hauptausschuß des Parlamentarischen Rates[1] wurde die jetzt gültige Formulierung gefunden. Damit wurde die bis dahin bestehende Fassung auf Vorschlag des Redaktionsausschusses aufgehoben. Diese hatte in den ersten beiden Absätzen gelautet:

(1) Die Mitwirkung der Parteien bei der politischen Willensbildung des Volkes und die innere Ordnung der Parteien sind durch Bundesgesetz zu regeln.

(2) Die Bildung der Parteien ist frei.

Demgegenüber heißt es in Art. 21 GG:

(1) Die Parteien wirken bei der politischen Willensbildung des Volkes mit. Ihre Gründung ist frei. Ihre innere Ordnung muß demokratischen Grundsätzen entsprechen. Sie müssen über die Herkunft ihrer Mittel öffentlich Rechenschaft geben.

(2) Parteien, die nach ihren Zielen oder nach dem Verhalten ihrer Anhänger darauf ausgehen, die freiheitliche demokratische Grundordnung zu beeinträchtigen oder zu beseitigen oder den Bestand der Bundesrepublik zu gefährden, sind verfassungswidrig. Über die Frage der Verfassungswidrigkeit entscheidet das Bundesverfassungsgericht.

(3) Das Nähere regeln Bundesgesetze.

Bei dieser Umformulierung war der Ausschuß sich darüber im klaren, daß es sich nur um eine redaktionelle, nicht aber um eine sachliche Änderung handelte, und daß insbesondere „die Auflage an den Bundesgesetzgeber, daß die Mitwirkung der Parteien bei der politischen Willensbildung des Volkes und die innere Ordnung der Parteien durch Bundesgesetz zu regeln sind", nicht fallengelassen worden sei[2].

---

[1] 27. Sitzg v. 15. 12. 1948 StenBer S. 320/21.
[2] aaO S. 320.

Art. 21 III GG enthält also auch nach dem Willen des Parlamentarischen Rates einen klaren Auftrag an den Bundesgesetzgeber zum Erlaß eines Parteiengesetzes. Dieser Verfassungsauftrag zur Schaffung materiellen Verfassungsrechts im Wege der Ergänzung und Konkretisierung des in Art. 21 GG enthaltenen Parteienrechts durch einfaches Bundesgesetz ist trotz mehrfacher Ansätze bisher nicht vom Bundestag erfüllt worden.

II. Die Parteiengesetzentwürfe

Auf Grund eines Zentrum-Antrags vom 6. 12. 1949[3] und einer entsprechenden Empfehlung des Ausschusses für Rechtswesen und Verfassungsrecht[4] forderte der Bundestag die Bundesregierung am 18. 10. 1950 einstimmig auf, einen Parteiengesetzentwurf vorzulegen[5]. Ein Gesetzentwurf des Bundesinnenministeriums vom 5. 5. 1951 wurde jedoch vom Kabinett nicht gebilligt[6]. Ein zweiter Entwurf wurde 1951 im Kabinett beraten, jedoch wegen der Auseinandersetzungen um die Ausgestaltung des hiermit eng zusammenhängenden Wahlrechts nicht angenommen[7]. Dies führte zu einer längeren Unterbrechung der Arbeiten. Sie wurden erst wieder aufgenommen, nachdem am 9. 8. 1957 der Bericht der vom Bundesinnenministerium im Dezember 1955 eingesetzten Parteienrechtskommission veröffentlicht worden war[8]. Im Regierungsprogramm 1957 wurde das Parteiengesetz nicht erwähnt.

Auf Grund eines FDP-Antrags[9] forderte der Bundestag am 4. 7. 1958 die Bundesregierung auf, bis zum 1. 1. 1959 einen Parteiengesetzentwurf vorzulegen[10]. Am 25. 5. 1959 verabschiedete die Bundesregierung ihren Entwurf[11], leitete ihn aber erst am 2. 10. 1959 dem Bundesrat zu[12], der ihn bereits am 23. 10. 1959 beriet, ohne Einwendungen gegen den Entwurf zu erheben[13]. Am 22. 12. 1959 wurde der Entwurf dem Bundestag

---

[3] BT Drs I/275.

[4] BT Drs I/1426 v. 5. 10. 1950.

[5] BT StenBer 92. Sitzg S. 3430—31.

[6] *Wernicke*, BK, Art. 21 Erl. II 1a S. 4. Vgl. auch BT Drs I/3657 Antwort des BMI auf eine Anfrage der Föderalistischen Union (BP-Zentrum) am 5. 8. 1952.

[7] *Schäfer*, NJW 59, 1250; vgl. *Lehr*, Bulletin Nr. 29 v. 11. 3. 1952, S. 292.

[8] Rechtliche Ordnung des Parteiwesens. Probleme eines Parteiengesetzes. 2. Auflage Frankfurt 1958. Zit.: Bericht.

[9] BT StenBer 40. Sitzg v. 4. 7. 1958, Anl. 26, S. 2386.

[10] BT StenBer 40. Sitzg v. 4. 7. 1958, S. 2361.

[11] *Seifert*, Bulletin Nr. 101 v. 9. 6. 1959, S. 990.

[12] Bundesrat Drs 294/59.

[13] Bundesrat StenBer 210. Sitzg v. 23. 10. 1959. Einwände Hessens in Form von Abänderungsanträgen wurden von der Mehrheit des Bundesrates abgelehnt (StenBer aaO S. 177).

vorgelegt[14], wo er am 19. 2. 1960 zum ersten Male beraten und an den Ausschuß für Inneres überwiesen wurde[15]. Zu einer weiterführenden Aussprache über den Entwurf ist es jedoch im Ausschuß nach den Worten des damaligen Ausschuß-Berichterstatters nicht gekommen[16].

Am 17. 12. 1964 brachte die Regierungskoalition, CDU/CSU und FDP, einen Entwurf für ein Parteiengesetz ein[17]. Diesem Vorstoß folgte die SPD am 23. 2. 1965 mit einem eigenen Entwurf[18]. Als Ergebnis der ersten Lesung im Bundestag am 10. 3. 1965[19] wurden beide Entwürfe an einen Sonderausschuß überwiesen, wo sie bis zum Ende der Legislaturperiode im Herbst 1965 blieben.

Im Herbst 1966 hat eine interfraktionelle Arbeitsgruppe des Bundestages einen neuen Entwurf für das Parteiengesetz erarbeitet, auf dessen Grundlage 1967 ein gemeinsamer Gesetzentwurf der drei Fraktionen im Bundestag eingebracht worden ist (vgl. S. 21).

III. Die Regelung der Chancengleichheit

Obwohl sich die drei veröffentlichten Parteiengesetzentwürfe an der Rechtsprechung des Bundesverfassungsgerichts orientiert haben, weisen sie — einig in grundsätzlicher Anerkennung der Chancengleichheit aller politischen Parteien — bei der Konkretisierung der aus diesem Grundsatz folgenden Verhaltensnormen nicht unerhebliche Unterschiede auf:

§ 8 PartGEntwReg

(1) Soweit der Staat oder ein anderer Träger öffentlicher Gewalt den Parteien seine Einrichtungen zur Verfügung stellt oder ihnen sonst öffentliche Leistungen gewährt, können alle Parteien verlangen, in grundsätzlich gleicher Weise behandelt zu werden. Der Umfang der Benutzung oder Gewährung kann nach der Bedeutung der Parteien abgestuft werden; die Bedeutung ist in erster Linie nach den vorangegangenen Wahlerfolgen (Wählerzahlen), gegebenenfalls nach anderen sachgerechten, leicht nachprüfbaren Gesichtspunkten zu bemessen. Bei Einrichtungen und Leistungen, die im Zusammenhang mit einer Wahl zur Verfügung gestellt oder gewährt werden, beschränkt sich dieses Recht während der Dauer des Wahlkampfes auf diejenigen Parteien, die Wahlvorschläge eingereicht haben. Zu Rundfunksendungen brauchen nur Parteien zugelassen zu werden, deren Wahlvorschläge nach Art oder

[14] BT Drs III/1509.
[15] BT StenBer 104. Sitzg v. 19. 2. 1960, S. 5627.
[16] *Lohmar* S. 139.
[17] BT Drs IV/2853.
[18] BT Drs IV/3112.
[19] BT StenBer 170. Sitzg v. 10. 3. 1965, S. 8571—92.

Zahl in einem angemessenen Verhältnis zum Sendegebiet stehen. Satz 3 und 4 gelten sinngemäß auch für Volksabstimmungen, an denen sich Parteien stimmwerbend beteiligen.

(2) Die Möglichkeit, öffentliche Leistungen an bestimmte sachliche, von allen Parteien zu erfüllende Voraussetzungen zu knüpfen, bleibt unberührt.

(3) Ist gegen eine Partei Antrag auf Entscheidung gestellt, ob sie verfassungswidrig ist, so kann jede der in § 43 des Gesetzes über das Bundesverfassungsgericht genannten Stellen beim Bundesverfassungsgericht beantragen, die Rechte der Partei auf Benutzung öffentlicher Einrichtungen oder Gewährung sonstiger öffentlicher Leistungen vorübergehend außer Kraft zu setzen.

§ 6 PartGEntwKoal

(1) Soweit der Staat oder ein anderer Träger öffentlicher Gewalt den Parteien seine Einrichtungen zur Verfügung stellt oder ihnen sonst öffentliche Leistungen gewährt, können alle Parteien verlangen, in gleicher Weise behandelt zu werden. Der Umfang der Gewährung kann nach der Bedeutung der Parteien abgestuft werden; dabei sind insbesondere der Stimmenanteil einer Partei bei den Wahlen der letzten vier Jahre, die Zahl ihrer Mandate im Bundestag und in den gesetzgebenden Körperschaften der Länder sowie ihre Beteiligung an der Bundesregierung und an Landesregierungen zu berücksichtigen. Für eine Partei, die im Bundestag in Fraktionsstärke vertreten ist, muß der Umfang der Gewährung mindestens halb so groß wie für jede andere Partei sein. Die Abstufung unterbleibt, wenn die Gewährung wegen der Abstufung für eine oder mehrere Parteien ihren Zweck verfehlen würde.

(2) Bei Einrichtungen und Leistungen, die im Zusammenhang mit einer Wahl zur Verfügung gestellt oder gewährt werden, gilt Absatz 1 während der Dauer des Wahlkampfes nur für diejenigen Parteien, die Wahlvorschläge eingereicht haben. Zu Rundfunk- und Fernsehsendungen brauchen nur Parteien zugelassen zu werden, deren Wahlvorschläge nach Art und Zahl für das Sendegebiet von hinreichender Bedeutung sind. Satz 1 und 2 gelten sinngemäß auch für Volksabstimmungen, an denen sich Parteien stimmwerbend beteiligen.

(3) Die Möglichkeit, öffentliche Leistungen an bestimmte sachliche, von allen Parteien zu erfüllende Voraussetzungen zu knüpfen, bleibt unberührt.

(4) Ist gegen eine Partei Antrag auf Entscheidung gestellt, ob sie verfassungswidrig ist, so kann jede der in § 43 des Gesetzes über das Bundesverfassungsgericht vom 12. März 1951 (BGBl I, S. 243), zuletzt geändert durch das Gesetz vom 5. August 1964 (BGBl I, S. 593), genannten Organe beim Bundesverfassungsgericht beantragen, die Rechte der Partei auf Benutzung öffentlicher Einrichtungen oder Gewährung sonstiger öffentlicher Leistungen vorübergehend außer Kraft zu setzen.

§ 5 PartGEntwSPD

(1) Soweit der Bund, die Länder oder die Gemeinden oder ein anderer Träger öffentlicher Gewalt den Parteien Einrichtungen zur Verfügung

stellen oder ihnen sonst öffentliche Leistungen gewähren, sind alle Parteien gleich zu behandeln. Der Umfang der Gewährung ist nach der Bedeutung der Parteien abzustufen. Die Bedeutung ist in erster Linie nach den vorangegangenen Wahlerfolgen (Wählerstimmen) und nach der Zahl der Mitglieder zu bemessen.

(2) Bei Einrichtungen und Leistungen, die im Zusammenhang mit einer Wahl zur Verfügung gestellt oder gewährt werden, gilt Absatz 1 während der Dauer des Wahlkampfes nur für diejenigen Parteien, die Wahlvorschläge eingereicht haben. Satz 1 gilt sinngemäß auch für Volksabstimmungen, an denen sich Parteien stimmwerbend beteiligen.

(3) Die Möglichkeit, öffentliche Leistungen an bestimmte sachliche, von allen Parteien zu erfüllende Voraussetzungen zu knüpfen, bleibt unberührt.

§ 5 PartGEntw 1967[20]

(1) Soweit der Staat oder ein anderer Träger öffentlicher Gewalt den Parteien seine Einrichtungen zur Verfügung stellt oder ihnen sonst öffentliche Leistungen gewährt, können alle Parteien verlangen, in gleicher Weise behandelt zu werden. Der Umfang der Gewährung kann nach der Bedeutung der Parteien abgestuft werden. Für eine Partei, die im Bundestag in Fraktionsstärke vertreten ist, muß der Umfang der Gewährung mindestens halb so groß wie für jede andere Partei sein. Die Abstufung unterbleibt, wenn die Gewährung wegen der Abstufung für eine oder mehrere Parteien ihren Zweck verfehlen würde.

(2) Bei Einrichtungen und Leistungen, die im Zusammenhang mit einer Wahl zur Verfügung gestellt oder gewährt werden, gilt Absatz 1 während der Dauer des Wahlkampfes nur für diejenigen Parteien, die Wahlvorschläge eingereicht haben. Satz 1 gilt sinngemäß auch für Volksabstimmungen, an denen sich Parteien stimmwerbend beteiligen.

(3) Die Möglichkeit, öffentliche Leistungen an bestimmte sachliche, von allen Parteien zu erfüllende Voraussetzungen zu knüpfen, bleibt unberührt.

[20] Der vom interfraktionellen Ausschuß erarbeitete Entwurf ist am 26. 1. 1967 von den drei Bundestagsfraktionen als gemeinsamer Entwurf im Bundestag eingebracht worden (BT Drs V/1339). Die erste Lesung fand am 1. 2. 1967 statt (BT StenBer 90. Sitzg S. 4175—76).

§ 3: Verfassungsgeschichtlicher Rückblick

I. Das Kaiserreich

Die Geschichte der politischen Parteien fällt zusammen mit der Geschichte des Parlamentarismus[1]. In der ersten Phase ihrer Entwicklung war das Verhältnis des Staates zu den Parteien gekennzeichnet durch Bekämpfung und Ignorierung[2]. Trotz ihrer verfassungspolitischen Bedeutung wurden die Parteien im Kaiserreich verfassungsrechtlich als nicht existent betrachtet. Weder Verfassung noch Wahlgesetz und Geschäftsordnung des Reichstages erwähnten Parteien oder Fraktionen. Lediglich in den Geschäftsordnungen der Parlamente einiger Einzelstaaten wurden Fraktionen[3] bzw. Mitgliedervereinigungen[4] erwähnt. Der Reichstag ging aus allgemeinen und direkten Wahlen mit geheimer Abstimmung hervor (Art. 20 I Reichsverfassung). Wahlberechtigt war jeder über 25jährige Deutsche mit gleicher Stimme. Gewählt wurde „in jedem Bundesstaat ... auf durchschnittlich 100 000 Seelen derjenigen Bevölkerungszahl, welche den Wahlen zum verfassunggebenden Reichstag zugrunde gelegen hat, ein Abgeordneter", jedoch mindestens ein Abgeordneter in jedem Bundesstaat[5]. Das Wahlgesetz kannte also nur Einzelbewerber, die durch Mehrheitswahl in Einerwahlkreisen gewählt wurden.

Diese starre Konkretisierung der Wahlgleichheit kehrte sich infolge der bevölkerungspolitischen Entwicklung in ihr Gegenteil. Zwar hatte § 5 III des Wahlgesetzes vorgesehen, daß eine Vermehrung der Zahl der Abgeordneten infolge der steigenden Bevölkerungszahl durch das Gesetz bestimmt werde. Eine Anpassung der Wahlkreise an die Bevölkerungsverschiebung vom Land in die Industriegebiete und Großstädte blieb jedoch aus; dies führte dazu, daß 1910 in Schaumburg-Lippe ein Sitz auf 46 700, in Bremen dagegen erst auf 300 000 Stimmen entfiel; 1912 ergab sich zwischen Schaumburg-Lippe und dem Berliner

---

[1] Vgl. *Bergsträsser*, Geschichte, S. 16.

[2] *Triepel* S. 12.

[3] So in Baden und Elsaß-Lothringen.

[4] So in Hessen und Württemberg.

[5] § 5 des Wahlgesetzes v. 31. 5. 1869 i. d. F. des Gesetzes v. 25. 6. 1873 (RGBl 161).

Wahlkreis Nord-West ein Zahlenverhältnis von 1 : 20[6]. Von dieser Ungleichheit der Wahlkreisgrößen profitierten insbesondere die Agrarparteien zu Lasten der in den neuen Ballungsgebieten stark vertretenen Sozialdemokratie, für die sich in der Praxis eine weitere Benachteiligung bei notwendigen Stichwahlverfahren ergab, in denen sie sich einem Bündnis der übrigen Parteien gegenübersah[7].

In den Einzelstaaten hatte sich seit 1848 überall das mehr oder weniger allgemeine Wahlrecht, das nur noch an geringen Zensus geknüpft war, durchgesetzt und behauptet. Ungleichheit bestand jedoch in der Regel infolge Klassen- oder Mehrstimmrechts[8]. Beispiel hierfür ist Preußen, in dem das Dreiklassenwahlrecht bis 1918 bestehen blieb, obwohl seine Reformbedürftigkeit und die Fragwürdigkeit der politischen Prinzipien, auf denen es beruhte, nicht verborgen geblieben waren[9]. Mehr noch als dem starren Mehrheitswahlrecht im Reich war ihm die Aufgabe zugefallen, die herrschenden („staatstragenden") Gruppen gegen die Sozialdemokratie abzusichern.

Die Kritik des zeitgenössischen Schrifttums stellte in ihren Mittelpunkt den einzelnen Staatsbürger. Es sah zwar die Stellung der Parteien in der politischen Wirklichkeit, war jedoch weit davon entfernt, die Parteien auch verfassungsrechtlich zu würdigen und in ihnen etwa gar die Träger eigener, durch Wahlgesetze verletzbarer Rechte zu sehen[10].

II. Wahlrecht und Parteien in der Weimarer Republik

1. Die Wahlgesetzgebung

War die Weimarer Reichsverfassung vom 11. 8. 1919 noch nicht bereit, die Parteien rechtlich anzuerkennen, so wurde auch die Wahlgesetzgebung — das sachlich nächstliegende Gebiet — anfänglich der verfassungspolitischen Bedeutung der Parteien nicht gerecht[11]. Diese

---

[6] *Braunias* I, S. 82 f. Zeitgenössische Kritik etwa bei *Arndt*, Verfassung, § 5 Anm. 1, S. 409 und *Laband* S. 76.

[7] *Braunias* I, S. 83 mit Beispielen.

[8] *Braunias* I, S. 110.

[9] Vgl. etwa *Anschütz* JöR 1 (1907), 196 f.

[10] So beruht bei *Hasbach* S. 463 die Abneigung gegen die Verhältniswahl gerade darauf, daß sie nicht den einzelnen Individuen, von deren Stimmengleichwertigkeit er ausgeht, sondern den Parteien und durch sie ihren Mitgliedern ein höheres Maß von Gerechtigkeit gebe.

[11] Art. 130 I WRV erwähnt die Parteien nur abwehrend. Das erste Wahlgesetz nach der Revolution, die Verordnung über die Wahlen zur verfassunggebenden Deutschen Nationalversammlung v. 30. 11. 1918 (RGBl 1345)

Bedeutung war durch die Einführung des Verhältniswahlrechts (Art. 22 WRV) erheblich gewachsen, da es in der Konsequenz dieses Wahlsystems lag, daß die einzelnen Wahlbewerber hinter die Listen ihrer Parteien zurücktraten. Dieser Tendenz trug das Reichswahlgesetz vom 27. 4. 1920 erst allmählich in seinen verschiedenen Fassungen auch äußerlich insoweit Rechnung, als es ursprünglich die Angabe einer Partei auf dem Stimmzettel für unbeachtlich, dann 1922 für möglich und schließlich ab 1924 für erforderlich hielt[12]. Dementsprechend entfielen die Namen der einzelnen Kandidaten bis auf die ersten vier (§ 25 RWG). Träger des passiven Wahlrechts blieben jedoch die in den Wahlvorschlägen zusammengeschlossenen Einzelbewerber.

Dasselbe Ziel, das die Einführung der Verhältniswahl bestimmt hatte, verfolgte die Aufnahme des Grundsatzes der *Wahlgleichheit* in die Wahlrechtsprinzipien der Artikel 17 und 22 WRV. Gerichtet gegen jede Art von Klassen- oder Pluralwahlrecht sollten diese Bestimmungen bewirken, daß jeder Wähler die gleiche Chance erhielt[13]. Die Frage, was dieser Grundsatz der Gleichheit der Wahl im einzelnen bedeutete, wurde aktuell, als ab 1924 mehrere Länder ihre Wahlgesetze änderten und Vorschriften erließen, die der zunehmenden Parteienzersplitterung entgegenwirken sollten[14].

Für den B e r e i c h d e s W a h l v o r g a n g s wurden Regelungen getroffen, nach denen Parteien bei der Reststimmenverwertung auf Landesebene nur dann berücksichtigt wurden, wenn sie eine bestimmte Stimmenzahl (Württemberg[15]) oder ein Wahlkreismandat (Bayern, Sachsen) erlangt hatten. Für Preußen[16] galt wie im Reich (§ 32 RWG) die Bestimmung, daß einer Partei vermittels der Reststimmenverwertung nur soviele Sitze zugeteilt werden durften, wie sie bereits in den Wahlkreisen errungen hatte. Diesen Einschränkungen unterlagen alle Parteien; infolge des ausschließlich zahlenmäßigen Maßstabs wurden besonders die kleinen Parteien getroffen.

---

kannte lediglich „politische Vereine" (§ 3). Die Geschäftsordnung für den Reichstag v. 12. 12. 1922 (RGBl II, 101) erwähnte erstmalig die Fraktionen als Vereinigungen von mindestens 15 Mitgliedern, die ihrer Stärke entsprechend bei Ämterbesetzungen zu berücksichtigen waren (§§ 7—9).

[12] Vgl. *Radbruch* HDStR I, S. 290.

[13] *Philipp* S. 54/55. Zweck der Einführung der Verhältniswahl war es insbesondere, auch den kleinen Parteien, überhaupt den politischen Minderheiten, eine ihrer Stärke und Bedeutung entsprechende Vertretung im Parlament zu sichern; vgl. *Anschütz*, Kommentar, Art. 22 Anm. 1, S. 186.

[14] Vgl. zum Folgenden: *Braunias* I, S. 114 und *Jellinek* HDStR I, S. 622.

[15] Art. 20 II LWG i. d. F. v. 4. 4. 1924 (RegBl 227); vgl. dazu StGH v. 22. 3. 1929, L-S II, 136—150.

[16] § 32 II LWG i. d. F. v. 28. 10. 1924 (GS 671); vgl. dazu StGH v. 17. 2. 1930, L-S IV, 131—142.

Dem Wahlakt vorausliegende Maßnahmen gegen die Parteienzersplitterung betrafen das Wahlvorschlagsrecht in Form von *Unterschriftenquoren* und Hinterlegungsklauseln. So forderte das badische Landtagswahlgesetz[17] Unterschriften in Höhe von 2 % der Wahlberechtigten von einer Partei, die bei den vorhergehenden Wahlen weniger als 30 000 Stimmen erhalten hatte. In Hessen[18] wurde ein Quorum von 7 000 Unterschriften für Wahlvorschläge parlamentarisch nicht vertretener Gruppen eingeführt. Das hamburgische Bürgerschaftswahlgesetz[19] verlangte 3 000 Unterschriften unter Befreiung derjenigen Parteien, die in der Bürgerschaft oder im Reichstag mit $^1/_{16}$ der Sitze vertreten waren. Eine Ausnahme für die parlamentarisch vertretenen Parteien von dem Erfordernis, 3 000 Unterschriften beizubringen, enthielt auch das mecklenburg-schwerinsche Landtagswahlgesetz[20]. Im braunschweigischen Wahlgesetz wurden sogar die acht ausgenommenen Parteien namentlich aufgeführt[21]. Weitere Unterschriftenquoren gab es in Anhalt, Mecklenburg-Strelitz[22] und Thüringen. In Preußen[23] war wie im Reich[24] ein Wahlkreisvorschlag von 500 Wählern des Wahlkreises zu unterzeichnen; es genügten jedoch 20 Unterschriften, wenn glaubhaft gemacht wurde, daß mindestens 500 Wähler Anhänger des Wahlvorschlags oder eines mit ihm verbundenen Wahlvorschlags seien. Für den Reichswahlvorschlag wurden einheitlich 20 Unterschriften verlangt (§ 17 RWG). Neben den Unterschriftenquoren bestanden mehrfach noch *Hinterlegungsklauseln.* So waren in Hamburg[25], Mecklenburg-Schwerin[26] und Sachsen[27] für einen Wahlvorschlag jeweils 3 000,— RM, in Mecklenburg-Strelitz[28] 2 000,— RM und in Hessen[29] 5 000,— RM zu hinterlegen. Dieses Geld verfiel, wenn nicht mindestens ein Kandidat des betreffenden Wahlvorschlags gewählt wurde.

---

[17] § 3 III LWG i. d. F. v. 15. 10. 1927 (GVBl 200); vgl. dazu StGH v. 7. 7. 1928, L-S I, 321—329.

[18] Art. 17 II u. III LWG i. d. F. v. 27. 9. 1927 (RegBl 171); vgl. dazu StGH v. 17. 12. 1927, L-S I, 329—341.

[19] § 13 IV LWG i. d. F. v. 27. 6. 1927 (GVBl 313); vgl. dazu StGH v. 17. 12. 1927, L-S I, 341—352.

[20] § 12 II LWG i. d. F. v. 13. 4. 1927 (RegBl 84); vgl. dazu StGH v. 12. 5. und v. 22. 6. 1928, L-S I, 352—357.

[21] Vgl. *Philipp* S. 55.

[22] § 8 II LWG i. d. F. v. 5. 5. 1927 (Amtl. Anzeiger 267); vgl. dazu StGH v. 17. 12. 1927, L-S I, 398—411.

[23] Vgl. oben FN 16.

[24] § 15 RWG; bis 1924 jedoch nur 100 Unterschriften. Vgl. auch die nicht mehr wirksam gewordene Verschärfung durch die Verordnung des Reichspräsidenten v. 2. 3. 1933 (RGBl I, 45).

[25] § 13 VI LWG; vgl. oben FN 19.

[26] § 12 II LWG; vgl. oben FN 20.

[27] § 14 VIII LWG i. d. F. v. 6. 10. 1926 (GVBl 365); vgl. dazu RG v. 23. 11. 1928, L-S I, 460—464.

[28] § 8 II LWG; vgl. oben FN 22.

[29] Art. 17 II u. III LWG; vgl. oben FN 18.

Die gegen die Parteienzersplitterung gerichteten Bestrebungen spielten auch eine große Rolle in den Bemühungen um eine Reform des Reichswahlrechts (Entwürfe: *Jarres* 1924, *Külz* 1926, *Wirth* 1930)[30] — war es doch ihr vordringlichstes Ziel die Aufspaltung des bestehenden Parteiensystems und die Bildung ständig neuer Parteien zu verhindern.

2. Die Rechtsprechung des Staatsgerichtshofes

Ab 1927 hat der Staatsgerichtshof auf Grund von Anträgen kleinerer Parteien, die sich verfassungswidrig benachteiligt fühlten, über diese Fragen entschieden[31].

a) Den sachlichen Entscheidungen vorauszugehen hatte jedoch zunächst die Prüfung der Frage, ob politische Parteien in einem Verfahren vor dem Staatsgerichtshof überhaupt *antragsberechtigt* sein könnten. In seinen Entscheidungen vom 17. 12. 1927 bejahte der Staatsgerichtshof diese Frage unter Hinweis auf die „gesetzlich anerkannte enge Beziehung der Parteien zum Verhältniswahlverfahren" und das „große Interesse, das sie berechtigterweise an ihm haben"[32]. Beschränkt wurde die Parteifähigkeit auf die Verfassungsstreitigkeiten, die das Wahlrecht zum Gegenstand hatten[33]. Später stellte der Staatsgerichtshof in seiner Entscheidung vom 19. 12. 1929 diesen Verfassungsstreitigkeiten jene über Volksbegehren und Volksentscheide gleich[34].

Erforderlich wurde für den Staatsgerichtshof hierbei die A b g r e n z u n g der politischen Parteien von sonstigen politischen Organisationen und Vereinigungen. Maßstab war nicht, daß sich eine Personenvereinigung als Partei bezeichnete, sondern daß sie bestimmten sachlichen Erfordernissen genügte. Hierzu gehörten insbesondere politische Ziele, eine gewisse Organisation und Festigkeit sowie eine nicht nur auf kurze Zeit angelegte Lebensdauer. Darüber hinaus galten für den

[30] Dazu ausführliche Nachweise bei *Kaisenberg* S. 3 ff.

[31] Es sind dies in zeitlicher Reihenfolge die Entscheidungen vom
17. 12. 1927, L-S I, 329—341 (Wahlgesetz Hessen);
17. 12. 1927, L-S I, 341—352 (Hamburg);
17. 12. 1927, L-S I, 398—411 (Mecklenburg-Strelitz);
22. 6. 1928, L-S I, 356—357 (Mecklenburg-Schwerin);
7. 7. 1928, L-S I, 321—329 (Baden);
22. 3. 1929, L-S II, 136—150 (Württemberg);
17. 2. 1930, L-S IV, 131—142 (Preußen);
21. 11. 1930, L-S IV, 147—158 (Preußen);
außerdem der Beschluß des RG v. 23. 11. 1928, L-S I, 460—464 (Sachsen).

[32] L-S I, 329 (334), 341 (345) und 398 (403).

[33] ebd.

[34] L-S II, 80—97.

Staatsgerichtshof nur solche Personenvereinigungen als Parteien, „bei denen die Möglichkeit besteht, daß ihre Betätigung für das Wahlergebnis von Belang ist"[35]. Diese letzte Einschränkung, die dazu führte, daß zur Bestimmung der Parteieigenschaft die künftige Erfolgsaussicht durch die bisherigen Wahlerfolge nachzuweisen war[36], geriet jedoch in Widersspruch zu anderen Formulierungen des Gerichts. So betonte der Staatsgerichtshof auch, es sei „nicht angängig, aussichtslose Wahlvorschläge anderen Bedingungen zu unterwerfen als die aussichtsreicheren und für das politische Leben wichtigeren Wahlvorschläge der großen Parteien"[37].

b) In allen Verfassungsstreitigkeiten dieser Art aus den Jahren 1927 bis 1929 entsprach der Staatsgerichtshof dem Vorbringen der Antragsteller und hob die gerügten Bestimmungen der Landeswahlgesetze auf[38]. Maßgebender Gesichtspunkt war für das Gericht die Wahlgleichheit (Art. 17 I 2 und 22 I 1 WRV), die es durch alle Arten von Maßnahmen gegen Splitterparteien verletzt sah. *Träger des Wahlgleichheitsrechts* waren für den StGH nicht die politischen Parteien selbst, sondern stets nur die Wahlberechtigten, d. h. die einzelnen Staatsbürger. Da diese ihr Wahlrecht bei der Verhältniswahl aber nur vermittels der Parteien ausüben könnten, würden Maßnahmen gegen bestimmte Parteien möglicherweise zugleich bestimmte Wähler in ihrem Recht auf Wahlgleichheit beeinträchtigen[39]. Die Parteien machten also nicht eigene Rechte geltend, sondern die ihrer Wähler. Damit wird auch die Terminologie des Staatsgerichtshofes verständlich, der in fast jeder einschlägigen Entscheidung sowohl davon sprach, daß alle Wähler, als auch davon, daß alle Parteien gleich zu behandeln und gleichen Bedingungen zu unterwerfen seien[40]. Diese im Grunde individuelle Betrachtungsweise, die den einzelnen Wahlberechtigten zum Beziehungspunkt machte, entsprach der bisherigen Entwicklungsgeschichte der Wahlgleichheit als eines Individualrechts. Sie knüpfte zwar an die von den Wahlgesetzen vorausgesetzte politisch-

---

[35] L-S I, 309 (311). Vgl. ferner L-S I, 341 (346) — bejaht für die Volksrechtspartei — und 398 (403) — bejaht für die Wirtschaftspartei und NSDAP. Nicht anerkannt wurde die Parteieigenschaft für die „Waldecksche Partei: Wirtschaftsbund" (L-S I, 411—415) und die Unabhängige Sozialdemokratische Partei Sachsens (L-S I, 309—313); zweifelnd offen gelassen wurde die Frage für die Aufwertungs- und Aufbaupartei (L-S I, 416/17). Vgl. ausführlich zu diesen Fragen *Hartmann* S. 26 ff.

[36] Gegen diese Abgrenzung C. *Schmitt*, Hüter, S. 84 f.

[37] L-S I, 329 (337) und 341 (348).

[38] Vgl. dazu auch die Übersicht bei *Urbich* Annalen des Deutschen Reichs 63 (1930), 384 f.

[39] Zwischen den Wählern und den Parteien standen für den StGH als Verbindeglieder die Parteiangehörigen; vgl. L-S I, 329 (337) und 341 (348).

[40] Vgl. etwa L-S I, 321 (326).

soziologische Bedeutung der Parteien an, vermied es jedoch, diese selbst als Träger eigener Verfassungsrechte anzuerkennen.

Einen besonderen Schritt vorwärts ging der Staatsgerichtshof mit seiner *Interpretation des Grundsatzes der Wahlgleichheit.* Das Gericht lehnte eine bloß historische Deutung[41] der Wahlgleichheit ab, die nur die früheren Erscheinungsformen von Wahlrechtsbeschränkungen (Mehrstimmrecht, Klassenwahlrecht) verbiete, deren Aufhebung die Einführung des neuen Wahlrechts nach 1918 bezweckte. Mit der von der Weimarer Reichsverfassung vorgeschriebenen Verhältniswahl habe die Gleichheit der Wahl darüber hinaus aber „eine erweiterte Bedeutung“[42] bekommen. Der Begriff der Wahlgleichheit müsse formal gefaßt werden und lasse für irgendwelche Bewertungen keinen Raum[43]. Eine ungleiche Behandlung verschiedener Parteien (und damit ihrer Wähler) sei nur insoweit vertretbar, als sie sich „mit Notwendigkeit aus der Natur des Wahlverfahrens“ ergebe[44]. Dies sei z. B. der Fall, wenn ein Vertreter erst auf eine bestimmte Mindestzahl von Stimmen gewählt werde. Daß bei der Mehrheitswahl die Stimmen der Minderheit und bei der Verhältniswahl die hinter der Verteilungszahl zurückbleibenden Stimmen wirkungslos bleiben, entspreche „einer aus dem Aufbau des Wahlrechts sich ergebenden Notwendigkeit“[45]. Im Gegensatz dazu seien es jedoch unerhebliche Gründe, die dafür sprächen, die großen und alten Parteien gegenüber den neuen und kleinen zu bevorzugen. Das möge, um einen ordnungsgemäßen Gang der Geschäfte in der parlamentarischen Staatsform zu ermöglichen, zweckmäßig und sogar notwendig sein. „Alle diese Erwägungen sind aber politischer, nicht rechtlicher Art und müssen deshalb für den Staatsgerichtshof, der Rechtsstreitigkeiten nach Rechtsgrundsätzen zu beurteilen hat, ausscheiden[46].“ Unter Hinweis darauf, daß auch das preußische Dreiklassenwahlrecht mit der Rücksicht auf das Staatsganze begründet worden sei, hielt der Staatsgerichtshof in seiner Entscheidung vom 22. 3. 1929 auch gegenüber einer abweichenden Entscheidung des Wahlprüfungsgerichts beim Reichstag vom 20. 10. 1928[47] an seiner Auffassung von der streng formalen Wahlgleichheit fest[48].

Eine Änderung dieser Rechtsprechung erfolgte im Jahre 1930, als der Staatsgerichtshof die Gültigkeit des preußischen Wahlgesetzes be-

---

[41] *Jacobi* S. 8 f. spricht von historisch-konkreter und historisch-abstrakter Deutung im Gegensatz zu einer naturrechtlichen Deutung, die nach dem eigentlichen rechtlichen Inhalt der Wahlrechtsgrundsätze frage.

[42] L-S I, 329 (336) u. 341 (347).

[43] L-S I, 329 (337) u. 341 (348).

[44] L-S II, 136 (142).

[45] L-S II, 136 (146).

[46] L-S II, 136 (145).

[47] JW 28, 3270.

[48] L-S II, 136 (149).

jahte[49]. Dieser Entscheidung vom 17. 2. 1930 gingen Entscheidungen des Wahlprüfungsgerichts beim Preußischen Landtag vom 8. 1. 1930[50] und des Bayerischen Staatsgerichtshofs vom 12. 2. 1930[51] voraus, die von der bisherigen Rechtsprechung des Staatsgerichtshofes abwichen. Insbesondere der Bayerische Staatsgerichtshof bestand im Gegensatz zum StGH auf einer historischen Deutung der Wahlgleichheit und erkannte einen verfassungsrechtlich wirksamen Bedeutungswandel der Wahlgleichheit nicht an[52]. Trotz der behutsamen Formulierungen, mit denen der Staatsgerichtshof seine neue Entscheidung begründete, wurde sie als bedeutsame Wendung sofort hervorgehoben[53]. Festhaltend an seiner Ablehnung einer bloß historischen Deutung betonte der Staatsgerichtshof, daß die Wahlgleichheit formal gedeutet werden müsse und auf eine absolute Gleichheit hinziele[54]. Unter Hinweis auf die in Art. 22 I WRV dem Gesetzgeber eingeräumte Befugnis, „das Nähere" zu bestimmen, erklärte das Gericht jedoch, der Gesetzgeber könne „den ihm von der Verfassung erteilten Auftrag nur erfüllen, wenn ihm ein gewisser Spielraum bei der Durchführung auch der großen Wahlrechtsgrundsätze gewährt wird". Da es sich bei dem Begriff der Wahlgleichheit nicht um einen logisch-mathematischen Begriff, sondern um einen Rechtsbegriff handele, seien Gleichheit und Ungleichheit keine sich ausschließenden Gegensätze; vielmehr seien „Übergänge und Abstufungen denkbar und möglich". Erforderlich sei jedoch, daß sie „durch ein wirkliches dringendes Bedürfnis gerechtfertigt werden". Über Abweichungen von einzelnen Wahlrechtsgrundsätzen „im Interesse der Einheitlichkeit des ganzen Wahlsystems und zur Sicherung der Erreichung der mit ihm verfolgten staatspolitischen Ziele" habe der ordentliche Gesetzgeber zu entscheiden. Der Staatsgerichtshof könne ihnen nur entgegentreten, „wenn sie offensichtlich der inneren Rechtfertigung entbehren"[55]. Soweit der Wahlgesetzgeber davon ausgegangen sei, durch eine gewisse Zurückdrängung der kleinen Parteien die Bildung einer parlamentarischen Regierung zu erleichtern, habe er sich „jedenfalls nicht von unsachlichen Erwägungen leiten lassen"[56] und seine Grenzen nicht überschritten. Diese Linie setzte der Staatsgerichtshof fort mit seiner Entscheidung vom 21. 11. 1930[57],

---

[49] L-S IV, 131—142. Den Vorsitz führte *Bumke* als Nachfolger von *Simons*.

[50] JW 30, 587.

[51] L-S III, 111—132.

[52] L-S III, 111 (122 ff).

[53] Vgl. „Zum Geleit" *(Simons)* L-S IV, S. XII; *Leibholz*, Grundlagen, S. 15; *Schreiber* S. 70; *Jellinek* HDStR I, S. 625.

[54] L-S IV, 131 (136).

[55] L-S IV, 131 (139).

[56] L-S IV, 131 (140).

[57] L-S IV, 147—158.

in der er die Gültigkeit des preußischen Wahlgesetzes für die Provinzlandtage und Kreistage bejahte.

3. Das Schrifttum

Die Kritik im Schrifttum wurde bereits nach den ersten Wahlrechtsentscheidungen des StGH vernehmlich. Ihr standen nur wenige Stimmen gegenüber, die die Auslegung der Wahlgleichheit durch den Staatsgerichtshof billigten[58]. Im Hintergrund der Kritik stand das Bewußtsein, daß durch die starre Rechtsprechung des Gerichts die staatspolitischen Notwendigkeiten nicht genügend berücksichtigt wurden. Um die angeblich staatszerstörerische völlige Gleichberechtigung aller kleinen Parteien zu vermeiden, wurden verschiedene Wege aufgezeigt.

Nach *Wenzel*[59] sollte sich die aus dem Prinzip der Demokratie folgende Wahlgleichheit nur auf das Verhältnis der Wähler untereinander beziehen, nicht jedoch auf das Ermittlungsverfahren; für dieses ergäben sich lediglich Grenzen aus dem Begriff der Verhältniswahl. *Grau*[60] trennte ebenfalls Wahlrechtsausübung und Verteilung der Abgeordnetensitze; während für jene die formale Gleichheit gelte, gelte für diese die allgemeine Gleichheit des Art. 109 I WRV.

Jahrreiss[61] wies darauf hin, daß die Stimmauswertungsgleichheit mit einem anderen verfassungsrechtlichen Prinzip, nämlich dem der Arbeitsfähigkeit des Parlaments kollidiere; dies bewirke zwar keine Relativierung, wohl aber einen Abgleich widerstreitender Prinzipien. *Leibholz* erkannte zwar eine gewisse Formalisierung der — Stimmabgabe wie Ermittlungsverfahren betreffenden — Wahlgleichheit insofern an, als Wahlrechtsdifferenzierungen nicht mit der individuellen Wertverschiedenheit der Staatsbürger motiviert und gerechtfertigt werden dürften[62]. Gleichwohl sei aber die Gleichheit der Art. 17, 22 WRV als Konkretisierung des allgemeinen Gleichheitssatzes (Art. 109 WRV) eine wertbezogene Gleichheit, die nur Differenzierungen verbiete, „die auf dem Gebiete des Wahlrechts willkürlich, d. h. ohne irgendwie einleuchtenden Grund in einer der Natur und dem Wesen der Sache offenbar widersprechenden Weise statuiert sind“[63].

---

[58] Anhänger der alten StGH-Rechtsprechung waren *Jellinek* AöR 54 (1928) 111; *Lammers* JW 29, 60; *Jacobi*, Wahlrechtsgrundsätze, S. 12, 33. Einschränkend *Grau* JW 29, 2382.

[59] HDStR I, S. 611 f.

[60] JW 29, 2382 ff.

[61] HDStR II, S. 627.

[62] Verhältniswahl, S. 3.

[63] aaO S. 2.

Entschieden gegen die formale Interpretation durch den Staatsgerichtshof wandte sich *Heller*, dessen Gutachten zur Frage der Verfassungsmäßigkeit des preußischen Wahlgesetzes[64] die Kursänderung des StGH vorbereitete. Gegen die Vorstellung, staatspolitische Erwägungen seien nicht Sache des StGH betonte er: „Ein Recht aber, das nicht geeignet ist, das Lebensverhältnis, für das es gilt, zu ordnen, ist alles, nur kein positives Recht[65]." Rechtsgrundsatz des Verhältniswahlrechts sei: „Es sollen alle großen (für den Staat) bedeutsamen politischen Parteien entsprechend ihrer Wählerzahl ins Parlament gelangen[66]." Erweitert durch das Verhältniswahlrecht werde die Wahlgleichheit, die historisch zu verstehen sei, nur insofern, als sie auch das Ermittlungsverfahren betreffe; im übrigen sei der Begriff der Gleichheit nicht anders zu fassen als in Art. 109 WRV. „Gleich ist auch ein Verhältniswahlrecht dann, wenn es in jedem seiner Stadien sich aller ungerechtfertigten Unterscheidungen enthält und die von ihm statuierten Unterscheidungen sachlich begründet sind, d. h. auf vernünftigen und ausschlaggebenden Erwägungen in der Natur der Sache beruhen, derart, daß der Gesetzgeber nur durch solche Unterscheidungen dem inneren Zweck der Ordnung des betreffenden Lebensverhältnisses gerecht wird[67]." Gerechtfertigte Unterscheidungen könnten deshalb in den einzelnen Stadien der Verhältniswahl verschieden stark sein; ihr Ausmaß bestimme sich nach den Wertungen des konkreten Rechtskreises. Für das Stadium der Stimmabgabe sei nach der geltenden Rechtsanschauung der juristische Gleichheitsbegriff weitgehend dem mathematischen angenähert; für alle weiteren Stadien werde jedoch in allen Staaten des europäischen Rechtskreises die Bekämpfung der Parteizersplitterung als zulässiges Motiv gewisser Begrenzungen der mathematischen Proportionalität angesehen[68]. Dies sei auch solange richtig, als Unterscheidungen nicht einseitig gegen einzelne Parteien gerichtet seien, sondern sich gegen alle kleinen Parteien wenden.

Die in Abänderung seiner alten Rechtsprechung erfolgte Entscheidung des Staatsgerichtshofes über das preußische Wahlrecht wurde vom Schrifttum weitgehend positiv beurteilt[69].

---

[64] *Heller*, Die Gleichheit in der Verhältniswahl nach der Weimarer Verfassung. Ein Rechtsgutachten. Berlin 1929.

[65] aaO S. 19.

[66] aaO S. 22.

[67] aaO S. 23.

[68] aaO S. 25.

[69] *Leibholz*, Grundlagen, S. 15; *Apelt* AöR 57 (1930) 124 ff; ders., Geschichte, S. 185; *Schreiber* S. 71; vgl. auch die Angaben bei *Jellinek* HDStR I, S. 625 FN 15.

III. Rundfunk und Parteien in der Weimarer Republik

a) Die Geburtsstunde des deutschen Rundfunks liegt im Jahre 1923[70]. Von seinen Gründern und Verantwortlichen zunächst unpolitisch verstanden und ausgerichtet sowie nur von wenigen Fachleuten genügend beachtet, erwies er sich seit 1926 zunehmend als ein politisches Instrument, auf dessen Benutzung zur Beeinflussung der Wähler keine Partei verzichten wollte und das damit in die politischen Auseinandersetzungen hineingezogen wurde. Leitprinzip des Rundfunks war die politische Neutralität. Ursprünglich gedacht als Ausschaltung jeglicher Politik aus den Sendungen des Rundfunks beinhaltete es später die Forderung, politische Sendungen streng überparteilich zu gestalten[71].

Ab 1928 zeichnete sich eine immer stärkere Politisierung des Rundfunkprogramms ab, deren Kennzeichen der zögernde Zugriff der Reichsregierung und der sie tragenden Parteien auf der einen, die entschiedene Forderung auf stärkere Mitbeteiligung durch die nicht berücksichtigten Parteien auf der anderen Seite waren. Das Dilemma des Rundfunks war es, daß im Verhältnis zu den antidemokratischen Parteien jedes staatspolitische Programm (z. B. Verfassungsfeiern) als einseitige parteipolitische Kundgebung angesehen werden mußte[72]. Im Gegensatz zu dem Zögern der Koalitionsparteien, mit dem sie — unter Ausschaltung der Flügelparteien — den Rundfunk in den Dienst des demokratischen Staates gestellt hatten, brachte die Rundfunkneuregelung des Jahres 1932 den entscheidenden Schritt zum Staatsrundfunk[73].

---

[70] Am 29. 10. 1923 eröffnete in Berlin die „Radio Stunde AG" ihr Programm. Durch Zusammenschluß mehrerer Bezirksgesellschaften zu einer Dachorganisation wurde am 20. 7. 1925 die Reichsrundfunkgesellschaft (RRG) gegründet. 51 % des Aktienkapitals besaß die Deutsche Reichspost, die damit außer der technischen auch die organisatorisch-wirtschaftliche Führung im Rundfunk besaß. Vgl. zur Entstehung des Rundfunks näher *Bausch*, Rundfunk, S. 11—40 und *Pohle* S. 42—50 sowie ausführlich die Arbeit von *Lerg*.

[71] Richtlinien für den Nachrichten- und Vortragsdienst v. 4. 3. 1926: „1. Der Rundfunk dient keiner Partei. Sein gesamter Nachrichten- und Vortragsdienst ist daher streng überparteilich zu gestalten." (Abgedruckt bei *Bausch*, Rundfunk, S. 201 f und *Pohle* S. 51 f).

[72] Beispiele solcher Proteste der Rechtsparteien bei *Pohle* S. 69 und 92.

[73] Die „Leitsätze zur Neuregelung des Rundfunks" v. 27. 7. 1932 (abgedruckt bei *Bausch*, Rundfunk, S. 205—210 und Pohle S. 124—127) und die dazu erlassenen Ausführungsbestimmungen v. 15. 11 1932 (*Pohle* S. 127—134) verfolgten das Ziel, unter Überführung der noch in Privathand befindlichen Geschäftsanteile der Rundfunkgesellschaften in die öffentliche Hand (Reich und Länder) eine zentrale staatliche Verwaltung und Überwachung des Rundfunks zu sichern. Neben den für die technische Seite des Rundfunks zuständigen Rundfunkkommissar des Reichspostministeriums *(Bredow)* wurde ein zweiter, vom Reichsinnenministerium ernannter Rundfunkkommissar der Reichsrundfunkgesellschaft übergeordnet, der für die Programmgestaltung zuständig war. Er war berechtigt, „aus staatspolitischen Gründen einzelne Programmdarbietungen zu untersagen oder von Abänderungen abhängig zu machen" (§ 3 der Geschäftsanweisung).

So bestimmten die „Richtlinien für die Programmgestaltung des deutschen Rundfunks“[74] unter Ziffer 5: „Der Rundfunk nimmt an der großen Aufgabe teil, die Deutschen zum Staatsvolk zu bilden und das staatliche Denken und Wollen der Hörer zu formen und stärken.“ Und unter Ziffer 6 der „Grundsätze für die Sendungen“ hieß es: „... Die Fragen der Zeit werden so behandelt, daß das Wohl des Ganzen gewahrt bleibt. Der Rundfunk dient keiner Partei. Politische Gegenstände sind sachlich zu behandeln. Werbung für Parteien und Bekämpfung von Parteien sind nicht zugelassen. Bestrebungen, die den Bestand des Staates gefährden können, sind vom Rundfunk ausgeschlossen.“

b) Entsprechend dieser organisatorischen Entwicklung des Rundfunks verlief die politische Programmgestaltung. Hier stellte sich die Frage, wie denn bei Beteiligung der Parteien an politischen Sendungen der Grundsatz der Überparteilichkeit im konkreten Fall zu wahren sei[75]. Problematisch wurde, wie staatspolitische und parteipolitische Themen zu trennen seien und wo die Politik der Regierung einzuordnen sei. Das Programm reichte von der Einräumung von Sendezeiten an die Parteien in den Wahlkämpfen[76] über allgemeine kontroverse politische Vorträge[77] bis hin zu Erklärungen der Reichsregierung im Zusammenhang mit besonderen Ereignissen[78]. Reichstagsverhandlungen wurden — mit Ausnahme einer Rede *Brünings* — nicht im Rundfunk übertragen[79]. Nachdem die Reichsregierung in Übereinstimmung mit dem Ältestenrat des Reichstages die Zulassung von Wahlreden für die Reichstagswahl am 20. 5. 1928 untersagt hatte, wurde der Rundfunk erst 1930 wieder in den Dienst des Wahlkampfes gestellt.

---

[74] *Bausch*, Rundfunk, S. 212—214; *Pohle* S. 131/132.

[75] Die Problematik klingt an in einer bei *Bausch*, Rundfunk, S. 176, aus dem Manuskript zitierten Rundfunkansprache des Reichsinnenministers *Wirth* aus dem Jahre 1930.

[76] Nach *Pohle* S. 90 wurden die ersten Wahlreden im Rundfunk vor den Reichstagswahlen am 4. 5. 1924 gehalten. Für die fünf größten Reichstagsparteien sprach je ein Vertreter 15 Minuten. Zur Reichspräsidentenwahl am 24. 4. 1925 wurden Ansprachen von *Hindenburg* und *Marx*, nicht aber von *Thälmann* gesendet; vgl. *Bausch*, Rundfunk, S. 175.

[77] So etwa die Sendereihe „Gedanken zur Zeit“ der Deutschen Welle, deren Überwachung ein Ausschuß vornahm, der aus Vertretern der DNVP (2), DVP (2), DDP (2), SPD (2) sowie der Preußischen Staatsregierung (1) und des Reichsinnenministeriums (1) bestand; *Pohle* S. 81 ff.

[78] Z. B. aus Anlaß der Rheinlandbefreiung (1. 2. 1926), *Stresemanns* Rede vor dem Völkerbund (24. 9. 1927), Übertragung des Festakts zum Verfassungstag aus dem Reichstag (erstmalig 1929); Übertragungen von Maifeiern schienen unvereinbar mit der Überparteilichkeit des Rundfunks; *Pohle* S. 90, 92, 96.

[79] *Pohle* S. 88 f. In dieser Rede v. 25. 2. 1932 rief *Brüning* u. a. zur Unterstützung *Hindenburgs* bei der Reichspräsidentenwahl auf; AdG S. 189 F.

Unter Ausschluß der Kommunisten und Nationalsozialisten wurden auf Beschluß der im Programmrat vereinigten Intendanten der Sendegesellschaften den bedeutendsten Parteien je ein Rundfunkvortrag gewährt[80]. Zur Reichspräsidentenwahl 1932 wurde zwar eine Rede *Hindenburgs*, nicht aber Reden seiner Gegenkandidaten *Hitler* und *Thälmann* übertragen mit dem Argument, Hindenburg halte keine Wahlrede, sondern spreche in seiner Eigenschaft als verantwortlicher Staatsmann[81]. Erstmalig zur Reichstagswahl am 31. 7. 1932 wurden auch die Nationalsozialisten zur Rundfunkpropaganda zugelassen[82]. Alle Parteien, die bereits im vorhergehenden Reichstag mit einer Fraktionsstärke von 15 Mitgliedern vertreten waren, erhielten je 25 Minuten zur Verfügung gestellt. Die Reihenfolge bestimmte sich derart durch die Stärke der Parteien im alten Reichstag, daß die schwächsten Parteien zuerst ihre Redner vorschicken mußten; die Kommunisten blieben ausgeschlossen[83]. Mit der Rundfunkneuregelung des Jahres 1932 wurde das politische Programm ganz dem nun nicht mehr demokratischen Staat untergeordnet[84], mit der Eroberung dieses Staates besaßen die Nationalsozialisten auch den deutschen Rundfunk.

IV. Parteienfinanzierung in der Weimarer Republik

Eine staatliche Parteienfinanzierung gab es in der Weimarer Republik nicht; es waren nicht einmal Ansätze für eine finanzielle Unterstützung von Parteien erkennbar, die als Vorläufer der heute üblichen Praxis angesehen werden könnten. Bekannt sind lediglich ein unrealisierter Vorschlag *Stresemanns* vom März 1928, der auf eine Erstattung der Wahlkosten der Parteien durch den Staat nach Maßgabe der errungenen Mandate hinzielte[85], sowie ein später zurückgeforderter

---

[80] *Bausch*, Rundfunk, S. 126; *Pohle* S. 98.

[81] *Bausch*, Rundfunk, S. 173, 178.

[82] *Pohle* S. 167. *Hitlers* Bedingung für die Tolerierung der Regierung *Papen* war außer der Aufhebung des Verbots von SA und SS auch die Rundfunkfreiheit für die NSDAP gewesen. Bereits am 14. 6. 1932 sprach Gregor *Strasser* im Rundfunk über „Die Staatsidee des Nationalsozialismus".

[83] Bestimmungen des Reichsinnenministers v. 15. 6. 1932 über die Benutzung des Rundfunks durch die politischen Parteien im Wahlkampf (abgedruckt bei *Bausch*, Rundfunk, S. 178/79 FN 53.

[84] Durch Erlaß des Reichsinnenministers v. 11. 6. 1932 wurde die „Stunde der Reichsregierung" eingeführt und täglich von 18.30 bis 19.30 Uhr gesendet; *Bausch*, Rundfunk, S. 174. Aufschlußreich auch die bei *Bausch*, Rundfunk, S. 133 zitierte Rede Papens v. 12. 9. 1932.

[85] Nach *Eschenburg*, Probleme, S. 11 soll dieser Vorschlag nicht ernst gemeint gewesen sein.

Wahlkostenzuschuß des Reiches an die Hindenburg unterstützenden Parteien vor der Reichspräsidentenwahl 1932[86]. Selbst die Fraktionskosten wurden ganz von den Parteien bzw. ihren Abgeordneten getragen[87]. Es galt das Prinzip, daß die Parteien für ihre Erhaltung ausschließlich selbst zu sorgen haben[88].

---

[86] Näheres mit Nachweisen bei *Dübber*, Parteifinanzierung, S. 79.
[87] *Eschenburg*, aaO, S. 24.
[88] *Eschenburg*, aaO, S. 44.

§ 4: Die Entwicklung seit 1945

I. Wahlrecht und Parteien

1. Die Wahlgesetzgebung

a) War von Vielen ein Grund für den Zusammenbruch des Weimarer Staates in der zunehmenden Parteienzersplitterung gesehen worden, so mußte für sie die Konsequenz daraus sein, von Anfang an eine solche Tendenz in der Bundesrepublik zu verhindern. So enthalten alle bisherigen Wahlgesetze des Bundes und der Länder mannigfache Bestimmungen gegen den Eintritt kleiner Parteien in die Parlamente. Selbst in einige Landesverfassungen sind solche Vorschriften aufgenommen worden[1].

Sperrklauseln sind in den Wahlgesetzen des Bundes und der Länder in drei Varianten enthalten:

aa) Sperrklauseln, die jede Partei völlig von der Sitzverteilung ausschließen, die nicht mindestens 5 % der gültigen Stimmen erhalten hat, finden sich in den Wahlgesetzen der reinen Verhältniswahl von Bremen, Hamburg, Rheinland-Pfalz und dem Saarland[2]. Aber auch in Bayern mit seiner „verbesserten Verhältniswahl" gilt eine ähnliche Regelung[3].

bb) Sperrklauseln, die sich nur auf den Verhältnisausgleich beziehen und jeder Partei die von ihr in den Wahlkreisen direkt errungenen Mandate belassen, enthalten die Wahlgesetze von Baden-Württemberg, Hessen, Niedersachsen, Nordrhein-Westfalen und Schleswig-Holstein[4].

---

[1] Eine Sperrklausel für das Wahlgesetz schreiben vor Art. 26 II Verf. Bln (5 % mit Alternative: ein Wahlkreismandat) und Art. 75 III Verf. Bre (5 % bezogen auf jeweils einen der beiden Wahlbereiche Bremen und Bremerhaven). Eine Kann-Vorschrift für Sperrklauseln enthalten Art. 28 III 2 Verf. BW (bis 5 %), Art. 75 III 2 Verf. Hes (bis 5 %), Art. 80 IV Verf. RhPf (5 %) sowie Art. 4 III Verf. Nds (10 %) und Art. 14 IV Verf. Bay (10 % in einem Wahlkreis = Regierungsbezirk). Zur Entwicklung seit 1945 vgl. *Röhl* DVBl 54, 561—64.

[2] § 8 IV LWG Bre, § 5 II LWG Hbg, § 42 II LWG RhPf und § 48 I LWG Saar.

[3] Nach Art. 51 IV LWG Bay bezieht sich das geforderte Quorum der Verfassung entsprechend nur auf einen der sieben Wahlkreise.

cc) Daneben gibt es Sperrklauseln, deren Überschreitung durch Erringung einer bestimmten Zahl von Direktmandaten ersetzt werden kann, um eine Partei auch zum Verhältnisausgleich zuzulassen. In Anlehnung an die Regelung in den Bundeswahlgesetzen sind solche *Alternativklauseln* (besser: alternative Grundmandatsklauseln), die die ursprüngliche Sperrklausel durchbrechen, noch in den Wahlgesetzen von Berlin und Schleswig-Holstein enthalten[5].

Eine weitere Durchbrechung der Sperrklausel ist die Ausnahmeregelung zugunsten der Parteien nationaler Minderheiten im Bund und in Schleswig-Holstein[6]. Bestimmungen, die eine Teilnahme an der Sitzverteilung auf Landeswahlvorschläge davon abhängig machten, daß eine Partei in allen Wahlkreisen kandidierte (Aufstellungsklausel), haben sich nur kurze Zeit in einigen Landeswahlgesetzen befunden[7].

b) Neben solchen Regelungen, die sich erst im Wahlvorgang nach der Stimmabgabe des Wählers auswirken, sind die Vorschriften hervorzuheben, die sich auf die Zulassung der Parteien zur Wahl, das Wahlvorschlagsrecht, beziehen. Hier sind als Fragenkreise zu unterscheiden: Unterschriftenquoren, Befreiungen davon und Nachweispflichten.

Die Höhe der *Unterschriftenquoren* ist in den einzelnen Wahlgesetzen unterschiedlich, zum Teil bedingt durch die verschiedenartigen Wahlsysteme (z. B. Größe der Wahlkreise). So verlangte das Bundeswahlgesetz von 1949 für einen Kreiswahlvorschlag 500 Unterschriften (BWG 1953: ebenso) wie auch für eine Landesliste (BWG 1953: 1 v.T. der Wahlberechtigten, mindestens 500 — höchstens 2500); nach dem geltenden Bundeswahlrecht sind für einen Kreiswahlvorschlag nur

---

[4] Art. 3 VI LWG BW, § 36 IV LWG Hes, § 32 III LWG Nds, § 33 II LWG NW und § 3 I LWG SchlH.

[5] Nach § 10 IV u. V BWG 1949 genügte die Erringung eines Wahlkreismandates statt der Erreichung von 5 % der Stimmen in einem Land. Durch § 9 IV BWG 1953 wurde Bezugspunkt der Sperrklausel das gesamte Bundesgebiet. Um ein Mißverhältnis zur Sperrklausel zu vermeiden, wurde die Alternativklausel 1956 durch § 6 IV BWG auf drei Direktmandate erhöht. Nach § 14 S. 2 LWG Bln und § 3 I LWG SchlH genügt die Erringung eines Wahlkreismandates für eine Partei, um die Sperrklausel außer Kraft zu setzen. Nach § 32 II 2 LWG NW v. 26. 3. 1954 (GVBl 88) galt die Alternativklausel auch in Nordrhein-Westfalen mit der Maßgabe, daß die Erringung eines Wahlkreismandates oder eines Stimmanteils von $33^1/_3$ % in einem Wahlkreis zum Überspringen der Sperrklausel genügte; vgl. auch vorher schon in Hamburg, Baden und Württemberg-Hohenzollern (dort nicht in Kraft getreten); Nachweise bei *Röhl* DVBl 54, 563.

[6] Diese auf den SSW als Vertretung der dänischen Minderheit in Schleswig-Holstein zugeschnittene Ausnahme findet sich in § 6 IV BWG (vorher schon § 9 V BWG 1953) und § 3 I LWG SchlH.

[7] Vgl. *Röhl* DVBl 54, 564.

noch 200, für eine Landesliste 1 v.T., höchstens aber 2000 Unterschriften erforderlich[8]. In den Ländern gelten folgende Unterschriftenklauseln: Baden-Württemberg 150, Bayern 500, Berlin 40, Bremen 1 v.T., Hamburg 500, Hessen 50 (Landeswahlvorschlag 1000), Niedersachsen 100 (Landeswahlvorschlag keine), Nordrhein-Westfalen 100 (Landeswahlvorschlag 1000), Rheinland-Pfalz 140 bis 380 (das zwanzigfache der Zahl der im jeweiligen der sieben Wahlkreise zu wählenden Abgeordneten), Saarland 300 (Landeswahlvorschlag keine), Schleswig-Holstein 100 (Landeswahlvorschlag ebenfalls 100)[9].

Die in den Wahlgesetzen festgelegten Ausnahmen vom Erfordernis der Unterschriftenbeibringung enthalten größtenteils Privilegierungen der parlamentarisch vertretenen Parteien. Während das erste Bundeswahlgesetz keine Ausnahme kannte, werden seit 1953 im Bund diejenigen Parteien vom Unterschriftenquorum befreit, die im Bundestag oder einem Landtag seit deren letzter Wahl auf Grund eigener Wahlvorschläge ununterbrochen mit mindestens 5 Abgeordneten vertreten sind[10]. In allen Bundesländern außer Bayern werden die im jeweilig neu zu wählenden Landtag während der letzten Wahlperiode auf Grund eigener Wahlvorschläge vertretenen Parteien ausgenommen[11]. Ihnen werden in Bremen, Hamburg und im Saarland die Parteien gleichgestellt, die im Bundestag vertreten sind, in Niedersachsen und in Schleswig-Holstein diejenigen, die im Bundestag durch eigene im jeweiligen Land gewählte Abgeordnete vertreten sind[12]. In Niedersachsen wird die Befreiung darüber hinaus den Parteien gewährt, die bei der letzten Bundestagswahl im Lande 5 % der Stimmen erhalten haben, sowie im Saarland denjenigen Parteien, die in einem andern Landtag vertreten sind[13]. Lediglich in Bayern wird die Ausnahme

[8] §§ 11 I, 14 I BWG 1949; §§ 25, 34 IV BWG 1953; §§ 21 II, III, 28 I BWG. Das vom Parlamentarischen Rat beschlossene Wahlgesetz hatte ein Unterschriftenquorum von nur 100 vorgesehen; die Änderung erfolgte durch die Konferenz der Ministerpräsidenten im Einvernehmen mit den Militärgouverneuren. Vgl. BVerfGE 3, 19 (25 f).

[9] Art. 25 II LWG BW; Art. 40 IV Ziff. 4 LWG Bay; § 16 IV LWG Bln; § 20 II LWG Bre; § 23 II LWG Hbg; §§ 21 III, 22 III LWG Hes; § 14 II LWG Nds; §§ 19 II, 20 I LWG NW; §§ 32 I, 28 II LWG RhPf; § 28 III LWG Saar; § 25 II LWG SchlH.

[10] §§ 26, 34 IV BWG 1953; §§ 21 II 1, 28 I 2, 19 II BWG. Ursprung dieser Differenzierung zwischen neuauftretenden und parlamentarisch vertretenen Parteien war der Regierungsentwurf von 1953 (BT Drs I/4090).

[11] Art. 25 II LWG BW; § 16 IV LWG Bln (5 Abg.); § 20 II LWG Bre; § 23 II LWG Hbg; §§ 21 III, 22 III LWG Hes; § 14 III, 12 III 2 Ziff. 1 LWG Nds; §§ 19 II, 20 I LWG NW (3 Abg.); § 32 II LWG RhPf; § 28 III LWG Saar; § 25 II LWG SchlH.

[12] § 20 II LWG Bre; § 23 II LWG Hbg; § 28 III LWG Saar; §§ 14 III, 12 III 2 Ziff. 2 LWG Nds; § 25 II 2 i. V. m. § 24 I Ziff. 1 LWG SchlH.

[13] §§ 14 III, 12 III 2 Ziff. 3 LWG Nds; § 28 III LWG Saar.

dergestalt bestimmt, daß 20 (statt 500) Unterschriften genügen, wenn glaubhaft gemacht wird, daß 500 Stimmberechtigte den Vorschlag unterstützen[14]. Eine Ausnahme für Parteien nationaler Minderheiten kennt nur das Bundeswahlrecht[15].

Nachweispflichten betreffen in Anlehnung an die zuerst im Bundeswahlgesetz von 1953 enthaltene Regelung den Nachweis der Parteien, daß sie einen nach demokratischen Grundsätzen gewählten Vorstand, eine schriftliche Satzung und ein schriftliches Programm haben. Ausgenommen von dieser Bestimmung, die sich in den Wahlgesetzen von Bayern, Berlin, Bremen, Hamburg, Niedersachsen, Nordrhein-Westfalen, dem Saarland und Schleswig-Holstein befinden, sind jeweils die auch vom Unterschriftenquorum befreiten Parteien[16].

2. Die Rechtsprechung des Bundesverfassungsgerichts

a) Im Urteil vom 5. 4. 1952[17], seiner ersten Wahlrechtsentscheidung, hat das BVerfG auf die Verfassungsbeschwerde des SSW hin die *Sperrklausel* (7,5 %) im Landeswahlrecht Schleswig-Holsteins aufgehoben. Der Gesichtspunkt der freien Wettbewerbschancen der Parteien ergebe, daß eine Beeinträchtigung von Parteien bei der Verhältniswahl nur durch zwingende Gründe gerechtfertigt werden könne[18]. Einen solchen zwingenden Grund hat das Gericht zwar in der „staatspolitischen Gefahr" gesehen, die in dem durch die Verhältniswahl begünstigten Aufkommen von Splitterparteien liege, „daß die gesetzgebenden Körperschaften keine großen Parteien mehr aufweisen, sondern in eine Unzahl kleinerer Gruppen zerfallen und damit funktionsunfähig werden, insbesondere nicht in der Lage sind, eine politisch aktionsfähige Regierung zu schaffen"[19]. Als rechtliche Grenze für diese gerechtfertigte Ausnahme bestehe jedoch ein gemeindeutscher Satz von 5 %, dessen Überschreitung durch den Wahlgesetzgeber wiederum besondere zwin-

---

14 Art. 40 IV Ziff. 4 LWG Bay in Anknüpfung an § 15 III RWG.

15 §§ 21 II 2, 28 I BWG; vorher § 9 V BWG 1953.

16 Art. 40 V LWG Bay (auch Gründungsprotokoll, ausgenommen die im bisherigen Landtag vertretenen Parteien); § 16 III LWG Bln; § 19 II LWG Bre; § 23 I LWG Hbg (ausgenommen auch die Parteien, für die Wahlvorschläge bei der letzten Bundestagswahl zugelassen waren); §§ 14 IV, 12 III 2 LWG Nds; §§ 19 II 2, 20 II LWG NW; § 26 III LWG Saar. Im BWG sind die Nachweispflichten durch das Änderungsgesetz v. 14. 2. 1964 (BGBl I, 61) aufgehoben worden; § 29 a BWO (v. 8. 4. 1965) verlangt den Nachweis einer schriftlichen Satzung, eines schriftlichen Programms sowie der satzungsgemäßen Bestellung des Bundesvorstands. § 25 II LWG SchlH verlangt nur noch die Vorlage der Niederschrift über die Bewerberaufstellung.

17 BVerfGE 1, 208—261 (betr. § 3 I LWG SchlH v. 22. 10. 1951).

18 aaO S. 255.

19 aaO S. 248.

gende Gründe voraussetze[20]. Hierfür habe die politische Entwicklung in Schleswig-Holstein jedoch keinen Aufschluß gegeben. In Anknüpfung an diese Entscheidung hat das BVerfG im Urteil vom 11. 8. 1954[21] eine erneute Klage des SSW gegen die — nunmehr auf 5 % herabgesetzte — Sperrklausel abgewiesen, da der Gesetzgeber nicht verpflichtet sei, alle zulässigen Befreiungen von der Sperrklausel auch einzuführen. Es bedeute im Hinblick auf die parlamentarische Repräsentation des als Einheit gedachten Staatsvolkes keine willkürliche Gleichbehandlung von wesentlich Ungleichem, wenn der SSW als Partei einer nationalen Minderheit allen anderen politischen Parteien formal gleichgestellt werde, indem ausschließlich auf zahlenmäßige Ausnahmekriterien (z. B. Erringung eines Direktmandates) abgestellt werde[22]. Die Zulässigkeit einer Sperrklausel wird nach dem Urteil vom 6. 2. 1956[23] auch nicht durch das Nebeneinander von 5 %-Klausel und Unterschriftenquorum berührt. Ebenfalls ist die 1953 ins Bundeswahlrecht eingeführte Verschärfung der 5 %-Klausel durch Bezugnahme auf das gesamte Wahlgebiet im Beschluß vom 13. 6. 1956[24] gebilligt worden. Mit Urteil vom 23. 1. 1957[25] hat das Gericht die 5 %-Klausel auch trotz möglicher zusätzlicher anderer Beeinträchtigung neuer Parteien (Unterschriftenquorum, Rundfunkpropaganda, Steuerbegünstigung) als verfassungsmäßig bestätigt; ebenso hat es mit Urteil vom gleichen Tag[26] eine 5 %-Klausel für das Kommunalwahlrecht anerkannt. Als zulässige Durchbrechung der Sperrklausel ist im Urteil vom 11. 8. 1954[27] eine Grundmandatsklausel angesehen und im Urteil vom 23. 1. 1957[28] ist die Alternativklausel des Bundeswahlgesetzes im Hinblick auf die Elemente der Personenwahl im Wahlsystem bestätigt worden.

b) Für den Bereich der Wahlzulassung (Wahlvorschlagsrecht) hat das BVerfG im Urteil vom 1. 8. 1953[29] in Anlehnung an die Entscheidung des StGH vom 17. 12. 1927[30] erklärt, daß *Unterschriftenquoren* grundsätzlich zulässig seien, um sicherzustellen, daß nur echte, lebensfähige politische Parteien sich zur Wahl stellen, und um dadurch der Stimmenzersplitterung entgegenzuwirken. Bei parlamentarisch bereits vertretenen Parteien könne dieser Nachweis als erbracht angesehen

---

[20] BVerfGE 1, 208 (256).
[21] BVerfGE 4, 31—45 (betr. § 3 I LWG SchlH i. d. F. v. 5. 11. 1952).
[22] BVerfGE 4, 31 (41 f).
[23] BVerfGE 4, 375—387 (betr. Art. 3 IV, 25 II 2 LWG BW v. 9. 5. 1955).
[24] BVerfGE 5, 77—84 (betr. § 9 IV BWG 1953).
[25] BVerfGE 6, 99—104 (betr. § 6 IV BWG).
[26] BVerfGE 6, 104—120 (betr. § 30 VI KWG NW v. 12. 6. 1954).
[27] Vgl. FN 21.
[28] BVerfGE 6, 84—99 (betr. § 6 IV BWG).
[29] BVerfGE 3, 19—34 (betr. § 26 I BWG 1953).
[30] L-S I, 398 (403).

werden. Für Landeswahlgesetze soll nach dem Urteil vom 3. 6. 1954[31] auch eine Regelung möglich sein, die nur die im Landesparlament vertretenen Parteien, nicht aber Bundestagsparteien vom Unterschriftenquorum ausnimmt. Für parteilose Kandidaten kann das Quorum höher sein als für Wahlvorschläge politischer Parteien[32]. Weiterhin hat das BVerfG mit Urteil vom 23. 1. 1957[33] Unterschriftenquoren auch für das Kommunalwahlrecht anerkannt. Parteiprivilegien zu Lasten kommunaler Wählergemeinschaften sind jedoch aufgehoben worden[34].

Nachweispflichten hat das Gericht für zulässig angesehen, um festzustellen, ob ein Wahlvorschlag von einer Partei eingereicht worden ist[35].

3. Schrifttum

a) *Sperrklauseln* werden im verfassungsrechtlichen Schrifttum fast einhellig für zulässig gehalten[36]. Dagegen sieht *Hamann*[37] die Sperrklausel des Bundeswahlgesetzes für verfassungswidrig an, weil das Grundgesetz eine ausdrückliche Ermächtigung dazu nicht enthalte und es mit dem Rechtsstaatsprinzip schlechterdings unvereinbar sei, wenn die Grenzen möglicher Sperrklauseln unbestimmbar seien. Außerdem könnten Sperrklauseln zu bedauerlichen Verfälschungen bzw. Verzerrungen des Volkswillens führen.

Umstritten ist dagegen die Zulässigkeit der *Alternativklauseln*[38]. Gegen sie wird geltend gemacht, daß sie gegen die Parteiengleichheit

---

[31] BVerfGE 3, 383—407 (betr. § 20 LWG NW i. d. F. v. 26. 3. 1954).

[32] Vgl. FN 24.

[33] Vgl. FN 28.

[34] Vgl. Beschl. v. 12. 7. 1960: BVerfGE 11, 266—277; Urt. v. 2. 11. 1960: BVerfGE 11, 351—366; Urt. v. 15. 11. 1960: BVerfGE 12, 10—32.

[35] BVerfGE 3, 383 (393, 403).

[36] *Wernicke*, BK, Art. 21 Erl. II d α, S. 8; *v. Mangoldt-Klein* Art. 38 Anm. III 2 f, S. 882; *Maunz* in Maunz-Dürig, Rdn. 50 zu Art. 38; *Giese-Schunck* Art. 38 Erl. II 2, S. 99; *Seifert*, Kommentar, Rdn. 25 zu § 6; Bericht S. 34; *Leibholz*, Sperrklauseln, S. 46; *Henke*, Parteienrecht, S. 162 ff; ders., BK, Rdn. 13 zu Art. 21; *Badura*, BK, Rdn. 11 zu Anh. z. Art. 38; *Peter* S. 103.

[37] Kommentar, Art. 38 Erl. B 5 c, S. 274 sowie NJW 57, 377 f. Diese Auffassung klang auch schon im Parlamentarischen Rat an; vgl. *v. Mangoldt*, Kommentar, Art. 38 Anm. 2, S. 230. Kritisch auch *Flechtheim* ZPol 9 (1962), 100 und *Ridder*, Böhm-Festschrift, S. 36. Allgemein gegen Maßnahmen zur Ausschaltung von Splitterparteien *Loewenstein* S. 281 f. Vgl. auch *v. Merkatz* ZaöRV 19 (1958), 255: „Heute vollzieht sich die Parteivernichtung durch Sperrklauseln, die dazu führen, daß sogar Parteien, die rund eine Million Wähler aufbringen, ohne Wahlabsprachen nur dann in den Bundestag gelangen, wenn sie stark regional verankert sind."

[38] Die Zulässigkeit bejahen: *Maunz* in Maunz-Dürig, Rdn. 50 zu Art. 38; *v. Mangoldt-Klein* Art. 38 Anm. III 2 f, S. 883: *Leibholz*, Sperrklauseln, S. 47 ff; *Unland* S. 84; *Fuß* JZ 59, 394; *Henke*, Parteienrecht, S. 163; *Badura*, BK,

verstoßen, indem sie ohne besonderen rechtfertigenden Grund Schwerpunktparteien begünstigen[39]. Die Ausnahme der Parteien nationaler Minderheiten von der Sperrklausel wird überwiegend bejaht[40].

b) *Unterschriftenquoren* einschließlich der mit ihnen zumeist verbundenen Privilegierung alter gegenüber neuen Parteien werden allgemein als verfassungsrechtlich zulässig angesehen[41]. Gegen die Auferlegung von *Nachweispflichten* werden dagegen Vorbehalte gemacht[42].

II. Rundfunk und Parteien

1. Organisation und Rechtsgrundlagen des deutschen Rundfunks

Der organisatorische Aufbau des deutschen Rundfunks[43] nach 1945 ist die Folge seiner Geschichte. Im bewußten Gegensatz zur privatwirtschaftlichen Grundlage der zuletzt vom Staat zentral beherrschten Sendegesellschaften der Weimarer Republik wurden zwei Vorkehrungen getroffen, um das alte Leitprinzip des Rundfunks — die Unabhängigkeit gegenüber dem Staat und den einzelnen Gruppen der Gesellschaft — neu zu sichern: föderalistischer Aufbau und Verselbständigung der Sendegesellschaften zu Anstalten des öffentlichen Rechts. Ab 1948 wurden so in den Besatzungszonen die Rundfunkanstalten geschaffen: in der amerikanischen Besatzungszone für jedes Land eine Anstalt (Bayerischer Rundfunk, Hessischer Rundfunk, Süddeutscher Rundfunk und Radio Bremen), in der britischen Zone der

---

Rdn. 11 zu Anh. z. Art. 38. Bedenken äußern: Grundlagen S. 36; *Füßlein* DöV 57, 605. Die Zulässigkeit verneinen: *Hamann*, Kommentar, Art. 38 Erl. B 5 d, S. 275; *Mahrenholz* S. 56 ff; O. *Schröder* S. 64 f; *Bläsi* S. 141; *Rinck* DVBl 58, 225 f; *Peter* S. 107 ff; *Seifert*, Kommentar, Rdn. 25 zu Art. 38; vorher schon ders., DöV 56, 259.

[39] *Peter* S. 111; *Seifert*, Kommentar, Rdn. 29 zu Art. 38.

[40] *Maunz* in Maunz-Dürig, Rdn. 50 zu Art. 38; *v. Mangoldt-Klein* Art. 38 Anm. III 2 f, S. 883. Weitergehend im Sinne einer Privilegierung föderalistischer Parteien *Leibholz*, Sperrklauseln, S. 50 und *Henke*, Parteienrecht, S. 163. Gegen die Befreiung der Parteien nationaler Minderheiten von der Sperrklausel: *Forsthoff* AöR 76 (1950), 376 und *Seifert*, Kommentar, Rdn. 28 zu § 6.

[41] *Maunz* in Maunz-Dürig, Rdn. 52 zu Art. 38 mit weiteren Nachweisen; *Henke*, Parteienrecht, S. 160 ff; ders., BK, Rdn. 13 zu Art. 21; *Seifert*, Kommentar, Rdn. 27 zu Art. 38; *Badura*, BK, Rdn. 12 zu Anh. z. Art. 38. Einschränkend *Peter* S. 75 mit FN 16. Bedenken *v. d. Heydte-Sacherl* S. 332 f Anm. 9.

[42] Vgl. dazu *Nass*, Wahlorgane, S. 72 f; *Henke*, Parteienrecht, S. 162 u. 167 f; *Peter* S. 74 FN 13.

[43] Der Ausdruck „Rundfunk" wird hier wie im folgenden für den Hörfunk und Fernsehen umfassenden Oberbegriff verwendet.

Nordwestdeutsche Rundfunk und in der französischen Zone der Südwestfunk. Später entstanden der Sender Freies Berlin (1953), durch Trennung des Nordwestdeutschen Rundfunks der Westdeutsche Rundfunk (1954) und der Norddeutsche Rundfunk (1955) sowie der Saarländische Rundfunk (1956). Als Rundfunkanstalten des Bundesrechts wurden 1960 die Deutsche Welle und der Deutschlandfunk errichtet. Organisatorische Grundlage der Zusammenarbeit aller Rundfunkanstalten ist die 1950 gebildete Arbeitsgemeinschaft der öffentlich-rechtlichen Rundfunkanstalten der Bundesrepublik Deutschland (ARD)[44]. Neben dem von den Anstalten der ARD gemeinschaftlich gestalteten Fernsehprogramm entstand 1961 durch Staatsvertrag aller Bundesländer das Zweite Deutsche Fernsehen als von den Ländern gemeinsam getragene Anstalt des öffentlichen Rechts.

Die Rundfunkgesetze bzw. -verträge[45] enthalten größtenteils Richtlinien für die Gestaltung von Sendungen. Im politischen Programm der Rundfunkanstalten sind für den hier zu untersuchenden Fragenkreis drei Sendungstypen zu unterscheiden: redaktionell gestaltete Sendungen, Regierungssendungen und Parteiensendungen[46]. Für diese drei Typen ergeben sich aus den Rechtsgrundlagen der einzelnen Rundfunkanstalten unterschiedliche Bindungen:

Redaktionelle Sendungen sind Programme, die unter ausschließlicher Verantwortung und Leitung der jeweils zuständigen Funkredaktion stehen, die Gang und Inhalt der Sendung bestimmt. Wichtigster Grundsatz dieser redaktionellen politischen Sendungen — wie des Sendeprogramms im Ganzen — sind Objektivität der Nachrichtenvermittlung und Überparteilichkeit gegenüber Staat und Gesellschaft[47].

Regierungssendungen, d. h. die Verwirklichung der Befugnis der jeweils benannten Regierungen, den Rundfunk für die Bekanntgabe von Gesetzen, Verordnungen und amtlichen Verlautbarungen unverzüglich und unentgeltlich in Anspruch zu nehmen, sind für alle Rundfunk-

---

[44] Vgl. die Satzung der Arbeitsgemeinschaft der öffentlich-rechtlichen Rundfunkanstalten der Bundesrepublik Deutschland (ARD) v. 9. 6. 1950 i. d. F. v. 7. 6. 1962 (abgedruckt bei *Brack-Herrmann-Hillig* S. 127).

[45] Neuestens übersichtlich zusammengestellt bei: Günter *Herrmann*, Rundfunkgesetze, Köln 1966.

[46] Ebenso der Intendant des WDR, *v. Bismarck*, vgl. SZ Nr. 254 v. 22. 10. 1964.

[47] Vgl. Art. 4 I u. II Ziff. 5 BR-Gesetz; § 3 Ziff. 1 HR-Gesetz; § 4 NDR-Vertrag; § 1 IV NWDR-Gesetz; § 2 II u. VI RB-Gesetz; § 2 SFB-Gesetz i. V. m. § 3 der Satzung; § 4 SDR-Gesetz i. V. m. § 2 II der Satzung; § 10 SR-Gesetz; § 5 SWF-Vertrag i. V. m. Art. 5 III der Satzung; § 4 WDR-Gesetz; § 23 DW-DF-Gesetz; § 2 ZDF-Vertrag.

anstalten außer dem SFB geregelt[48]. Nicht entschieden ist die Frage, ob es einen Anspruch des Parlaments oder der Opposition gibt, auf kontroverse Regierungssendungen im Rundfunk zu antworten.

Parteiensendungen sind Programme, die durch Einräumung von Sendezeiten an die politischen Parteien von diesen eigenverantwortlich gestaltet werden. Solche Sendungen sind für einige Rundfunkanstalten in ihrer Rechtsgrundlage bereits vorgesehen; teilweise wird unterschieden zwischen allgemeinen Parteiensendungen und solchen im Zusammenhang eines Wahlkampfes (Wahlpropaganda). Die Beteiligung der einzelnen Parteien an diesen Sendungen und die Verteilung der Sendezeit auf die Parteien sind nicht einheitlich geregelt[49].

Allgemeine Parteiensendungen gewähren: der BR den im Bayerischen Landtag oder im Bundestag durch in Bayern gewählte Abgeordnete vertretenen Parteien, Radio Bremen den zugelassenen politischen Parteien bei strittigen Fragen von öffentlichem Interesse, der SDR den politischen Parteien, der SWF den politischen Parteien, soweit sie in einem der Landtage der vertragsschließenden Länder Fraktionsstärke besitzen, die Rundfunkanstalten des Bundesrechts den im Bundestag oder in einem Landtag vertretenen Parteien, das ZDF den im Bundestag oder in mindestens drei Landtagen vertretenen Parteien.

Für die Wahlpropaganda wird der Kreis der berechtigten Parteien erweitert: beim BR auf die übrigen politischen Parteien und Wählergruppen, die in Bayern einen gültigen Wahlvorschlag zum Landtag oder Bundestag eingereicht haben; beim HR auf die politischen Parteien, die in allen Wahlkreisen Wahlvorschläge eingereicht haben; bei den Rundfunkanstalten des Bundesrechts sowie beim ZDF auf die Parteien, die bei einer Bundestagswahl mindestens einen Landeswahlvorschlag eingereicht haben.

Für die Länge der zur Verfügung zu stellenden Sendezeiten ist allgemein festgelegt, daß es sich um angemessene Sendezeiten handeln

---

[48] Vgl. Art. 4 II Ziff. 3 BR-Gesetz (für die Landesregierung); § 3 Ziff. 5 HR-Gesetz (für die Landesregierung); § 6 NDR-Vertrag (für die Bundesregierung und die Landesregierungen der drei Vertragsländer); § 2 IV RB-Gesetz (für den Senat); § 4 SDR-Gesetz i. V. m. § 2 IV Ziff. 8 der Satzung (für die Landesregierung); § 3 I SR-Gesetz (für die Bundesregierung und die Landesregierung); § 6 II SWF-Vertrag i. V. m. Art. 5 IV b der Satzung (für die Bundesregierung und die Landesregierungen des Sendegebietes); § 6 WDR-Gesetz (für die Bundesregierung und die Landesregierung); § 26 DW-DF-Gesetz (für die Bundesregierung); § 5 ZDF-Vertrag (für die Bundesregierung und die Landesregierungen).

[49] Vgl. Art. 4 II Ziff. 2 BR-Gesetz; § 3 Ziff. 6 u. 7 HR-Gesetz; § 2 V RB-Gesetz; § 5 III SR-Gesetz; § 4 SDR-Gesetz i. V. m. § 2 IV Ziff. 4 der Satzung; § 6 I SWF-Vertrag i. V. m. Art. 5 IV c der Satzung; § 27 DW-DF-Gesetz; § 6 ZDF-Vertrag.

muß. Lediglich für den HR und den SWF sind klare Maßstäbe gesetzt durch die Bestimmung, daß die Sendezeiten für alle beteiligten Parteien gleich lang und gleichwertig sein müssen[50]. Nicht geregelt sind Parteiensendungen beim NDR, SFB und WDR.

2. Die Praxis der Rundfunkanstalten

Die Frage nach der Praxis der Rundfunkanstalten unter dem Gesichtspunkt der Behandlung der politischen Parteien rückt vornehmlich die eigentlichen Parteiensendungen in den Vordergrund.

a) Überparteilichkeit der *Redaktionssendungen*, verstanden als Ausgewogenheit des Gesamtprogramms, nicht als Überparteilichkeit jeder Einzelsendung[51], ist kein Maßstab, an dem sich ein rechtlich durchsetzbarer Anspruch sich benachteiligt fühlender Parteien begründen ließe. Daß hier aber ein weites Feld für rundfunkpolitische Auseinandersetzungen liegt, versteht sich so sehr von selbst, daß es kaum noch des Nachweises aus der Praxis bedarf[52].

b) Hinsichtlich der *Regierungssendungen* hat sich bei einigen Rundfunkanstalten die Praxis herausgebildet, daß Äußerungen von Regierungsmitgliedern zu Themen, die zwischen den Parteien streitig sind, nicht ohne Folgen bleiben. Allerdings ist bisher nicht geklärt, wer als Gegenspieler der Bundesregierung in solchen Fällen anzusehen ist: die Opposition oder das ganze Parlament. Abgesehen von dem Fall, in dem der SPD wegen einer teilweise kontroversen Fernsehrede des Bundeskanzlers *Adenauer* vom 2. 9. 1961 für die nächste Parteiensendung vor der Wahl fünf Sendeminuten mehr zugesprochen wurden[53], folgte bisher auf eine solche umstrittene Regierungssendung die Gewährung von Sendezeiten an die im Bundestag vertretenen Parteien[54]. So kam nach der wirtschaftspolitischen Hörfunk- und Fernsehrede des Bundeswirtschaftsministers *Erhard* vom 21. 3. 1962 auf Verlangen der

---

[50] § 3 Ziff. 6 HR-Gesetz; § 6 I SWF-Vertrag i. V. m. Art. 5 IV c der Satzung.

[51] Vgl. Richtlinien des ZDF III Ziff. 5. Etwas anderes ergibt sich, wenn eine bestimmte Sendung als abgeschlossenes Ganzes ihrer Bestimmung nach die parteipolitische Ausgewogenheit herstellen soll wie z. B. bei der Berichterstattung mit Ausschnittübertragung von Parlamentsdebatten.

[52] Bezeichnendes Beispiel sind die wiederholten Auseinandersetzungen um die Sendereihen „Panorama“, „Report“ und „Hallo Nachbarn“ des Deutschen Fernsehens.

[53] FAZ Nr. 74 v. 28. 3. 1962; zur auslösenden Fernsehansprache vgl. Bulletin Nr. 165 v. 5. 9. 1961, S. 1577/78 („Wo ständen wir heute, wenn wir den Propheten des Neutralismus gefolgt wären?“).

[54] Vgl. etwa den „Rundfunkkrieg“ im Anschluß an die außenpolitische Debatte des Bundestages v. 23. 1. 1958; Das Parlament Nr. 6 v. 12. 2. 1958, S. 2—4.

SPD der sozialdemokratische Wirtschaftsexperte *Deist* am 23. 3. 1962 zu Wort. Daraufhin forderten CDU und FDP ebenfalls Sendezeit, da Erhard nicht für seine Partei, sondern für die Regierung gesprochen habe. Nach anfänglicher Ablehnung durch die Direktorenkonferenz wurde dieser Forderung schließlich durch den Koordinator des Deutschen Fernsehens stattgegeben[55]. Auf der gleichen Linie lag es, als der Koordinator auf Grund eines Protestes der SPD vor einer Fernsehansprache Adenauers zur Spiegel-Affäre, die am 23. 11. 1962 zwei Tage vor den bayerischen Landtagswahlen stattfand, den drei Bundestagsfraktionen mitteilte, daß ihnen je fünf Minuten Sendezeit eingeräumt werde, falls Adenauer sich mit kontroversen Themen beschäftigen sollte[56].

c) *Parteiensendungen* vor Parlamentswahlen gibt es in der Bundesrepublik seit deren Bestehen. Auf Grund von Vereinbarungen mit den parlamentarisch vertretenen Parteien haben die Rundfunkanstalten Dauer und Reihenfolge der Sendezeiten für die einzelnen Parteien jeweils festgelegt. Bis auf die zwei genannten Ausnahmen (HR, SWF) werden die Sendezeiten proportional abgestuft. Sie wurden im Sendebereich des NWDR vor den Bundestagswahlen von 1953 und 1957 im wesentlichen so proportional verteilt, wie es 1949 zwischen dem NWDR und den Parteien auf Grund der vorhergehenden Landtagswahlergebnisse im Sendegebiet vereinbart worden war[57]. Obwohl die KPD bis 1953 im Bundestag vertreten war, verweigerte der NWDR dieser Partei 1953 Sendezeit[58]. Dagegen kam der BHE, der nicht im

---

[55] FAZ Nr. 71—73 v. 24.—27. 3. 1962. Vgl. AdG 1962, S. 9756.

[56] Vgl. Die Welt Nr. 274 v. 23. 11. 1962; Bulletin Nr. 217 v. 24. 11. 1962, S. 1845/46. Nicht zu den Regierungssendungen, sondern in die Gruppe der redaktionellen Sendungen gehört eine Sendung, die eine heftige Kontroverse darüber auslöste, wer als der Gegenpart der Regierung anzusehen sei. Am 16. 10. 1963 wurde vom Deutschen Fernsehen eine Sendung des NDR zum Thema „Ein Jahr Erhard" ausgestrahlt, in der der Bundeskanzler von einigen Journalisten befragt wurde. Auf Verlangen der SPD folgte eine zweite redaktionell gestaltete Sendung zum gleichen Thema, in deren Mittelpunkt der Fraktionsvorsitzende der SPD, *Erler*, stand. Die Proteste der CDU/CSU und FDP und ihre Forderungen nach eigenen Sendezeiten wurden vom NDR und der ARD zurückgewiesen. Allerdings wurde die zweite Sendung um drei Tage nach dem vorgesehenen und angekündigten Termin verschoben, da sie sonst zwei Tage vor den Kommunalwahlen in drei Bundesländern stattgefunden hätte. Vgl. Die Welt Nr. 245—47 v. 20.—22. 10. 1964. Vgl. auch die Fragestunde im Bundestag: BT StenBer 141. Sitzg v. 23. 10. 1964, S. 7055 B — 7060 D.

[57] *Kitzinger*, Wahlkampf, S. 222.

[58] ebd. Ähnlich ist die Situation noch in Berlin: Die — nicht verbotene — Westberliner SED erhielt vor den Wahlen zum Berliner Abgeordnetenhaus von 1958 und 1963 keine Sendezeit von den Berliner Rundfunkanstalten RIAS und SFB. Für die Wahlen im März 1967 ist das Ersuchen der SED mit der Begründung abgelehnt worden, daß dieser Partei in Ostberlin ge-

Bundestag vertreten war, auf Grund der Ergebnisse der vorhergehenden Kommunal- und Landtagswahlen im NWDR zu Wort[59]. Für die Bundestagswahl 1957 sah die Sendezeitenverteilung des NDR/WDR so aus:

	CDU	SPD	FDP	BHE	DP
Mittelwelle	100	90	45	35	30
UKW — NDR	30	30	15	15	15
UKW — WDR	50	40	25	15	10
Pressekonferenz	30	30	30	30	30

Die Verfassungsbeschwerde des BdD gegen die Weigerung des NDR, ihm Sendezeit zuzuteilen, führte dazu, daß dieser und zwei weitere Parteien je 15 Minuten erhielten[60].

Die Wahlsendungen des WDR vor den Landtagswahlen in Nordrhein-Westfalen von 1962 und 1966 ergaben folgende Verteilung[61]:

	1962				1966			
	CDU	SPD	FDP	Sonst.	CDU	SPD	FDP	Sonst.
Fernsehen	65	55	25	25	70	65	20	25[a])
UKW (Pressekonferenz)	25	25	25	—	15	15	15	—
UKW (5 Min.-Sendungen)	65	55	25	25	70	65	20	25[b])

[a]) Davon ausgenützt: UAP und FSU je 5 Minuten.
[b]) Davon ausgenützt: UAP, FSU und Zentrum je 5 Minuten.

---

nügend Publikationsmittel zur Verfügung stünden, die auch zur Vertretung ihrer Ansichten gegenüber Westberliner Bürgern genützt würden; zusätzliche Sendezeiten im Westberliner Rundfunk würden die SED gegenüber den übrigen Parteien unzulässig bevorzugen. Vgl. SZ Nr. 263 v. 3. 11. 1966, S. 6.

[59] Vgl. die Ausführungen im Urteil des LVerwG Hamburg JIR 8 (1959), 327.

[60] Vgl. *Quaritsch* JIR 8 (1959), 346 FN 48.

[61] Zugrunde lagen Besprechungen zwischen Vertretern des WDR und der drei im Landtag vertretenen Parteien; das Protokoll der Besprechung von 1958 ist abgedruckt in BVerfGE 14, 121 (122 f).

Für die Bundestagswahlen 1961 und 1965 wurden die Sendezeiten folgendermaßen verteilt:

	1961				1965						
	CDU CSU	SPD	FDP	GDP	CDU CSU	SPD	FDP	DFU	NPD	AUD	Sonst.
Fernsehen:											
ARD	90	60	20	10	60	45	15	5	5	—	—
ZDF	90	60	20	10	60	45	15	2,5	2,5	2,5	10[a]
Hörfunk:											
BR MW	100	60	20	20	100	70	20	5	10	5	—
UKW	50	15	5	10	60	30	10	5	—	5	—
HR MW	70	70	70	70[b]	40	40	40	40	40	5	—
UKW	10	10	10	10						5	—
NDR/WDR MW[c]	120	100	60	45	130	115	55	5	5	5	
NDR UKW	100	80	30	30	60	50	15	5	5	5	
WDR UKW	70	50	25	5	60	50	15	5	5	5	
RB MW	45	60	20	25	50	80	20	10	10	10	10[d]
SDR MW	150	90	45	15	75	70	35	5	5	5	—
UKW	50	30	15	5	40	35	20	5	5	5	—
SR MW	100	95	55	—	125	125	60	5	5	5	5
UKW	100	95	55	—	50	50	25	5	5	5	5[e]
SWF MW	50	50	50	—	100	100	100	10	10	10	—
UKW	30	30	30	—	25	25	25	10	10	10	—

[a] Jeweils 2½ Minuten für CVP, EFP, FSU und UAP.

[b] Ebenfalls 70 Minuten erhielt die DFU.

[c] Außerdem veranstalteten der NDR und der WDR 1961 in ihrem Mittelwellenprogramm für jede der vier Parteien eine 30minütige Pressekonferenz, die von RB sowie vom SDR, SR und SWF übernommen wurde .1965 veranstalteten NDR und WDR die Pressekonferenz in gleicher Dauer für die drei Bundestagsparteien.

[d] EFP.

[e] CVP.

3. Die Rechtsprechung

Ausgehend von seinen Wahlrechtsentscheidungen hat das BVerfG den Grundsatz der Wahlrechtsgleichheit und der Wettbewerbsgleichheit der politischen Parteien auch auf die Wahlpropaganda ausgedehnt. So hat es mit Urteil vom 3. 9. 1957[62] auf Grund einer Verfassungsbeschwerde des BdD die Bescheide des NDR aufgehoben, in denen dieser sich geweigert hatte, neben den Bundestagsparteien auch dem BdD für die Wahlpropaganda aus Anlaß der Bundestagswahl 1957 Sendezeiten einzuräumen. Eine solche Weigerung, hat das Gericht ausgeführt, verletze Art. 3 GG, sofern sie Parteien betreffe, deren Landeslisten im Sendebereich zugelassen worden seien. Allerdings sei

[62] BVerfGE 7, 99—109.

es zulässig, die den einzelnen Parteien zuzuteilenden Sendezeiten nach der Bedeutung der Parteien verschieden zu bemessen; jedoch müsse auch die Sendezeit für neue Parteien noch angemessen sein[63].

Diese Auffassung hat das BVerfG in seinem Beschluß vom 23. 8. 1961[64] bestätigt, mit dem es die Verfassungsbeschwerde der GDP (DP-BHE) gegen die Bescheide des Bayerischen Rundfunks verworfen hat. Die Rundfunkanstalt hatte den Antrag der GDP abgelehnt, im Rahmen der Fernsehsendereihe „Unter uns gesagt" unter dem Thema „Die Spitzenkandidaten der Parteien im Kreuzverhör" nach Gesprächen mit Kandidaten der FDP, SPD, CSU und CDU auch eine Sendung mit einem Vertreter der GDP zu veranstalten. Auch wenn man diese Sendereihe als Wahlpropaganda qualifiziere, hat das Gericht erklärt, seien die der GDP insgesamt eingeräumten Sendezeiten zu berücksichtigen. Danach aber ergebe sich, daß dieser Partei auch ohne die begehrte Sendung „eine ihrer Bedeutung und bisherigen Vertretung in den Parlamenten angemessene Redezeit gewährt worden ist"[65].

In seiner dritten Entscheidung zum Fragenkreis des Zugangs zum Rundfunk hat das BVerfG am 30. 5. 1962[66] die Verfassungsbeschwerde der FDP gegen die abgestufte Sendezeitenverteilung durch den WDR zurückgewiesen. Zur Begründung hat das Gericht ausgeführt, „dem der Sperrklausel und dem Unterschriftenquorum gemeinsam zugrunde liegenden Motiv der Sicherung des Charakters der Wahl als eines auf die Bildung funktionsfähiger Verfassungsorgane gerichteten Integrationsvorganges komme auch im Bereich der Wahlwerbung durch Rundfunk Bedeutung zu"[67]. Dieser Gesichtspunkt sowie die Notwendigkeit, „daß der Rundfunk seinen Hörerkreis objektiv über die Gewichtsverteilung zwischen den bedeutsamen politischen, weltanschaulichen und gesellschaftlichen Gruppen informiert", ergäben „besonders wichtige Gründe", die es dem Rundfunk gestatten, in begrenztem Ausmaß die Sendezeiten nach der Bedeutung der Parteien verschieden zu bemessen. Um die Bedeutung zu ermitteln, seien die Ergebnisse der letzten Parlamentswahlen, die Kontinuität der Partei, ihre Mitgliederzahl, der Umfang und Ausbau ihres Organisationsnetzes, ihre Vertretung im Parlament und ihre Beteiligung an der Regierung in Bund und Ländern zu berücksichtigen[68].

---

[63] aaO S. 108.

[64] BVerfGE 13, 204—06.

[65] aaO S. 206.

[66] BVerfGE 14, 121—40. Vgl. auch Beschl. v. 3. 7. 1962, BVerfGE 14, 192—94 (Verfassungsbeschwerde der GDP gegen WDR-Bescheid verworfen).

[67] aaO S. 135.

[68] aaO S. 137.

Im Zusammenhang mit der erstgenannten Entscheidung des BVerfG steht die — zeitlich vorhergehende — Entscheidung des LVerwG Hamburg. Dieses hat mit Urteil vom 6. 8. 1957[69] der Klage des BdD stattgegeben und den NDR verpflichtet, dem BdD für Wahlpropaganda 5 Sendetermine zu je 5 Minuten einzuräumen. In dieser ersten Gerichtsentscheidung zur Frage der Rundfunkpropaganda hat das LVerwG erklärt, eine differenzierende Behandlung der Parteien sei erst nach der Wahl zulässig, um Störungen des Verfassungslebens vorzubeugen; bis zur Wahl müsse die volle Chancengleichheit und Gleichberechtigung der Parteien gewahrt sein[70]. Die Frage einer Staffelung der Sendezeiten hat das Gericht offengelassen, da der Kläger eine Sendedauer beantragt hatte, die unter der kürzesten einer Bundestagspartei lag. Da das Urteil erst nach der Bundestagswahl am 15. 9. 1957 rechtskräftig werden würde, rief der BdD das BVerfG an[71].

Mit einem anderen Fall haben sich zwei weitere Gerichte befaßt. Mit Urteil vom 11. 9. 1957[72] hat der BayVGH es abgelehnt, der Klägerin — einer der 11 in Bayern zur Bundestagswahl 1957 zugelassenen Parteien — auch $^1/_{11}$ der vom Rundfunk den Parteien zur Verfügung gestellten Sendezeit zu gewähren. Unter Berufung auf das zuvor ergangene Urteil des BVerfG hat der Gerichtshof betont, daß der Sinn des Wahlkampfes vor allem in der Auseinandersetzung der bedeutenden Parteien liege, und dem Kläger nur die als Mindestmaß angesehene Sendedauer von 5 Minuten als angemessen zuerkannt[73]. Das BVerwG, das durch Beschluß vom 13. 5. 1958[74] die Revision der Partei für begründet erklärt hat, hat unter Hinweis auf die Rechtsansicht des BVerfG zwar die Staffelung der Sendezeiten gebilligt, aber als Minimum eine Einzelsendezeit von 10 Minuten angesehen. Darüber hinaus hat es jenes Minimum dahingehend konkretisiert, daß jeder Partei derselbe Hörerkreis zugänglich gemacht werden müsse und demnach der Partei mindestens je 10 Minuten auf UKW und Mittelwelle einzuräumen seien.

4. Das Schrifttum

In Übereinstimmung mit der Rechtsprechung wird im Schrifttum — soweit ersichtlich einhellig — die Auffassung vertreten, daß bei Über-

---

[69] JIR 8 (1957/58), 326—31.
[70] aaO S. 330.
[71] Vgl. oben S. 48.
[72] JIR 8 (1957/58), 335—38. In der ersten Instanz hatte das VerwG München dem Antrag der Klägerin entsprochen, während der BR nur 5 Minuten Sendezeit auf UKW hatte gewähren wollen.
[73] aaO S. 337.
[74] JIR 8 (1957/58), 338—39. Das BVerwG hatte nur noch über die Kosten zu entscheiden, da die Bundestagswahl vorüber war und die Hauptsache übereinstimmend für erledigt erklärt worden war.

lassung von Sendezeiten an politische Parteien der Zugang zu dieser Werbemöglichkeit allen Parteien offen stehen müsse, die sich mit einer im Sendegebiet zugelassenen Landesliste an der Wahl beteiligen[75]. Eine Beschränkung auf parlamentarisch vertretene Parteien wird an keiner Stelle erwogen.

Entgegen der Meinung der Autoren, die — hierin den Gerichten folgend — bei der Bemessung der im einzelnen zu vergebenden Sendezeit Abstufungen vornehmen wollen[76], hält *Krause-Ablass*[77] eine solche Differenzierung für verfassungsrechtlich unzulässig. Für eine besondere Art der Abstufung tritt *Weber*[78] unter dem Gesichtspunkt ein, der Tendenz zu einer sachwidrigen Stimmenzersplitterung entgegenzuwirken. Eine unterschiedliche Behandlung sei zwar gegenüber den neu auftretenden Parteien, „die bisher noch keinen demokratischen Vertrauensfundus aufzuweisen haben und womöglich überhaupt erst bekannt werden wollen", zulässig und geboten, weil sonst „Verwirrung in der Bevölkerung über den Stand des parteipolitischen Kräftesystems" entstehe. Unzulässig sei es jedoch „innerhalb der drei großen Parteien, die sich als stabile Faktoren des deutschen Parteienwesens konsolidiert haben", — „den in Parlaments- und Regierungsverantwortung bewährten Parteien" — bei der Zuweisung von Sendezeiten zu differenzieren[79].

5. Exkurs: Wahlpropaganda im Rundfunk des Auslands

In den *USA*, in denen der Rundfunk privatwirtschaftlich betrieben wird, muß jeder Rundfunkbetrieb, der einem gesetzlich zugelassenen Kandidaten für ein öffentliches Amt erlaubt, einen Sender zu benutzen,

---

[75] *Quaritsch* JIR 8 (1958), 345; ders. RuF 57, 387; *Rinck* DVBl 58, 226; *Fuß* JZ 59, 394; *Weber* DöV 62, 241; *Henke*, Parteienrecht, S. 190 f; ders., BK, Rdn. 30 zu Art. 21.

[76] *Quaritsch* JIR 8 (1958), 345 ff; ders. RuF 57, 388 ff; *Hesse* VVDStRL 17 (1959), 37 f; *Arndt*, Schriftsatz, S. 6 u. 21; *Scheuner*, Schriftsatz, S. 19 ff; *Maunz*, Staatsrecht, S. 76; *Henke*, Parteienrecht, S. 192; ders., BK, Rdn. 30 zu Art. 21. Beide Möglichkeiten billigend *v. d. Heydte-Sacherl* S. 101. *Wildenmann-Kaltefleiter* halten die Abstufung für „nicht unproblematisch" (S. 60).

[77] RuF 62, 121. Wie *Quaritsch* JIR 8 (1958), 345 und *Rinck* DVBl 58, 226 und *Weber* DöV 62, 242 weist er darauf hin, das BVerfG habe nur in einem nicht bindenden obiter dictum eine Abstufung für zulässig gehalten. Diesem Hinweis kommt aber angesichts des Beschl. v. 30. 5. 1962 (BVerfGE 14, 121—140) keine Bedeutung mehr zu. Vgl. aber auch *Hamann*, Kommentar, Art. 21 Erl. B 2 b, S. 217 („Differenzierungen ... unzulässig") sowie die Kritik von *Badura*, BK, Rdn. 13 zu Anh. z. Art. 38.

[78] DöV 62, 244. Dieser Veröffentlichung lag ein für den Landesverband NW der FDP erstelltes Rechtsgutachten zugrunde.

[79] Die Zulassung der politischen Parteien zum Rundfunk nach Maßgabe des Proporzes ist nach *Weber* nur vertretbar, soweit die Parteien außerhalb eines Wahlkampfes Kontaktpflege mit dem Volke treiben wollen (aaO S. 245).

allen anderen Kandidaten für dieses Amt die gleichen Möglichkeiten für eine Sendung bieten. Die Gebühren sollen nicht höher liegen als bei Sendezeiten für andere Zwecke[80].

In *Großbritannien* besteht keine gesetzliche Regelung. Neben Regierungssendungen und allgemeinen Parteiensendungen werden besondere Wahlsendungen ausgestrahlt. Zu diesen Sendungen im Fernsehen und Hörfunk sind die Parteien zugelassen, die mindestens 50 Kandidaten zur Wahl aufgestellt haben. Im Regionalprogramm werden die Parteien berücksichtigt, die in mindestens 20 % der Wahlkreise des Sendebereiches Kandidaten aufgestellt haben. Die Verteilung der Sendezeiten erfolgt durch Vereinbarung mit den Parteien. So erhielten vor den Wahlen von 1959 drei Parteien wie folgt abgestufte Sendezeiten (Fernsehen, Home Service, Light Programm): Conservative Party (95, 60, 20 Min.), Labour Party (95, 60, 20 Min.) und Liberal Party (25, 15, 5 Min.)[81].

In *Frankreich* wird die Sendezeitenverteilung für Wahlpropaganda im staatlichen Rundfunk vor jeder Wahl durch Verordnungen geregelt. Die Dauer ist meist für alle zugelassenen Parteien gleich[82]. So erhielten vor den Wahlen von 1946 alle Parteien, die mindestens Listen in 20 Départements oder Bezirken vorlegten, im nationalen französischen Rundfunk 5 Minuten Sendezeit pro 20 Listen. Über die regionalen Sender war die Zahl der 5-Minuten-Sendungen ebenfalls proportional der Anzahl der im Sendebereich vorgelegten Listen[83]. Vor dem Referendum von 1958 erhielten alle — in einer Verordnung aufgeführten — politischen Parteien und Gruppen jeweils 5 Minuten im Hörfunk und im Fernsehen[84].

In *Österreich* wird den im Parlament vertretenen Parteien Wahlpropaganda im Rundfunk eingeräumt. Die Sendezeitenverteilung richtet sich nach der Stärke der Parteien im Parlament in der Weise, daß ÖVP und SPÖ gleichlange Zeiten gegenüber einer wesentlich kürzeren Sendezeit der FPÖ erhalten[85].

---

[80] United States Code, 1952 Edition, Vol. 5, Title 47, § 315; vgl. auch *v. Mangoldt*, Rundfunk, S. 174 ff.

[81] Vgl. BBC-Handbook 1961, S. 112—117 (Broadcasting and Parliament), insbes. S. 115. Die Kommunisten bleiben von diesen Parteiensendungen ausgeschlossen; vgl. *Tsatsos* ZaöRV 25 (1965), 539.

[82] Vgl. *Tsatsos* aaO; vgl. auch die dort FN 66 abgedruckte Aufstellung solcher Verordnungen.

[83] Décret Nr. 46—1066 v. 16. 5. 1946 (J. O. S. 4253); Décret Nr. 46—2381 v. 25. 10. 1946 (J. O. S. 9075).

[84] Décret Nr. 58—741 v. 20. 8. 1958 (J. O. S. 7827); Arrête v. 5. 9. 1958 (J. O. S. 8340). Vgl. auch die Nachweise bei *Menzel* DöV 66, 604.

[85] Auskunft des Österreichischen Rundfunks v. 26. 10. 1965. Nach einem zwischen der SPÖ und der ÖVP im Januar 1966 vereinbarten Wahlkampf-

III. Staatliche Parteienfinanzierung

1. Die Gesetzgebung

Die Frage staatlicher Zuschüsse an die politischen Parteien tauchte bereits im Jahre 1949 auf. Um den durch die Währungsreform vom Sommer 1948 entstandenen finanziellen Schwierigkeiten der Parteien abzuhelfen, stellten die Finanzminister der Länder den Parteien vor der ersten Bundestagswahl „Wählerkredite" in Höhe von 5 Pfg pro Stimme bei der letzten Landtagswahl zur Verfügung[1]. Die Teilnehmer des 38. Deutschen Juristentages, dessen staatsrechtliche Abteilung im September 1950 über die „Verfassungsrechtliche Stellung und innere Ordnung der Parteien" verhandelte, standen vor der in § 18 des ersten Parteiengesetz-Vorentwurfes als „hypothetisch zur Diskussion gestellten Frage", ob nicht möglicherweise öffentliche Mittel den Parteien für ihre Zwecke zur Verfügung gestellt werden sollten[2]. Mangels Veröffentlichung eines Parteiengesetzentwurfes in den folgenden Jahren verstummte die Diskussion darüber jedoch wieder bald[3].

Entgegen dem Willen des Bundesfinanzministers *Schäffer*[4], der Anfang November 1954 auf einer Parteiversammlung für Zuwendungen an die Parteien aus öffentlichen Mitteln — gestaffelt nach Mandaten — eingetreten war[5], wählten die Regierungsparteien einen anderen Weg. Sie ergänzten im Finanzausschuß des Bundestages den Regierungsentwurf des Gesetzes zur Neuregelung von Steuern in der Weise, daß nunmehr Ausgaben zur Förderung staatspolitischer Zwecke bis zur

---

abkommen werden Rundfunk- und Fernsehsendezeiten nur an die drei im Parlament vertretenen Parteien vergeben; die Kommunisten und zwei kleine Parteien erhalten keine Sendezeit; vgl. SZ Nr. 15 v. 18. 1. 1966. Daraufhin erhielten vor den Wahlen am 6. 3. 1966 ÖVP und SPÖ jeweils 10 Fernseh- und 23 Hörfunktermine, die FPÖ hingegen nur 1 Fernseh- und 2 Hörfunktermine; vgl. SZ Nr. 43 v. 19./20. 2. 1966.

[1] *Rabus* AöR 78 (1952), 191. Danach wurde später in den meisten Ländern auf eine Rückzahlung dieses Geldes verzichtet.

[2] *Leibholz*, 38. DJT, S. C 25 f.

[3] Der für das Parteiengesetz zuständige Sachbearbeiter des Bundesinnenministeriums, *von Nathusius*, hatte schon 1950 zu verstehen gegeben, daß man im Innenministerium mehr und mehr von der Frage staatlicher Zuschüsse abgekommen sei wegen der Schwierigkeiten eines einheitlichen Verteilungsmaßstabes, der mangelnden Eindringung in die Finanzgebarung der Parteien und allgemeiner politischer und finanzieller Erwägungen; 38. DJT, S. C 54. Für die Gewährung öffentlicher Gelder unter Zugrundelegung des letzten Wahlergebnisses bereits *Rabus* AöR 78 (1952), 191 ff, während *Küster*, 38. DJT, S. C 51, lediglich Fraktionszuschüsse in der Form vorschlug, daß auf je 15 Fraktionsmitglieder ein Sekretär mit allem Zubehör gestellt würde.

[4] *Eschenburg*, Probleme, S. 31.

[5] *Hielscher*, Politische Studien, Heft 64 (1955), 18; *Dübber*, Parteifinanzierung, S. 75.

Höhe von insgesamt 10 % des Gesamtbetrages der Einkünfte als Sonderausgaben abzugsfähig waren. Diese Regelung, die am 16. 12. 1954 in Kraft trat, wurde durch eine Durchführungsverordnung vom 21. 12. 1955 näher umschrieben[6]. Der Kreis der Empfängerparteien steuerbegünstigter Spenden wurde dabei durch die Formulierung eingegrenzt, daß die Ausgaben zur Förderung staatspolitischer Zwecke „an eine politische Partei, auf deren Wahlvorschlag bei der letzten Wahl zum Bundestag oder zur Volksvertretung eines Landes mindestens ein Abgeordneter gewählt worden ist, oder an eine Partei der dänischen Minderheit gegeben werden“[7]. Eine entsprechende Bestimmung wurde auch in § 11 Ziff. 5 des Körperschaftssteuergesetzes aufgenommen[8]. Ein Versuch der SPD, diese Steuerbegünstigung von Parteispenden wieder aufzuheben, scheiterte 1957[9]. Die Aufhebung erfolgte erst stufenweise 1957 und 1958 durch das BVerfG[10].

a) Nicht um unmittelbare staatliche Zuwendungen an die Parteien handelt es sich bei den Fraktionszuschüssen aus Haushaltsmitteln. Denn die Fraktionen sind rechtlich etwas anderes als die Parteien; sie sind als Teile des Bundestages Institutionen des Staates[11]. Derartige Zuschüsse an die Fraktionen sind im Bund und in den Bundesländern allgemein üblich[12]. Die Verteilung erfolgt im Bund in der Weise, daß

---

[6] § 10 b EStG i. d. F. v. 16. 12. 1954 (BGBl I, 373), § 49 EStDVO v. 21. 12. 1955 (BGBl I, 756). Näheres zur parlamentarischen Entstehung des § 10 b EStG: Bericht S. 193/94 und *Grundmann* ZgesStW 115 (1959), 127—30. Für die neue Regelung und gegen den Streichungsantrag der SPD ergab sich nur eine verhältnismäßig knappe Mehrheit von 215 der 414 abgegebenen Stimmen; BT Drs II/961, BT 57. Sitzg v. 19. 11. 1954, StenBer S. 2862 A, 2888 und 2899 ff, Umdruck 260 Ziff. 2 u. 6, Anlage 24.

[7] § 49 EStDVO Ziff. 1 a.

[8] Vgl. Bericht S. 194.

[9] BT Drs II/2922; 193. Sitzg v. 12. 12. 1956, StenBer S. 10985 ff und 215. Sitzg v. 26. 6. 1957, StenBer S. 12712 B.

[10] Die Parteien selbst brauchen auch heute keine Steuern zu zahlen; vgl. § 8 II Körperschaftssteuergesetz i. d. F. v. 24. 5. 1965 (BGBl I, 449), § 3 I Nr. 10 Vermögenssteuergesetz i. d. F. v. 10. 6. 1954 (BGBl I, 137), § 18 I Nr. 21 Erbschaftssteuergesetz i. d. F. v. 1. 4. 1959 (BGBl I, 187).

[11] Streitig ist, ob die Fraktionen Organe sind (so die h. L.; aA *Maunz* in Maunz-Dürig, Rdn. 14 zu Art. 40). Zur Rechtsnatur der Fraktionen vgl. *Moecke* NJW 65, 276—82 und 567—72. Die Zulässigkeit der Fraktionszuschüsse bejaht BVerfGE 20, 56 (104 f).

[12] Bundeshaushalt Kapitel 0201 Titel 301. Diese Fraktionszuschüsse gibt es seit dem Bestehen des Bundestages. Seit 1949 (Titel 32 b: 203 000,— DM) ist der Betrag erheblich gewachsen: 1950: 348 000,— DM; 1954: 730 800,— DM; 1955: 955 800,— DM; 1956: 1 008 000,— DM; 1957: 1 405 000,— DM; 1959: 1 825 600,— DM; davon 144 000,— DM als Sockelbetrag zu gleichen Teilen aufgeteilt auf CDU/CSU, SPD, FDP und DP. 1961: 1 950 600,— DM; 1962: 1 983 600,— DM; 1963: 2 452 500,— DM; 1964: 2 702 600,— DM; 1965: 3 123 200,— DM. Die Erhöhungen haben seit 1961 nur die Pro-Kopf-Beträge, nicht jedoch die Sockelbeträge betroffen. — Im Haushalt des Landes Nordrhein-Westfalen sind Fraktionszuschüsse unter Kapitel 0101 Titel 314 aus-

zunächst jede Fraktion einen gleichen Sockelbetrag erhält; der weitaus größere Teil wird entsprechend der Fraktionsstärke verteilt.

b) Eine direkte Zuwendung öffentlicher Gelder an die Parteien gab es erstmals im Jahre 1959, als der Bundestag auf Vorschlag des Haushaltsausschusses einen Betrag von 5 Mill. DM als „Sondermittel für politische Bildungsarbeit" den Parteien bewilligte[13]. An der zugrunde liegenden Fraktionsvereinbarung hatte sich auch die SPD beteiligt[14]. Nach den Bundestagswahlen von 1961 wurden auf Betreiben der Koalitionsparteien, CDU/CSU und FDP, für den Haushalt 1962 zusätzlich 15 Mill. DM ohne Zweckbindung als „Sondermittel für die Aufgaben der Parteien nach Art. 21 GG" bereitgestellt[15]. Ein Streichungsantrag der SPD wurde abgelehnt[16]. Entgegen der ursprünglichen Übereinkunft der Koalitionsparteien wurde die gesamte Summe proportional nach der Stärke der Parteien im Bundestag verteilt[17]. Unter Aufhebung der Zweckbindung für den gesamten Betrag wurden im Bundeshaushalt 1963 20 Millionen an die Parteien ausgeschüttet. 20 % der Mittel wurden auf die vier im Bundestag vertretenen Parteien (CDU, CSU, FDP, SPD) zu je 5 % als Sockelbeträge und der Rest wurde auf sie entsprechend ihrer Stärke aufgeteilt[18]. Für die Jahre 1964 bis 1966 wurden die Zuwendungen an die Parteien gegen den Widerstand der SPD auf 38 Millionen DM erhöht[19].

---

gewiesen; sie sind in den letzten Jahren von 428 000,— DM (1959) auf 1,64 Mill. DM (1965) erhöht worden. Die Erhöhung um 1 Mill. DM im Jahre 1962 ist im Haushaltsplan nicht näher begründet worden.

[13] Bundeshaushalt 1959 Kapitel 0602 Titel 620.

[14] Vgl. *Eschenburg*, Probleme, S. 33.

[15] Bundeshaushalt 1962 Kapitel 0602 Titel 612 b.

[16] BT 23. Sitzg v. 5. 4. 1962, StenBer S. 862/63, 868/69, 876, Umdruck 48 Ziff. 3, S. 900 C.

[17] Ursprünglich war geplant, die Mittel derart zu verteilen, daß ein Teil des Geldes als Sockelbetrag an die drei Bundestagsfraktionen zu gleichen Teilen gegeben und der Rest entsprechend dem Anteil der Parteien an den Bundestagssitzen verteilt werden sollte. Der Haushaltsausschuß hat jedoch mit 2 Stimmen der CDU/CSU und denen der SPD am 29. 6. 1962 den Sockelbetrag gestrichen. Der dadurch für die FDP entstandene Ausfall wurde im Spiegel mit 750 000,— DM beziffert. Vorausgegangen war am 28. 6. 1962 die Abstimmung über den Bericht des Fibag-Untersuchungsausschusses, in dessen Mittelpunkt das Verhalten des Bundesverteidigungsministers *Strauß* stand. Auf Antrag der FDP und mit den Stimmen von FDP und SPD war der Bericht an den Ausschuß zur weiteren Untersuchung zurückverwiesen worden. Vgl. Der Spiegel Nr. 27 v. 4. 7. 1962, S. 17; *Dübber* Die neue Gesellschaft 64, 107.

[18] Bundeshaushalt 1963 Kapitel 0602 Titel 612. Von Anfang an unterlagen die Mittel nur der Prüfung durch den Präsidenten des Bundesrechnungshofes.

[19] Bundeshaushalt 1964 und 1965 Kapitel 0602 Titel 612; vgl. Bulletin Nr. 66 v. 18. 4. 1964, S. 577 f. Zur Verteilung vgl. *Dübber* Die Zeit Nr. 45 v. 6. 11. 1964.

Dem Vorbild des Bundes sind schon bald die Länder gefolgt — allerdings auf unterschiedliche Weise[20]. Während einige Länder direkte Zuschüsse an die Parteien — teils zweckgebunden, teils zweckfrei — leisten, kommt in anderen Ländern den Fraktionszuschüssen die Bedeutung einer getarnten Parteienfinanzierung zu[21].

Im Parteiengesetzentwurf der Koalitionsparteien von 1964 sind erstmals konkrete Vorschläge für eine gesetzliche Regelung der staatlichen Parteienfinanzierung in die parlamentarische Diskussion eingeführt worden[22].

2. Die Rechtsprechung

a) Einen bedeutsamen Schritt zur Anerkennung des Grundsatzes der Chancengleichheit der Parteien als allgemeines, über das Wahlrecht hinausgehendes Prinzip haben zwei Entscheidungen des BVerfG zur Frage der mittelbaren Parteienfinanzierung gebracht. Auf die Verfassungsbeschwerde der GVP hat der erste Senat durch Beschluß vom 21. 2. 1957[23] den § 49 EStDVO mit der *Steuerbegünstigung* von ausschließlich an parlamentarisch vertretene Parteien gerichteten Spenden für verfassungswidrig erklärt. Der Grundsatz der Chancengleichheit gestatte zwar Differenzierungen aus Gründen, die sich aus der Verfassungsstruktur ergeben, nicht aber auf Grund technischer Schwierigkeiten bei der Abgrenzung politischer Parteien von anderen politischen Gruppen[24].

Darüber hinausgehend hat der zweite Senat mit dem Urteil vom 24. 6. 1958[25] auf Antrag der hessischen Landesregierung ganz allgemein die Steuerabzugsmöglichkeit für Parteispenden aufgehoben. Eine Un-

---

[20] Vgl. dazu die Übersichten bei *Kewenig* DöV 64, 831, *Plate* S. 53—57 und *Menzel* DöV 66, 588.

[21] Besonders aufschlußreich ist das Beispiel Niedersachsens. 1960 enthielt der Haushalt im Einzelplan 01 neben Tit. 304 (Zuschüsse an die Fraktionen des Landtags: 337 600,— DM) noch Tit. 308 (Zuschüsse an die im Landtag vertretenen Parteien) in Höhe von 500 000,— DM. Während Tit. 308 für 1961 gestrichen wurde, wurde Tit. 304 genau um den weggefallenen Betrag erhöht. *Kewenig*, DöV 64, 830 FN 20, weist zu Recht auf den Zusammenhang mit der vom BdD erhobenen Verfassungsbeschwerde hin; siehe unten S. 57. Auch bei der weiteren Erhöhung von 500 000,— DM gab es 1964 Schwierigkeiten, als der Landtag durch besondere Eile bei der Verteilung und Auszahlung der Gelder einer Verfassungsbeschwerde der nicht berücksichtigten nds. UWG zuvorkommen wollte. Vgl. Die Welt Nr. 60 v. 11. 3. 1964 und Nr. 103 v. 4. 5. 1964.

[22] §§ 23, 24 PartGEntwKoal; vgl. demgegenüber § 16 II PartGEntw SPD. Dazu siehe unten S. 142 f.

[23] BVerfGE 6, 273—82.

[24] aaO S. 280 f.

[25] BVerfGE 8, 51—71.

gleichbehandlung der Parteien ergebe sich zwar nicht aus dem Wortlaut des § 10 b EStG 1955, wohl aber in seiner praktischen Auswirkung auf Grund der Steuerprogression in Verbindung mit der unterschiedlichen soziologischen Struktur der Parteien. Die Vorschrift begünstige bestimmte Parteien vor anderen durch die Möglichkeit, „große Spenden zu erlangen und damit ihr Gewicht im politischen Konkurrenzkampf ohne sachlich zu rechtfertigenden Grund zu verstärken“[26].

b) Zur Frage der *unmittelbaren staatlichen Parteienfinanzierung* hat das BVerfG zunächst nicht endgültig Stellung genommen. Mit Beschluß vom 22. 6. 1960[27] hat der zweite Senat die gegen das niedersächsische Haushaltsgesetz für 1960 gerichtete Verfassungsbeschwerde des BdD aus formalen Gründen verworfen und den Beschwerdeführer auf den Rechtsweg zum nds StGH verwiesen. — Im niedersächsischen Haushalt waren für 1960 500 000,— DM als Zuwendungen an die politischen Parteien, die im Landtag durch eine Fraktion vertreten waren, ausgewiesen. — Gleichwohl hat der Senat durchblicken lassen, daß „eine Partei, die von diesen Zuwendungen ausgeschlossen wird, möglicherweise dadurch in ihrem Recht auf gleichberechtigte Teilhabe am Verfassungsleben beeinträchtigt sein“ könne[28].

Mit Beschluß vom 15. 3. 1961[29] hat derselbe Senat den Erlaß einer einstweiligen Anordnung abgelehnt, mit der der GB/BHE die Auszahlung der im Bundeshaushalt 1959 gewährten 5 Millionen DM für die politische Bildungsarbeit der im Bundestag vertretenen Parteien zu verhindern suchte. Unter Abwägung der jeweiligen Folgen seiner Entscheidung hat das Gericht erklärt, der mit der Aussetzung des Gesetzesvollzuges drohenden Beeinträchtigung des gemeinen Wohls komme größeres Gewicht zu als dem möglicherweise nur zeitweiligen Ausschluß des Antragstellers von den Zahlungen. Denn im Falle seines Obsiegens in der Hauptsache werde dem GB/BHE sein Anteil später ausgezahlt werden.

Mit einer ähnlichen Begründung hat der Senat durch Beschluß vom 11. 5. 1964[30] den Erlaß einer einstweiligen Anordnung — im Rahmen einer Verfassungsbeschwerde des Vorsitzenden der niedersächsischen UWG gegen die Auszahlung der Fraktionszuschüsse in Höhe von 1,35 Millionen DM aus dem niedersächsischen Haushalt für 1964 — abgelehnt. Selbst wenn diese Mittel als verschleierte Parteienfinanzierung anzusehen seien, „würde die Aussetzung des Vollzuges der bean-

---

[26] aaO S. 67.
[27] BVerfGE 11, 239—43.
[28] aaO S. 243.
[29] BVerfGE 12, 276—80.
[30] BVerfGE 18, 34—37.

standeten Maßnahme, die es den begünstigten Parteien ermöglicht, ihrer Aufgabe unabhängiger von sachfremden Finanzierungsquellen als zuvor gerecht zu werden, das Gemeinwohl mehr beeinträchtigen als der möglicherweise vorübergehende Ausschluß der im Landtag nicht vertretenen UWG"[31]. Ein dauernder nicht wiedergutzumachender Nachteil sei für den Beschwerdeführer auch dann nicht zu erwarten, wenn er in der Hauptsache selbst Erfolg haben sollte und der auf die UWG entfallende Anteil notfalls zusätzlich bewilligt werden müsse. Den in diesem Zusammenhang vom Beschwerdeführer hilfsweise gestellten Antrag, auf dem Wege einer einstweiligen Anordnung die auf den 27. 9. 1964 anberaumten niedersächsischen Kommunalwahlen bis zur Neuverteilung der Gelder auszusetzen, hat das Gericht durch Beschluß am 27. 7. 1964[32] ebenfalls abgelehnt. Denn eine etwaige Verletzung des Beschwerdeführers in seinem Recht auf Chancengleichheit wiege weniger schwer als die Beeinträchtigung des gemeinen Wohls durch eine Verschiebung der Wahlen, da auch andere Bundesländer von Parallelverfahren betroffen seien. Habe die Verfassungsbeschwerde Erfolg, so seien lediglich die Kommunalwahlen in Wolfenbüttel zu wiederholen.

Im Organstreit des BdD gegen den niedersächsischen Landtag hat der nds StGH den Antrag des BdD auf Feststellung der Verfassungswidrigkeit des niedersächsischen Haushaltsgesetzes für 1960 durch Urteil vom 26. 5. 1961[33] als unzulässig verworfen. Als Antragsteller habe der BdD nur geltend machen können, durch die angegriffene Maßnahme in seinen verfassungsrechtlichen Zuständigkeiten verletzt oder unmittelbar gefährdet zu sein. Unter diesen Zuständigkeiten einer Partei könne „nichts anderes verstanden werden als die Befugnis, sich unter den allgemeinen rechtlichen Bedingungen an den Parlamentswahlen zu beteiligen"[34]. Hierin sei der Antragsteller nicht beeinträchtigt worden. Es genüge nicht, daß die Haushaltsmittel „nicht im strengsten Sinne nach den Grundsätzen formaler Gleichheit" verteilt worden seien[35]. Wenn man die Höhe der Mittel mit dem vom BdD erzielten Stimmenanteil ins Verhältnis setze, ergebe sich keine unmittelbare Gefährdung des Antragstellers in seiner Beteiligung an den Wahlvorgängen.

Mit drei Urteilen vom 19. 7. 1966 hat das BVerfG inzwischen über die unmittelbare staatliche Parteienfinanzierung entschieden[36]. Das Gericht

[31] aaO S. 37.
[32] BVerfGE 18, 151—55.
[33] OVGE 16, 508—12.
[34] aaO S. 511.
[35] aaO S. 512.
[36] BVerfGE 20, 56—119: Normenkontrollantrag der hessischen Landesregierung betr. den Haushaltsansatz für 1965; BVerfGE 20, 119—134: Organklagen der GDP und der BP betr. ihren Ausschluß von den staatlichen Zuwendungen des Jahres 1962 bzw. 1964; BVerfGE 20, 134—144: Organklage der NPD betr. den Haushaltsansatz für das Jahr 1965.

hat festgestellt, es sei mit Art. 21 und 20 II GG nicht zu vereinbaren, den Parteien Zuschüsse aus Haushaltsmitteln für ihre gesamte Tätigkeit im Bereich der politischen Meinungs- und Willensbildung zu gewähren. Möglich sei es jedoch, den an Parlamentswahlen mitwirkenden Parteien aus Haushaltsmitteln die notwendigen Kosten eines angemessenen Wahlkampfs zu erstatten[37]. Die von den klagenden Parteien gerügte Verletzung ihres Rechts auf Chancengleichheit hat das BVerfG nicht darin gesehen, daß diese Parteien von der Verteilung der Mittel ausgeschlossen gewesen seien, sondern darin, daß die im Bundestag vertretenen Parteien zu Unrecht staatliche Zuwendungen erhalten hätten[38].

3. Das Schrifttum

Entgegen der gelegentlichen Befürwortung einer öffentlichen Parteienfinanzierung[39] zu einer Zeit, als noch keine realen Ansätze ihrer Verwirklichung bestanden, haben sich in den späteren Jahren und insbesondere gegenüber der seit 1959 entwickelten Praxis vorwiegend kritische Stimmen im Schrifttum erhoben. Hier ist zu unterscheiden zwischen der Kritik und Ablehnung einer solchen Finanzierung aus allgemeinen Erwägungen einerseits und den besonderen Bedenken, die von der Frage nach einem gerechten Verteilungsschlüssel ausgehen, andererseits.

Grundsätzliche verfassungsrechtliche Einwände gegen eine staatliche Parteienfinanzierung sind insbesondere von *Arndt* und *Kewenig* vorgebracht worden; in abgeschwächter Form finden sich ihre Bedenken bei vielen Autoren[40].

---

[37] BVerfGE 20, 56 (113 ff).

[38] BVerfGE 20, 119 (133) und 134 (143).

[39] Vgl. oben FN 3. Bedenken aber schon *Leibholz*, 38. DJT, S. C 26; ders. RStW III, S. 119.

[40] *Arndt*, Plädoyer, S. 22 u. 34; *Kewenig* DöV 64, 831. Vgl. aber auch *Seifert* DöV 56, 7; *Willms* DöV 58, 265; ders. Rhein. Merkur Nr. 30 v. 24. 7. 1964; *Scheuner* DöV 58, 643; Bericht S. 218; *v. Merkatz* ZaöRV 19 (1958), 265 f; *v. d. Heydte* Staatslexikon Bd. 5 Sp. 374; *Maunz* in Maunz-Dürig, Rdn. 85 zu Art. 21; *Heinemann* NJW 62, 890; *Dübber*, Parteifinanzierung, S. 83; ders. Die Zeit Nr. 45 v. 6. 11. 1964; *Varain*, Parteien, S. 213; ders. Geschichte in Wissenschaft und Unterricht 61, 511; *Henke*, Parteienrecht, S. 196; ders., BK, Rdn. 52 zu Art. 21; *Ridder*, Böhm-Festschrift, S. 28 ff. Vgl. auch die Nachweise bei *Menzel* DöV 66, 592 f. Zur Begründung wird vornehmlich auf vier Konsequenzen staatlicher Parteienfinanzierung hingewiesen:

1. Lösung der Parteien aus ihrer gesellschaftlichen Verwurzelung und ihre Einfügung in den staatlichen Herrschaftsapparat;
2. Abhängigkeit der Parteien vom Staat, d. h. von der jeweiligen, die Gelder bewilligenden Parlamentsmehrheit;

Abgesehen von jener allgemeinen Frage wird in der Verteilung der Gelder das Hauptproblem gesehen[41]. Soweit sich Autoren weitergehend äußern, wird die Auffassung vertreten, daß bei Vergabe öffentlicher Mittel der Kreis der begünstigten Parteien nicht begrenzt sein dürfe; ein Finanzierungsprivileg der Parlamentsparteien sei unzulässig[42]. Für die Verteilung der Gelder im einzelnen ist es umstritten, ob, wieweit und nach welchen Kriterien zwischen den Parteien differenziert werden darf und finanzielle Abstufungen vorgenommen werden dürfen[43].

4. Exkurs: Staatliche Parteienfinanzierung im Ausland

Eine den deutschen Verhältnissen entsprechende unmittelbare staatliche Finanzierung politischer Parteien gibt es in *Argentinien.* Nach Art. 58 und 59 des argentinischen Parteiengesetzes vom 11. 1. 1965[44] erhalten die Parteien mit anerkannter Rechtspersönlichkeit aus einem Ständigen Parteienfonds des Haushalts Mittel, „die zur Erfüllung ihrer institutionellen Funktion beitragen“ sollen. Der Verteilung der Gelder auf die Parteien liegen die Stimmengewinne bei der letzten Wahl zugrunde (20 Pesos = 0,52 DM für jede Stimme). Neuen Parteien kön-

---

3. Staatlich kanalisierte politische Meinungsbildung durch Zementierung des status quo (insoweit auch eine Problematik des Verteilungsschlüssels);
4. Kopflastigkeit der Parteien durch stärkeren Einfluß der Parteileitungen.

Keine grundsätzlichen Bedenken haben *Eschenburg,* Probleme, S. 34; ders. Die Zeit Nr. 33 v. 16. 8. 1963; *Leibholz,* Strukturwandel, S. 93 u. 129 unter ausdrücklicher Aufgabe seiner früheren Ansicht; *Johnson* Parliamentary Affairs 18 (1965), 291; *Plate* S. 58 ff.

[41] *Arndt,* Plädoyer, S. 34; *Kewenig* DöV 64, 829 f u. 836 f; Bericht S. 217; *Seifert* DöV 56, 7; *Maunz* in Maunz-Dürig, Rdn. 85 zu Art. 21; *Eschenburg,* Probleme, S. 34 ff; ders. Die Zeit Nr. 13 v. 27. 3. 1964; *Varain,* Parteien, S. 213; *Heinemann* NJW 62, 890; *Kaack* S. 12; *Henke,* Parteienrecht, S. 195 f.

[42] Bericht S. 216 f; *Fuß* JZ 59, 394; *Eschenburg,* Probleme, S. 34; *Dübber,* Parteienrecht, S. 81; *Kewenig* DöV 64, 830; *Henke,* Parteienrecht, S. 195; ders., BK, Rdn. 30 zu Art. 21. Unrichtig *Eschenburg* Die Zeit Nr. 15 v. 14. 4. 1961, daß das BVerfG die Beschränkung auf die im Bundestag vertretenen Parteien anerkannt habe.

[43] Für eine Abstufung nach den letzten Wahlergebnissen *Hesse* VVDStRL 17 (1959), 38; *Meyer-Arndt* DöV 58, 886; *Weber* DöV 62, 245. Einschränkend *Plate* S. 67 ff. Dagegen hält *Dübber,* Parteifinanzierung, S. 83 gleiche Leistungen an alle Parteien für den einzig zulässigen Verteilungsschlüssel. Nach *Eschenburg,* Probleme, S. 35, dem sich *Henke,* Parteienrecht, S. 196 anschließt, läßt sich ein auch nur einigermaßen gerechter Verteilungsschlüssel nicht finden; *Arndt,* Plädoyer, S. 34 hält jeden Verteilungsschlüssel — quotal oder egal — für verfassungsrechtlich ausgeschlossen, weil entweder die Mehrheit oder die Minderheit bevorzugt würde.

[44] Auszugsweise in deutscher Übersetzung abgedruckt bei *Tsatsos* ZaöRV 25 (1965), 534. Nach dieser Quelle bestand die Parteienfinanzierung in der Sache auch schon vor diesem Gesetz; demgegenüber weisen *Dübber* Die Zeit Nr. 45 v. 6. 11. 1964 und *Johnson,* Parliamentary Affairs 18 (1965), 290 FN 17 auf Puerto Rico als den einzigen Vergleichsfall für die deutsche Praxis hin.

nen gegen Sicherheitsleistung Vorschüsse gezahlt werden auf der Grundlage des mutmaßlichen Stimmengewinns; nach der Wahl erfolgen Ausgleich und endgültige Abrechnung. Daneben erhalten die Parteien noch staatliche Sachleistungen wie unentgeltliche Postbenutzung, Freifahrtscheine und kostenlose Sendezeiten im Rundfunk[45].

In *Uruguay* fließen den Parteien Zuschüsse aus einem staatlichen Fonds nach Maßgabe ihres Wahlerfolges zu, während in *Puerto Rico* nach dem Wahlgesetz von 1960 jeder Partei die gleiche Summe (jährlich 75 000 Dollar, in Wahljahren das Doppelte) zugeteilt wird[46].

Eine ähnliche Form von Staatsleistungen an die Parteien ist für 1966 erstmalig auch in *Schweden* eingeführt worden[47]. Danach erhält eine Partei zur freien Verfügung[48] Staatszuschüsse, sofern sie unter ihren Mitgliedern und in der Öffentlichkeit laufend eine meinungsbildende Tätigkeit betreibt, im Reichstag vertreten ist und bei der letzten Wahl in die Zweite Kammer mindestens ein Mandat erhielt und mindestens zwei Prozent der im ganzen Land abgegebenen Stimmen auf sich vereinigte. Die Verteilung erfolgt proportional nach der Vertretung der Parteien in den beiden Kammern des Reichstages in der Weise, daß pro Mandat im Jahr 60 000 Kronen (ca. 46 200,— DM) gezahlt werden[49]. Daneben erhalten die Parteien noch einen besonderen Zuschuß zur Deckung von Verwaltungskosten[50].

---

[45] Außerdem zahlen die Parteien keine Steuern auf ihre Einkünfte und ihr Vermögen; vgl. *Tsatsos* aaO S. 536 und 538.

[46] Nachweise bei *Menzel* DöV 66, 602 f.

[47] Gemäß einer Aufzeichnung der Königl. Schwedischen Botschaft in Bonn vom Januar 1966, auf deren Inhalt zurückgegriffen wird, hat der Reichstag am 14./15. 12. 1965 auf Grund einer Regierungsvorlage ein Gesetz über staatliche Unterstützung der politischen Parteien angenommen. Vgl. zum Hintergrund SZ Nr. 266 v. 6./7. 11. 1965 („Steuergelder für Schwedens Parteien"). Zur Regelung in Schweden vgl. neuestens die Aufsätze von *Simson* und *Walter*.

[48] Bezweckt ist von den Initiatoren der Regelung eine teilweise Weiterleitung der Gelder an die den einzelnen Parteien nahestehenden Zeitungen. Ein entsprechender Plan der Subventionierung von Parteizeitungen ist im Finnischen Reichstag im Frühjahr 1965 gescheitert; vgl. Die Welt Nr. 24 v. 29. 1. 1965 und SZ Nr. 86 v. 10./11. 4. 1965.

[49] Danach erhalten die Konservative Partei 3,54 Mill. (59 Mandate), die Mittelstandspartei 3,18 Mill. (53), die Liberale Partei 4,14 Mill. (69), die Sozialdemokratische Partei 11,52 Mill. (192) und die Kommunistische Partei 0,6 Mill. (10). Lediglich die mit nur einem Abgeordneten im Reichstag vertretene Staatsbürgerliche Sammlung erhält kein Geld, weil sie nur 1,5 % der Stimmen bei der Wahl erreichte.

[50] Bemerkenswert ist die unterschiedliche Höhe für die Oppositionsparteien (4 500 Kronen je Abg.) und für die sozialdemokratische Regierungspartei (3 000 Kronen je Abg.).

In *Frankreich* finanziert der Staat unter Begrenzung der Wahlpropaganda bestimmte Wahlkosten der Wahlbewerber[51]. Diese Kosten werden jedoch nur Kandidaten mit einem Stimmenanteil von mindestens 5 % erstattet, denen auch die vor der Wahl gezahlte Kaution zurückgezahlt wird. Die vom Staate auf diese Weise getragenen Kosten sollen für das Jahr 1956 ungefähr 2,3 Milliarden Francs (entsprechend heute 20 Millionen DM) betragen haben[52].

Nach Pressemeldungen[53] ist in den *USA* ein Gesetzentwurf vom Repräsentantenhaus gebilligt worden, der die Verwendung von Steuergeldern zur Finanzierung des Wahlkampfes bei Präsidentschaftswahlen vorsieht. Danach soll jeder Steuerzahler einen Dollar seiner Jahreseinkommensteuer an einen staatlichen Fonds abführen. Abzüglich eines Betrages von 10 Mill. Dollar soll der Fonds zu gleichen Teilen an alle Parteien verteilt werden, die bei der letzten Wahl mehr als 5 Millionen Stimmen bekommen haben. Das bedeutet, daß auf Grund des Wahlergebnisses von 1964 die beiden großen Parteien 1968 je 30 Mill. Dollar erhalten werden.

---

[51] *Tsatsos*, ZaöRV 25 (1965), 535 nennt hier Papier und Druckkosten der Wahlzettel, Rundschriften und Plakate, die Kosten der Plakatierung, der Umschläge und ihrer Beschriftung, die Kosten des Versands dieser Drucksachen und die Benzinkosten der Abgeordneten. Die Plakatierung ist auf drei große und drei kleine Plakate im Wahlbezirk an öffentlichen Anschlagtafeln, die Handzettelwerbung auf eine dem Dreifachen der Wahlberechtigten entsprechende Zahl von Druckschriften beschränkt. Vgl. auch *Mußgnug* NJW 66, 1689 und 1691.

[52] Unter Hinweis auf eine französische Quelle *Tsatsos* aaO S. 535.

[53] Vgl. SZ Nr. 255 v. 25. 10. 1966, S. 9.

Zweiter Abschnitt

Chancengleichheit der Parteien als verfassungsrechtliches Prinzip

§ 5: Die verfassungsrechtliche Begründung der Chancengleichheit

I. Das Bundesverfassungsgericht

1. Die Terminologie

Die Terminologie des BVerfG ist nicht einheitlich. Unterschiede erklären sich daraus, wie im folgenden noch zu zeigen sein wird, daß das Gericht die Chancengleichheit der Parteien erst im Zuge einer längeren und stets am einzelnen Fall und seinen Besonderheiten orientierten Rechtsprechung entwickelt hat. Bereits in seinem Urteil vom 5. 4. 1952[1] über die Verfassungsmäßigkeit des LWG SchlH hat das BVerfG in der Sache das dargelegt, was hier unter „Chancengleichheit der Parteien" verstanden werden soll. Es hat unter Berufung auf *Forsthoff*[2] vom „Recht des SSW als politischer Partei auf Gleichheit der Wettbewerbschancen" gesprochen und ausgeführt: „Dieses Recht ist nicht als ‚Grundrecht' der Partei aus Art. 3 GG abzuleiten, sondern versteht sich als Bestandteil der demokratischen Grundordnung von selbst."

Am häufigsten spricht das BVerfG vom „Grundsatz der Gleichheit der Wettbewerbschancen"[3] und vom „Grundsatz der Chancengleichheit für alle politischen Parteien"[4], sowie auch vom „Verfassungssatz von der Chancengleichheit"[5]. Ferner verlangt das Gericht „freie Wettbewerbschancen der Parteien"[6], daß „alle Parteien gleich behandelt

[1] BVerfGE 1, 208—261 (242).

[2] AöR 76 (1950), 374.

[3] BVerfGE 1, 208 (242); 3, 19 (26); 6, 84 (90); 6, 104 (112, 115); 6, 367 (373); 7, 99 (108); 13, 1 (10, 19); 13, 204 (205); 14, 121 (132, 134, 138 f).

[4] BVerfGE 2, 1 (13); 3, 383 (393); 6, 367 (375); 7, 99 (107); 11, 266 (273); 11, 351 (364); 14, 121 (133 f); 20, 56 (113, 116 f, 118 f).

[5] BVerfGE 14, 121 (131).

[6] BVerfGE 1, 208 (255).

werden müssen"[7], sowie die „Gleichbewertung der politischen Parteien"[8] und die „Gleichberechtigung der Parteien"[9]. Schließlich finden sich auch Formulierungen, die den politischen Parteien ein „Recht auf gleiche Chancen"[10], ein „Grundrecht auf Gleichbehandlung"[11], „ein „Grundrecht (bzw. Recht) auf Chancengleichheit"[12] oder ein „Recht auf gleichberechtigte Teilhabe am Verfassungsleben"[13] zugestehen.

2. Die verfassungsrechtliche Begründung

In der verfassungsrechtlichen Begründung der Chancengleichheit durch das BVerfG offenbart sich die Schwierigkeit, ein verfassungsrechtliches Prinzip durch richterliche Einzelfall-Entscheidungen zu entwickeln. So läßt sich leicht nachweisen, daß Art und Gegenstand der jeweils anhängigen Verfahren die Auswahl der vom Gericht herangezogenen Verfassungsbestimmungen beeinflußt haben. Insgesamt greift das BVerfG auf vier Verfassungsnormen zurück, die es — teils einzeln, teils kombiniert — zur Begründung der Chancengleichheit verwendet: die Wahlgleichheit (Art. 38 I 1 GG), den Parteien-Artikel (Art. 21 I 1 und 2 GG), den allgemeinen Gleichheitssatz (Art. 3 I GG) und die (freiheitliche) demokratische Grundordnung (z. B. Art. 20 I GG).

Der zweite Senat sieht in seiner Entscheidung im Organstreit um das LWG SchlH die Chancengleichheit der Parteien als „Bestandteil der demokratischen Grundordnung"[14] und „Grundlage der demokratischen Ordnung"[15] an und erklärt unter Hinweis auf Art. 21 I GG, daß „mit dieser verfassungsrechtlich gesicherten Freiheit der Gründung im Grundsatz auch die freie Auswirkung bei der Wahl, d. h. die volle Gleichberechtigung aller Parteien notwendig verbunden"[16] sei. Im SRP-Urteil bestimmt der erste Senat entsprechend die freiheitliche demokratische Grundordnung dahingehend, daß „zu den grundlegenden Prinzipien dieser Ordnung mindestens zu rechnen (seien): ... das Mehrparteienprinzip und die Chancengleichheit für alle politischen Parteien

[7] BVerfGE 1, 208 (241); 8, 51 (65).

[8] BVerfGE 6, 84 (94).

[9] BVerfGE 6, 99 (104); 14, 121 (133, 140).

[10] BVerfGE 3, 19 (22).

[11] BVerfGE 3, 383 (392); 6, 273 (277); 7, 99 (103).

[12] BVerfGE 6, 273 (280); 6, 367 (373); 8, 51 (63, 65); 12, 10 (26); 20, 119 (133) und 134 (143 f).

[13] BVerfGE 11, 239 (243).

[14] BVerfGE 1, 208 (242).

[15] BVerfGE 1, 208 (255).

[16] BVerfGE ebd.

mit dem Recht auf verfassungsmäßige Bildung und Ausübung einer Opposition"[17].

Entgegen diesen ersten allgemeinen Rückgriffen auf die demokratischen Grundlagen der Verfassung und den Status der politischen Parteien zieht der erste Senat bei der ersten Verfassungsbeschwerde zum Wahlrecht zwar auch Art. 21 I GG heran[18], stützt jedoch nicht nur die Zulässigkeit der Verfassungsbeschwerde, sondern auch die materielle Entscheidung auf Art. 38 GG. „Wenn Art. 38 GG den Grundsatz der ‚gleichen Wahl' normiert, so will er damit nicht nur den individuellen Wählern gleiche Behandlung zusichern, sondern auch den politischen Parteien selbst in allen Phasen der Wahl das Recht auf gleiche Chancen geben[19]." Dieser Begründung der Chancengleichheit der Parteien von der Wahlgleichheit her folgt auch der zweite Senat, wenn er erklärt:

„Bezogen auf diese Mitwirkung der Parteien bei der Verhältniswahl bedeutet der Grundsatz der gleichen Wahl, daß die Gestaltung des Wahlverfahrens den politischen Parteien gleiche Wettbewerbschancen eröffnen muß. Diese Deutung des Art. 38 GG wird bestätigt durch den der politischen Partei in Art. 21 I GG zuerkannten verfassungsrechtlichen Status,"
und fortfährt:

„Der Grundsatz der gleichen Wahl ist ein Anwendungsfall des allgemeinen Gleichheitssatzes, der als Grundrecht des einzelnen in Art. 3 I GG garantiert ist, aber darüber hinaus als selbstverständlicher ungeschriebener Verfassungsgrundsatz in allen Bereichen und für alle Personengemeinschaften gilt[20]."

Die Beziehung zwischen der Verfahrensart (Verfassungsbeschwerde) und der Begründung der Chancengleichheit wird deutlich im Falle der Verfassungsbeschwerde von BHE und DRP gegen das LWG NW. Da hier ein Rückgriff auf Art. 38 GG nicht möglich, ein solcher auf Art. 28 I GG nicht wirksam (§ 90 BVerfGG) ist, zieht der erste Senat hier den allgemeinen Gleichheitssatz heran. Wenn die Sonderbestimmungen fehlen, auf die die Parteien die Verfassungsbeschwerde wegen Verletzung des Gleichheitssatzes bei der Wahl stützen können, so müsse ihnen

„die Möglichkeit bleiben, sich unmittelbar auf das allgemeine Grundrecht aus Art. 3 GG zu berufen. Auch der Gleichheitssatz des Art. 38 GG ist nur

---

17 BVerfGE 2, 1 (13).

18 BVerfGE 3, 19 (26) unter Hinweis auf Art. 21 I GG: „Aus diesen Bestimmungen folgt mit Notwendigkeit der Verfassungsgrundsatz, daß die Parteien bei der Zulassung zur Wahl gleiche Wettbewerbschancen haben müssen." Dagegen verweist der Tenor (S. 19) auf Art. 38 I 1 GG.

19 BVerfGE 3, 19 (22).

20 BVerfGE 6, 84 (90 f); vgl. auch BVerfGE 4, 31 (39) u. 4, 375 (382).

eine Sondervorschrift für die Bundestagswahl, die aus dem allgemeinen Gleichheitssatz des Art. 3 GG entspringt[21]."

Ausgehend von Art. 3 I GG und der durch ihn dem Gesetzgeber belassenen Entscheidungsfreiheit entnimmt der erste Senat im ersten Spendenurteil eine Einschränkung des gesetzgeberischen Ermessens „aus der grundsätzlichen Chancengleichheit der Parteien". Die Chancengleichheit sei zwar nicht im Grundgesetz ausdrücklich statuiert, ergebe sich jedoch „aus der Bedeutung, die der Freiheit der Parteigründung und dem Mehrparteienprinzip für die freiheitliche Demokratie zukommt — Art. 21 I GG"[22]. Diese Verbindung von allgemeinem Gleichheitssatz (Art. 3 I GG) und Parteien-Status (Art. 21 I) wählt auch der zweite Senat unter Hinweis auf die Entscheidung des ersten Senats. Der Grundsatz der Chancengleichheit der politischen Parteien sei grundrechtlich gesichert: „Dies ergibt sich aus Art. 3 I und III in Verbindung mit Art. 21 I GG[23]." An dieser Begründung hat das Gericht festgehalten[24]. Dem objektiven Verfassungsrecht (Grundsatz der Chancengleichheit) entspricht also ein subjektives Recht der Parteien auf Chancengleichheit.

II. Das Schrifttum

Ebenso unterschiedlich wie die Begründung der Chancengleichheit durch das BVerfG sind die im Schrifttum zu dieser Frage vertretenen Auffassungen. Eingedenk des schematischen Zwanges einer solchen Gruppenbildung lassen sich zwei Richtungen aufzeigen, die sich in den Gewichten unterscheiden, die sie der demokratischen Grundordnung bzw. dem allgemeinen Gleichheitssatz bei der Begründung der Chancengleichheit beimessen. Zugleich zeigt sich im zeitlichen Ablauf dieser Äußerungen im Schrifttum die anfängliche Beeinflussung und der spätere Einfluß des BVerfG.

Nach *Forsthoff,* auf den sich das BVerfG zunächst berufen hat, besteht unter den Parteien mit der Kraft eines Verfassungsrechtssatzes Gleichheit. Diese „Gleichheit der Wettbewerbschancen im weitesten Sinne" sei jedoch nicht den Grundrechten zu entnehmen — als Individualgrundrecht sei Art. 3 GG auf Parteien bei der Erfüllung ihrer politischen Aufgabe nicht anwendbar —, sondern mit der freien parlamen-

---

[21] BVerfGE 3, 383 (391).

[22] BVerfGE 6, 273 (280).

[23] BVerfGE 7, 99 (107). In BVerfGE 8, 51 spricht der zweite Senat davon, das „Grundrecht" sei „aus Art. 21 I GG entwickelt" worden.

[24] Vgl. etwa BVerfGE 14, 121 (132/33) u. 14, 190 (192). In BVerfGE 20, 119 (133) und 134 (143) — Organklagen — wird wieder nur Art. 21 I GG erwähnt.

tarischen Wahl selbstverständlich gegeben[25]. Sie sei so selbstverständlich[26], daß es ihrer besonderen Verbürgung in der Verfassung nicht bedürfe[27]. Art. 21 i. V. m. Art. 38 GG sei so zu verstehen, daß die Parteien, deren Gründung frei sei, auch in den Wettbewerbschancen gleich seien[28]. Für *von der Heydte* folgen neben dem Recht der Parteien auf Mitwirkung bei der politischen Willensbildung im Staat aus dem Wesen der Parteien und aus dem Wesen der Demokratie: ein Recht auf Freiheit ihrer Gründung und Entfaltung und ein Recht auf Gleichheit der Wettbewerbschancen[29]. Der Bericht der Parteienrechtskommission stellt die Chancengleichheit der Parteien in einen unmittelbaren Zusammenhang mit dem von der freiheitlich demokratischen Grundordnung intendierten und gewährleisteten Mehrparteienprinzip[30]. Für *Hesse* bedeutet die Entscheidung des Grundgesetzes für eine demokratische Ordnung (Art. 20 GG) auch die Gewährleistung eines ihrer konstitutiven Elemente: die gleiche Chance für die Minderheit, einmal zur Mehrheit zu werden. Sie garantiere die Möglichkeit und Wirksamkeit politischer Opposition und bedinge einen Status der Gleichheit der Parteien[31]. Diese verfassungsrechtliche Stellung der Parteien sei grundgesetzlich gewährleistet wie die Demokratie selbst, d. h. sie habe teil an der Bestandsgarantie des Art. 79 III GG[32]. Auch *Maunz* sieht mit der Entscheidung für die Demokratie ebenfalls die rechtliche Chance für die Minderheit, einmal Mehrheit zu werden, gesichert[33]. Durch Art. 21 GG

---

25 AöR 76 (1950), 373 f.

26 „Palladium dieser Wahl, ohne das die Wahl aufhören würde, das Mittel demokratischer Entscheidung zu sein und zu einem Vorgang bloßer Demonstration oder gar zum Mittel der Verfälschung des eigentlichen Volkswillens würde" (aaO S. 374).

27 Für C. *Schmitt*, Legalität, S. 30 ff, ist das Prinzip der gleichen Chance der Mehrheitsgewinnung unabdingbare Voraussetzung des parlamentarischen Legalitätssystems. „Die Offenhaltung der gleichen Chance läßt sich aus dem parlamentarischen Gesetzgebungsstaat nicht wegdenken. Sie bleibt das Gerechtigkeitsprinzip und die existenznotwendige Selbsterhaltungsmaxime" (S. 32).

28 So auch *Forsthoff*, DRZ 50, 315, unter Betonung des Art. 21 GG: „Denn mit der Freiheit der Gründung muß sinngemäß auch die Gleichheit der Wettbewerbschancen zwischen neu gegründeten und Altparteien als gewährleistet gelten." Ihm folgend *Unland* S. 72 ff; O. *Schröder* S. 31 ff; *Bläsi* S. 104 ff.

29 *v. d. Heydte-Sacherl* S. 83, 97 ff; GrR II, S. 470 f, 481; Staatslexikon Bd. 5, Sp. 374.

30 Bericht S. 125 f; vgl. auch S. 73, 120 und 124.

31 VVDStRL 17 (1959), 20 ff; vgl. auch *Peters*, Staatslexikon Bd. 2, Sp. 565, 567.

32 aaO S. 46. Inwieweit außer Art. 21 I 1 und 2 GG auch „zumindest der Wesensgehalt der Grundrechte, welche die gleiche Chance der Minderheit und den freien Willensbildungsprozeß gewährleisten" durch Art. 79 III geschützt ist, wird nicht ganz deutlich, da *Hesse* die gleiche Chance gerade nicht aus Art. 3 oder 38 GG herleitet.

33 *Maunz-Dürig* Rdn. 38 zu Art. 20; so auch *Kaack* S. 10.

werde eine bestimmte Ausprägung dieser demokratischen Ordnung festgelegt, in der die gleiche Chance der Minderheitsparteien, zur Mehrheit zu werden, als Einzelregelung sichtbar werde[34]. Nach *Leibholz* ist das Grundgesetz einem Erfordernis einer liberalen Demokratie nachgekommen und hat die Chance aller Parteien, einmal die Mehrheit für sich zu gewinnen, verfassungsrechtlich geschützt. Das Prinzip der Offenhaltung der gleichen Chance für alle politischen Parteien gehöre zu den Grundlagen der Verfassung und könne auch nicht durch ein verfassungsänderndes Gesetz beseitigt oder geschmälert werden[35].

An anderer Stelle hält *Leibholz* später den vom BVerfG anerkannten und weiterentwickelten Grundsatz der Chancengleichheit der Parteien für sowohl aus der Freiheit der Parteigründung und dem Mehrparteienprinzip als auch aus dem allgemeinen Gleichheitssatz im Sinne des Art. 3 I GG herleitbar. Zuletzt spricht er unter Berufung auf den Beschluß des zweiten Senats vom 3. 9. 1957[36] von dem „durch Art. 21 Abs. 1 GG zusätzlich (sc. zum allgemeinen Gleichheitssatz) verfassungsrechtlich gesicherten Grundsatz der Chancengleichheit der politischen Parteien“[37]. Als eine Ausstrahlung des allgemeinen Gleichheitssatzes — wie Art. 38 GG — sieht *Rinck* den Grundsatz der gleichen Wettbewerbschancen an[38]. Er sei die Voraussetzung für die Funktionsfähigkeit des von Art. 21 I GG verfassungsrechtlich sanktionierten modernen Parteienstaates. Aus Art. 3 I und III i. V. m. Art. 21 GG ergebe sich, daß er grundrechtlich gesichert worden sei. Nach *Henke* hat der allgemeine Gleichheitssatz des Art. 3 I GG eine besondere Bedeutung für die Parteien als Gewährleistung ihrer Freiheit. Rechtsgrundlage für die Chancengleichheit der Parteien sei Art. 3 I GG, der durch Art. 21 I GG für die Parteien einen spezifischen Sinn erhalte[39].

Nach der Auffassung von *Fuß* bewirkt die Verbindung und Wechselwirkung von Art. 21 I 1 (Aufgabenbestimmung sowie Institutsgarantie der Parteien) und Art. 21 I 2 GG (Freiheit der Parteiengründung) eine Garantie der Freiheit des Parteiwirkens. Diese Wettbewerbsfreiheit der Parteien — Ausschluß von Hemmungen und Sperren zugunsten anderer Wettbewerber — sei jedoch nicht vom Gleichheitssatz her zu begründen; es handele sich um „weniger ein Problem der Gleichheit als vielmehr ein Freiheitsproblem“[40].

---

[34] *Maunz-Dürig* Rdn. 6 zu Art. 21; vgl. aber auch Rdn. 22 u. 23 zu Art. 38 sowie BayVBl 60, 2.

[35] Grundordnung, S. 140; vgl. auch 38. DJT, S. C 28.

[36] BVerfGE 7, 99—109 (107).

[37] Gleichheit, S. 6.

[38] DVBl 58, 224; ebenso *Menzel* DVBl 59, 352 und *Seifert* DöV 56, 2 FN 6; wohl auch *Küchenhoff*, Staatslehre, S. 97 FN 75.

[39] Parteienrecht, S. 188 ff sowie BK, Rdn. 30 zu Art. 21.

[40] JZ 59, 393. Ähnlich auch *Mahrenholz* S. 40: „Parteienfreiheit nur als gleiche Freiheit sinnvoll.“

III. Eigene Begründung

1. Die freiheitliche demokratische Grundordnung

Die Bundesrepublik Deutschland ist eine Demokratie (Art. 20 I, 28 I 1 GG). Demokratie ist kein eindeutig normierter und unveränderlicher Begriff. Wer nach dem Wesen der Demokratie fragt, hat sich den Wandel zu vergegenwärtigen, dem dieser Begriff bis heute unterliegt[41]. Seine Ausprägung erfährt er nicht nur in der Normenordnung der Verfassung, sondern er wird zudem existentiell bestimmt durch „die häufig ungenau formulierende, aber als Vorstufe einer allgemeinen Rechtsüberzeugung gewichtige öffentliche Meinung"[42]. Hier soll nun der für eine Begriffsbestimmung des demokratischen Staates nicht hinreichende, aber in seiner Formalität doch unwandelbare demokratische Kerntatbestand als Ausgangspunkt festgehalten werden: die Legitimierung aller staatlichen Herrschaftsausübung am Willen des souveränen Staatsvolkes. Das Volk ist nicht nur Träger der Staatsgewalt, sondern auch — in seiner Aktivbürgerschaft — an ihrer Ausübung unmittelbar beteiligt (vgl. Art. 20 II GG). Weder einheitlich noch sichtbar ist dieser Volkswille nur durch ein besonderes Verfahren festzustellen. Deshalb ist eine Beschlußfassung nötig: der wählenden Bürger einerseits — der gewählten Volksvertreter andererseits. Diese wird nach dem Mehrheitsprinzip durchgeführt, hinter dem die Überzeugung steht, daß der Wille der Mehrheit zwar nicht notwendigerweise der allein richtige und wahre Wille des Volkes sein muß, daß es aber am erträglichsten ist, sich dem vom größten Teil des Volkes gebilligten Willen unterzuordnen[43]. Entscheidend für die Anerkennung des Mehrheitsprinzips ist jedoch, daß Mehrheit und Minderheit nicht für ein und allemal feststehen, sondern daß zwischen ihnen eine Fluktuation ihrer Teile besteht. Die Minderheit muß — im Wahlwettbewerb — Mehrheit werden können[44]. Für dieses Prinzip der Rotation[45] ist es wichtig, daß

[41] Dazu *Scupin*, Kraus-Festschrift, S. 313 ff, der insbesondere auf den materialen Charakter der Demokratie hinweist und betont, „daß sie nicht nur auf einem formellen Funktionsmechanismus beruht, der bloß zur äußeren Gestaltung und Ermittlung des Volkswillens dient, während dieser Wille sich etwa beliebigen Zielen zuwenden, ja mit jeglichem Inhalt erfüllen mag" (S. 325). Vgl. auch *Leibholz*, Strukturwandel, S. 78 ff.

[42] *Scupin*, aaO, S. 313.

[43] Vgl. *Kelsen*, Wesen und Wert, S. 101; *Radbruch* HDStR I, S. 289; demgegenüber liegt nach *Krüger*, Staatslehre, S. 285, die Rechtfertigung des Mehrheitsprinzips nur darin, „daß dank des repräsentativen Charakters der Mehrheit und ihrer Entscheidungen der Minderheit die Annahme möglich gemacht wird, daß ein hic et nunc Richtiges beschlossen sei und getan werde".

[44] *Hesse* VVDStRL 17 (1959), 20; *Maunz* in Maunz-Dürig, Rdn. 38 zu Art. 20.

[45] Vgl. *Leibholz*, Auflösung, S. 16 und Demokratie, S. 150; *Hesse* AöR 77 (1951/52), 193 f; *Ipsen* GrR II, S. 127 FN 50.

zwischen den Abstimmenden Gleichheit herrscht. Der untrennbare Zusammenhang zwischen dem Prinzip der Rotation und der Gleichheit besteht darin, daß die Gleichheit sowohl das Ergebnis als aber auch die Voraussetzung funktionierender Rotation ist.

Mit dem Attribut „freiheitlich", an das das Grundgesetz die demokratische Grundordnung gebunden hat, ist über den formalen Charakter hinaus der materiale Gehalt ausgedrückt, der der sogenannten „westlichen" Demokratie innewohnt. Gleichheit bedeutet nun auch Gleichheit in der Freiheit der Ausübung politischer Rechte, wie z. B. Meinungsfreiheit, Pressefreiheit, Versammlungs- und Vereinigungsfreiheit, Wahlfreiheit.

Unabhängig von der verfassungsrechtlichen Verankerung läßt sich als politisch-soziologisches Faktum feststellen, daß der heutige demokratische Staat als Parteienstaat auftritt und nur möglich ist in dem Sinne, daß den Parteien eine unentbehrliche Funktion im Prozeß der politischen Willensbildung zukommt[46]. Wenn aber die Parteien als notwendige Glieder zwischen das Staatsvolk und die von ihm zu bestimmende Staatsführung getreten sind, ergeben sich daraus Folgen für die rechtliche Stellung der Parteien. Besteht bei der Beschlußfassung des Volkes, das heißt hier: bei der Auswahl seiner Repräsentanten, die Alternative nur aus Zustimmung oder Ablehnung, ist die Freiheit seiner Entscheidung schon formal eingeengt. Im freiheitlichen demokratischen Parteienstaat kann es also nicht nur eine Partei geben; er beruht auf dem Mehrparteienprinzip. Zugleich damit bedeutet die der Anerkennung des Mehrheitsprinzips zugrunde liegende Chance der Minderheit, zur Mehrheit werden zu können, daß auch Minderheitsparteien die rechtliche Chance haben müssen, im freien Wettbewerb zu Mehrheitsparteien werden zu können[47]. Dieses „Prinzip der Offenhaltung der gleichen Chance"[48] ist aber nur gewahrt, wenn für die Parteien ein Status der Freiheit und Gleichheit besteht[49]. Zur freiheitlichen

---

[46] Zuerst *Koellreutter*, Parteien, S. 86, der als Parteienstaat den Staat bezeichnet, „dessen staatsrechtliche Organisationsform ohne entscheidende Mitwirkung der politischen Parteien nicht funktionsfähig ist". Vgl. auch schon *Thoma*, Begriff, S. 63; *Leibholz*, Auflösung, S. 51 f; *Triepel*, Staatsverfassung, S. 12. Zur Entwicklung und Struktur des Parteienstaates vgl. *Leibholz*, Strukturwandel, S. 78 ff.

[47] Vgl. C. *Schmitt*, Legalität, S. 34: „Der heutige, auf der Herrschaft jeweiliger Mehrheiten beruhende parlamentarische Gesetzgebungsstaat kann das Monopol legaler Gewaltausübung den jeweiligen Mehrheitsparteien nur so lange ausliefern und nur so lange von der Minderheit den Verzicht auf das Widerstandsrecht verlangen, als die gleiche Chance der Mehrheitsgewinnung wirklich offen bleibt und diese Voraussetzung seines Gerechtigkeitsprinzips noch irgendwie glaubhaft ist."

[48] C. *Schmitt*, Legalität, S. 32; *Leibholz*, Grundordnung, S. 140.

[49] Vgl. *Hesse* VVDStRL 17 (1959), 36.

demokratischen Grundordnung unserer Verfassung gehören also als untrennbar mit dem Mehrparteienprinzip verbunden: freie Wettbewerbschancen für die politischen Parteien[50].

2. Die Parteienfreiheit

Art. 21 GG hat den Parteienstaat vorgefunden, nicht erst geschaffen. Sein Sinn ist es, die politische Wirklichkeit mit dem geschriebenen Verfassungsrecht zu versöhnen[51] und die Entscheidung des Grundgesetzes für jene besondere Ausprägung der demokratischen Ordnung sichtbar zu machen[52]. Zum ersten Male wird von einer deutschen Bundesverfassung[53] versucht, die Funktion der politischen Parteien zu umschreiben: „Die Parteien wirken bei der politischen Willensbildung des Volkes mit" (Art. 21 I 1 GG). Trotz aller „Institutionalisierung" sind damit die Parteien aber noch nicht Staatsorgane geworden[54]. Entgegen einer auf unscharfe Formulierungen des BVerfG[55] zurückgehenden Neigung, die Parteien in den inneren Bereich der Staatsorganisation ein-

[50] Vgl. BVerfGE 2, 1 (12/13) u. 5, 85 (199); *Leibholz,* Grundordnung, S. 140 f; Bericht S. 125; *Geiger,* Kommentar, vor § 36, S. 136; *Seuffert* S. 208; *v. d. Heydte* GrR II, S. 489; *Hamann,* Kommentar, Art. 18 Erl. B 3, S. 190; *Maunz* in Maunz-Dürig, Rdn. 114 zu Art. 21; *Dürig* in Maunz-Dürig, Rdn. 52 u. 56 zu Art. 18; *Scheuner* RStW III, S. 136; O. *Schröder* S. 31; *Friesenhahn* VVDStRL 16 (1958), 16; *Zinn* Bundesrat 210. Sitzg v. 23. 10. 1959, StenBer S. 173; O. *Schmitt* DöV 65, 438 m. w. N. Vgl. auch § 88 II StGB, in dem nicht nur die Wahlrechtsgrundsätze als geschützte Verfassungsgrundsätze genannt sind, sondern auch das „Recht auf die verfassungsmäßige Bildung und Ausübung einer parlamentarischen Opposition" (Ziff. 3). Nach *Wernicke,* BK, Art. 18 Erl. II 1 d gehört der Inhalt des Art. 21 I GG zur freiheitlich-demokratischen Grundordnung.

[51] *Leibholz,* Volk und Partei, S. 72. Ausdruck des unversöhnten Gegensatzes zwischen Verfassungsrecht und Verfassungswirklichkeit in der Weimarer Republik ist der Aufsatz *Triepels* über die Staatsverfassung und die politischen Parteien.

[52] *Maunz* in Maunz-Dürig, Rdn. 5 zu Art. 21.

[53] Zum Landesrecht vgl. schon Art. 118—121 der Badischen Verfassung v. 19. 5. 1947 (Reg.Bl S. 129), abgedruckt bei Wilhelm *Wegener,* Die deutschen Verfassungen, 1947, S. 260.

[54] So die herrschende Meinung: *v. d. Heydte,* GrR II, S. 469 FN 49; *Hesse,* VVDStRL 17 (1959), 33—35; *v. Mangoldt-Klein,* Art. 21 Anm. II 4 b, S. 616 u. a. m. Ausführlich *Henke,* Parteienrecht, S. 80 ff.

[55] So schon BVerfGE 1, 208: „in die Verfassung eingebaut"; „integrierende Bestandteile des Verfassungsaufbaus"; „Kreationsorgane im Sinne Georg Jellineks" (S. 225). „Sie können und müssen als Faktoren des Verfassungslebens anerkannt werden, da sie in dessen inneren Bereich stehen" (S. 227). Außerdem BVerfGE 2, 1: „aus dem Bereich des Politisch-Soziologischen in den Rang einer verfassungsrechtlichen Institution"; „Inkorporation der Parteien in das Verfassungsgefüge" (S. 73). Vgl. auch BVerfGE 4, 27 (Plenum): „notwendige Bestandteile des Verfassungsaufbaus"; „Funktionen eines Verfassungsorgans ausüben" (S. 30). Vgl. dazu auch etwa *Leibholz,* Volk und Partei (1950), S. 72: „Die Parteien sind als legitime politische Organisationen in das Staatsgefüge eingebaut worden" und S. 75: „Einfügung der politischen Parteien in den staatlichen Herrschaftsapparat".

zuordnen[56], ist an dem freien gesellschaftlichen Grundcharakter der Parteien festzuhalten[57]. Das Grundgesetz hat sie zwar durch Anerkennung und Gewährleistung ihrer Funktion und Existenz aus der Ebene anderer gesellschaftlicher Vereinigungen heraus und auf die des Verfassungsrechts gehoben. Dennoch bleiben sie scharf geschieden von der Staatsorganisation; ihr Platz ist zwischen Staat und Gesellschaft[58].

Art. 21 GG spricht durchgehend von den Parteien im Plural. Er bestätigt also die — mit der für die Demokratie getroffene — Entscheidung für das Mehrparteiensystem[59]. „Ihre Gründung ist frei" (Art. 21 I 2 GG). Mit dieser Gründungsfreiheit und dem in Satz 1 garantierten Mitwirkungsrecht bei der politischen Willensbildung des Volkes ist ein Freiheitsbereich statuiert, der sich zwar nicht allein nach dem Wortlaut, wohl aber nach dem Sinn und Zweck der beiden Sätze auf den gesamten Tätigkeitsbereich der Parteien von Gründung, Aufbau und Mitgliederwerbung bis Propaganda, Wahlzulassung und Wahlvorgang erstreckt[60]. Diese Freiheit der Parteien[61] ist zunächst eine die Parteien insgesamt vor staatlichen Eingriffen schützende Freiheit[62]; sie ist aber insbesondere Wettbewerbsfreiheit[63]. Als solche gewährt sie der einzelnen Partei Schutz vor nur sie allein betreffenden Beeinträchtigungen. Im Wettbewerb ist die Freiheit des Konkurrenten in ganz besonderer Weise Maßstab für die eigene Freiheit. Daraus ergibt sich, daß auch eine Freiheit von Bevorzugungen anderer Parteien besteht, da sich jene als unmittelbare Einschränkung der gleichen Entfaltungsmöglichkeit auswirken würden. Insoweit die durch Art. 21 I 1 u. 2 GG gewährleistete Freiheit der Parteien Wettbewerbsfreiheit ist, verlangt sie also Gleichheit der Wettbewerbschancen[64].

---

[56] *Giese* AöR 80 (1955/56), 379: „Politische Parteien sind Staatsorgane i. S. des Art. 93 I Nr. 1 GG." So auch — entgegen der Darstellung *Henkes* (Parteienrecht, S. 82), *Hamann* noch in der 2. Auflage seines Kommentars (Art. 21 Erl. A 3, S. 216). *Weber,* Spannungen, S. 23/24, bezeichnet die Parteien als „wesentliches Element des staatlichen Herrschaftsapparates".

[57] So die Mehrheit der Parteienrechtskommission, Bericht S. 70; vgl. auch *Peter* S. 72 u. *Plate* S. 58 m. w. N. Zu dieser Auffassung hat sich jetzt auch das BVerfG ausdrücklich bekannt; vgl. BVerfGE 20, 56 (100 ff).

[58] *Henke,* Parteienrecht, S. 1 und 11. Dasselbe drückt das BVerfG aus, wenn es von der „Stellung der Parteien zwischen dem Bürger und den ‚formierten Verfassungsorganen'" spricht; BVerfGE 4, 27 (29).

[59] So auch *Maunz* in Maunz-Dürig, Rdn. 6 (m. w. N. in FN 1) u. 35 zu Art. 21.

[60] *Fuß* JZ 59, 392; vgl. *Henke,* BK, Rdn. 26 zu Art. 21.

[61] *v. d. Heydte* überschreibt seinen ganzen Beitrag in GrR II treffend mit „Freiheit der Parteien".

[62] Vgl. Bericht, S. 120.

[63] Hierzu vgl. *Fuß* JZ 59, 393.

[64] Vgl. *Maunz* in Maunz-Dürig, Rdn. 6 zu Art. 21 m. w. N. in FN 2; *v. Mangoldt-Klein,* Art. 21 Anm. IV 2, S. 624; *Rinck* DVBl 58, 224; aA *G. Küchenhoff* JR 59, 281 mit dem Hinweis, daß es in Art. 21 I 2 GG ausdrücklich heiße „frei" und nicht „gleich".

3. Die Wahlgleichheit

Ursprünglich nur als Gegensatz zu bestimmten Wahlrechtsbeschränkungen (Zensuswahlrecht) und Stimmrechtsabstufungen (Plural- und Klassenwahlrecht) angesehen und in das deutsche Verfassungsrecht (Art. 17 I und 22 I WRV) eingeführt, sind die Grundsätze der Allgemeinheit und Gleichheit der Wahl von Rechtsprechung und Wissenschaft zu allgemeinen Wahlrechtsprinzipien fortentwickelt worden, die nicht mehr historisch (d. h. im Blick auf das Wahlrecht vor 1919), sondern „naturrechtlich" im Sinne von *Jacobi*[65] (d. h. als dem Demokratiebegriff innewohnend) gedeutet werden. So hat die Wahlgleichheit als umfassendes und konstitutives Element der demokratischen Wahl eine weit über ihre historische Bedeutung hinausgehende Ausweitung erfahren[66]. Indem der Grundsatz der Allgemeinheit der Wahl den unberechtigten Ausschluß von der Teilnahme an der Wahl verbietet, nennt er nur für einen besonderen Fall eine Folge, die sich auch schon aus dem Grundsatz der Wahlgleichheit ergibt[67]. Die Wahlgleichheit umfaßt den ganzen Bereich der Wahl: nicht nur den Wahlvorgang, sondern auch die Wahlvorbereitung[68].

Eine Entwicklung, die dem Entstehen des Parteienstaates besonders Rechnung getragen hat, hat unter der Weimarer Reichsverfassung begonnen und ist vom BVerfG fortgeführt worden. War Bezugspunkt der Wahlgleichheit zunächst nur der Bürger, so folgerte der StGH, daß auch gegen Parteien gerichtete wahlgesetzliche Maßnahmen die Wahlgleichheit des einzelnen Wählers verletzen können[69]. Darüber hinausgehend hat das BVerfG in Anerkennung ihrer Funktionen bei der Wahl die Parteien selbst zum Bezugspunkt der Wahlgleichheit erklärt. „Wenn Art. 38 GG den Grundsatz der gleichen Wahl normiert, so will er damit nicht nur den individuellen Wählern gleiche Behandlung zusichern, sondern auch den politischen Parteien selbst in allen Phasen der Wahl das Recht auf gleiche Chancen geben[70]." Somit bedeutet

---

[65] *Jacobi*, Wahlrechtsgrundsätze, S. 9 f.

[66] *Seifert*, Kommentar, Rdn. 22 zu Art. 38.

[67] Vgl. *Leibholz*, Grundlagen, S. 14, und Sperrklauseln, S. 45; *Rinck* DVBl 58, 222. So prüft das BVerfG auch Differenzierungen bei der Zulassung zur Wahl mit Recht am Grundsatz der Wahlgleichheit; vgl. BVerfGE 3, 19 (29); 4, 375 (382); 5, 77 (81); 12, 10 (25 f).

[68] Man kann zwar auch — mit *Henke*, Parteienrecht, S. 160 ff — das gesamte Wahlvorschlagsrecht nur als eine Frage der Allgemeinheit der Wahl ansehen, nicht aber dann Differenzierungen nur am allgemeinen Gleichheitssatz (Art. 3 I GG) messen. Das entspricht auch nicht der Praxis des BVerfG, das immer wieder den enger gefaßten Begriff der Chancengleichheit heranzieht; vgl. etwa schon BVerfGE 3, 19 (22); 3, 383 (393).

[69] Siehe oben § 3 II 2 b. Vgl. aber *Heller*. Gleichheit, S. 40: „Seit wann sind denn überhaupt die Parteien Subjekte des Gleichheitsanspruches?"; auch *Grau* JW 29, 2380.

[70] BVerfGE 3, 19 (22); vgl. auch 6, 84 (90) sowie BayVGHE 3 II, 115 (124 f).

Wahlgleichheit auf die Parteien bezogen ein „Recht auf gleiche Wahlchancen"[71], das sich sowohl auf den Wahlvorgang als auch auf die Wahlvorbereitung erstreckt[72].

Mit dieser Feststellung ist aber auch schon die Grenze der Möglichkeit aufgezeigt, aus Art. 38 GG ein allgemeines Recht der politischen Parteien auf Chancengleichheit zu begründen. Art. 38 GG bezieht sich ausdrücklich nur auf die Wahlen zum Bundestag[73]. Der sich aus Art. 38 GG ergebende Grundsatz der gleichen Wahlchancen der Parteien beschränkt sich also auf das Wahlrecht[74].

4. Der allgemeine Gleichheitssatz

Art. 3 I GG postuliert wirksam für Verwaltung, Rechtsprechung und Gesetzgebung die Gleichheit aller Menschen vor dem Gesetz. Wie im allgemeinen Gleichheitssatz der Gleichheitsgrundsatz (Gleichbehandlungsgrundsatz) seine Ausprägung in der Verfassung findet, so wird auch seinerseits der allgemeine Gleichheitssatz durch mehrere bestimmte Gleichheitsgebote der Verfassung konkretisiert[75]. Im Verhältnis zu diesen Anwendungsfällen läßt sich der allgemeine Gleichheitssatz als Auffang-Gleichheitsrecht beschreiben[76]. Zwar sind nach dem Wortlaut des Art. 3 I GG alle *Menschen* vor dem Gesetz gleich; Art. 19 III GG erstreckt seine Geltung jedoch auch auf inländische juristische Personen[77]. Diese Ausweitung, die infolge ihrer Beschränkung auf

---

[71] BVerfGE 3, 383 (390); *v. Mangoldt*, Kommentar, Art. 38 Anm. 3, S. 232; *Bläsi* S. 106; *Badura*, BK, Rdn. 7 zu Anh. z. Art. 38. Der Grundsatz der Allgemeinheit der Wahl bedeutet auf die politischen Parteien bezogen, „daß das Wahlgesetz ihnen keine Bedingungen für die Zulassung zur Wahl stellen darf, die nicht von jeder Partei erfüllt werden können" (BVerfGE 3, 19 (31)). Einschränkungen der Allgemeinheit der Wahl (Erschwerungen der Wahlzulassung) sind auch solche der Wahlgleichheit und bedürfen derselben Rechtfertigung.

[72] Wenn *Henke* später (Parteienrecht, S. 189 f) feststellt, daß die Chancengleichheit der Parteien sich nicht aus Art. 38 GG ergebe, weil von der Erfüllung oder Verletzung des Grundsatzes der Wahlgleichheit nur die Bürger als Wähler unmittelbar betroffen würden, so ergibt sich das daraus, daß *Henke* das Wahlvorschlagsrecht nur dem Allgemeinheitsgrundsatz zuordnet.

[73] Soweit Landesrecht in Frage steht, bliebe nur ein Rückgriff auf Art. 28 I 1 GG, dem aber keine Grundrechtsqualität (§ 90 BVerfGG) zukommt.

[74] So auch *Seifert*, Kommentar, Rdn. 29 zu Art. 38, nach dem der Grundsatz der gleichen Wettbewerbschancen den Grundsatz der Wahlchancengleichheit einschließt. Das BVerfG hat auch nur in Wahlrechtsfragen auf Art. 38 GG zurückgegriffen; vgl. einerseits BVerfGE 3, 19 (22); 3, 383 (390); 6, 84 (90); andererseits 6, 273 (280); 7, 99 (104, 107).

[75] Vgl. Art. 3 II und III, 6 V, 28 I 2, 33 I—III, 38 I GG.

[76] *Dürig*, Staatslexikon, Bd. 3 Sp. 989.

[77] Allgemeine Meinung; vgl. *Ipsen* GrR II, S. 136.

juristische Personen die in der Regel nicht rechtsfähigen Parteien unberührt ließe, ist nun aber nicht als eine ausschließliche zu verstehen; vielmehr können auch nicht rechtsfähige Personengruppen Träger von Grundrechten und damit des allgemeinen Gleichheitssatzes sein[78].

Die Frage, ob auch die politischen Parteien Träger von Grundrechten sein können, ist von der Rechtsprechung und Wissenschaft überwiegend bejaht worden[79]. Dem Einwand *Forsthoffs*[80], man könne nicht die Rechtsverhältnisse der an der politischen Willensbildung Beteiligten den Grundrechten unterstellen, ohne den Begriff der Grundrechte geradezu aufzulösen, ist entgegenzuhalten, daß dies zumindest solange nicht gilt, als die Parteien — wie auch der mit politischen Grundrechten bewehrte Staatsbürger — nicht der Staatsorganisation zuzuordnen sind[81]. Da nach dem Wesen des allgemeinen Gleichheitssatzes dieser auf Parteien anwendbar ist[82] und auf der anderen Seite eine solche Anwendung einem Bedürfnis nach grundrechtlicher Sicherung des Gleichheitsstatus der Parteien entgegenkommt, läßt sich Art. 3 I GG auch für die Parteien heranziehen. Zu fragen ist nur, inwieweit das von der herrschenden Lehre als Willkürverbot umschriebene Gleichheitsgebot des Art. 3 I GG dieser Aufgabe gerecht zu werden vermag. Soweit grundrechtlich gesicherte Parteiengleichheit nur allgemein sachwidrige Differenzierungen ausschlösse und jede sachgemäße und vernünftige Ungleichbehandlung erlaubte und geböte, wäre mit einem Rückgriff auf Art. 3 I GG schwerlich mehr gewonnen als eine bloße Zulässigkeitsvoraussetzung für Verfassungsbeschwerden. Der allgemeine Gleich-

---

[78] *Dürig* in Maunz-Dürig, Rdn. 56 zu Art. 19 III; *Böckenförde* S. 26; BVerfGE 3, 383 (391 f); aA *Ipsen* S. 136; *Forsthoff* AöR 76 (1950), 373.

[79] Nachweise bei *Dürig* in Maunz-Dürig, Rdn. 59 FN 3 zu Art. 19 III. Vgl. auch *Böckenförde* S. 26 FN 6 sowie *Henke*, Parteienrecht, S. 178 f. Das BVerfG hat nur zögernd für die Parteien Grundrechte anerkannt. So ließ der zweite Senat in BVerfGE 1, 208 zunächst nur den Organstreit zu (S. 226 f) und ging auf Art. 3 GG nur ablehnend ein (S. 241); demgegenüber hielt der erste Senat in BVerfGE 3, 18 (22 f) und 3, 383 (391) auch die Verfassungsbeschwerde für zulässig. Auf Grund der Plenarentscheidung in BVerfGE 4, 27 läßt das BVerfG seitdem auf dem Gebiet des Wahlrechts nur den Organstreit zu, während es in anderen Sachbereichen die Parteien als Grundrechtsträger anerkennt und die Verfassungsbeschwerde zuläßt. Vgl. etwa BVerfGE 6, 273 (GVP gegen § 49 EStDV; 1. Senat); 7,99 (BdD gegen NDR-Bescheid; 2. Senat); auch 14, 320 (Anspruch auf rechtliches Gehör gem. Art. 103 I GG; 2. Senat). Ausführlich zur Stellung der Parteien im verfassungsgerichtlichen Verfahren *Henke*, Parteienrecht, S. 216 ff.

[80] AöR 76 (1950), 373 f.

[81] Vgl. *Henke*, Parteienrecht, S. 179; ders., BK, Rdn. 26 zu Art. 21; *Peter* S. 72.

[82] Diese Voraussetzung in Art. 19 III GG ist auch dann zu berücksichtigen, wenn man die Erstreckung von Grundrechten auf nicht rechtsfähige Personenvereinigungen nicht durch Analogieschluß aus Art. 19 III GG begründet.

heitssatz hat nun aber gerade keinen für alle Sachbereiche feststehenden Inhalt. Die Verfassung enthält selbst einige Verbote, an gewisse faktische Unterschiede rechtliche Differenzierungen zu knüpfen. Auch ohne, daß im vorliegenden Fragenkreis für eine solche Einschränkung des Gleichheitssatzes sofort auf die „grundsätzliche Chancengleichheit" der Parteien zurückzugreifen ist[83], ergibt sich eine Verengung des Willkürverbotes aus der Natur des in Frage stehenden Sachbereichs. Dieser ist hier der Wettbewerb der Parteien, der sich zwar nicht nur in direktem Zusammenhang mit Wahlen abspielt, wohl aber von dort her und durch Art. 21 I GG seine Ausprägung erfährt. So hat auch das BVerfG die Verfassungsbeschwerde gegen ein Landeswahlgesetz an Hand des auf dem Gebiet des Wahlrechts formalisierten Gleichheitssatzes geprüft[84]. Ein Rückgriff auf Art. 3 I GG ist immer dann möglich, wenn keine materiell-rechtlichen Sonderbestimmungen bestehen. Dieser Rückgriff ist verfahrensrechtlich dann erforderlich, wenn Parteien eine Verfassungsbeschwerde gegen hoheitliche Maßnahmen außerhalb des Wahlrechts einlegen wollen.

5. Die Bestandsgarantie der Chancengleichheit

Chancengleichheit der politischen Parteien als objektiver Verfassungsgrundsatz wie als subjektives Recht der Parteien ist also ein notwendiger Bestandteil, d. h. ein Strukturelement der parteienstaatlichen Demokratie. Da unser Staatswesen — nicht erst durch Art. 21 GG — auf Grund der faktischen Existenz und Bedeutung der politischen Parteien und dem Bekenntnis zur Demokratie (Art. 20 I GG) eine Parteiendemokratie ist, gehört die Chancengleichheit der Parteien zu ihren von der Bestandsgarantie des Art. 79 III GG erfaßten Elementen. Die Garantie des Mehrparteiensystems und der damit verbundenen Chancengleichheit besteht jedoch nur unter der Voraussetzung des bestehenden Parteienstaates[85]. Dieser ist als ganzes nicht unantastbar, weil Art. 79 III GG sich nicht auf Art. 21 GG bezieht und — als Ausnahme des Grundsatzes der Volkssouveränität — eng auszulegen ist[86]. Ein Ende des Parteienstaates ist aber schwerlich anders vorstellbar denn als Ergebnis von Maßnahmen, die wiederum gegen die Chancengleichheit einzelner Parteien und so gegen das demokratische Prinzip ver-

---

[83] BVerfGE 3, 383 (391).

[84] aaO.

[85] Vgl. *Maunz* in Maunz-Dürig, Rdn. 133—136 zu Art. 21; ähnlich wohl auch *v. Mangoldt-Klein*, Art. 21 Anm. III 5, S. 623 f.

[86] *Maunz* und *Dürig* in Maunz-Dürig, Rdn. 31 zu Art. 79.

stoßen würden. Somit ist die Chancengleichheit der Parteien praktisch unaufhebbar[87].

Unterhalb dieser Ebene genügt die Berufung auf Art. 21 I 1 und 2 GG in Verbindung mit Art. 3 I GG, um die Chancengleichheit als Grundrecht der politischen Parteien umfassend und wirksam zu sichern[88].

---

[87] Vgl. *Hesse* VVDStRL 17 (1959), 46; *Leibholz*, Grundordnung, S. 140; ders., RStW III, S. 121; *Maunz* und *Dürig* in Maunz-Dürig, Rdn. 47 zu Art. 79; *Hamann*, Kommentar, Art. 79 Erl. B 10; O. *Schmitt* DöV 65, 439 f. Für das Mehrparteiensystem ebenso *Grewe* S. 68.

[88] Vgl. *Rinck* DVBl 58, 224; *Henke*, Parteienrecht, S. 190; ders., BK, Rdn. 30 zu Art. 21; *Seifert*, Kommentar, Rdn. 29 zu Art. 38; *Plate* S. 35.

§ 6: Träger, Sachbereich und Adressat der Chancengleichheit

I. Die politischen Parteien als Träger der Chancengleichheit

Träger des oben begründeten Rechts auf Chancengleichheit sind die politischen Parteien, d. h. alle Parteien ohne irgendeine Einschränkung. Ob eine Gruppe das Recht auf Chancengleichheit für sich beanspruchen kann, richtet sich also ausschließlich danach, ob sie eine politische Partei ist oder nicht. Innerhalb des Kreises der politischen Parteien sind alle Gruppen Anspruchsinhaber der Chancengleichheit — unabhängig davon, ob es sich um alte oder neue, große oder kleine, gemäßigte oder radikale Parteien handelt. Aus dieser Feststellung ergibt sich die Notwendigkeit, den Begriff der politischen Partei genau und einheitlich[1] zu umschreiben.

1. Der Begriff der politischen Partei

Eine gesetzliche Definition der politischen Partei gibt es noch nicht. Weder das Grundgesetz noch das Bundeswahlgesetz enthalten eine klare Bestimmung; das Parteiengesetz, das aus Gründen seiner eigenen Praktikabilität eine Legaldefinition jenes vom GG vorausgesetzten Parteibegriffes bringen muß und wird, steht noch aus. Dennoch geben Grundgesetz und Rechtsprechung des BVerfG so viele Anhaltspunkte, daß im Schrifttum grundsätzliche Meinungsverschiedenheiten nicht mehr bestehen[2].

Aus Art. 21 GG lassen sich Rückschlüsse auf den von ihm vorausgesetzten Parteibegriff gewinnen. Zunächst einmal ergeben sich in negativer Hinsicht zwei Folgerungen. So folgt aus Art. 21 II GG, daß die Verfassungsmäßigkeit einer Partei nicht begriffsbestimmendes Merkmal sein kann. Das Parteienprivileg, das — als Spezialregelung gegenüber Art. 9 II GG — die Feststellung der Verfassungswidrigkeit einer Partei dem BVerfG vorbehält, verlöre sonst seinen Sinn. Erst recht muß dies für die Bestimmungen des Absatz 1 über die innere

---

[1] Von einem m. E. verfehlten Ansatz geht deshalb *Fuß* JZ 59, 393 ff aus, wenn er auf einen gleichbleibenden Parteibegriff verzichten und durch phasenweise unterschiedliche Anforderungen Splitterparteien bereits begrifflich ausscheiden will. Dagegen schon Bericht S. 138.

[2] Das beruht auch weitgehend auf der gründlichen Untersuchung der Parteienrechtskommission, Bericht S. 123—139.

Ordnung (S. 3) und die Rechenschaftslegung (S. 4) gelten. Sie enthalten Pflichten der Parteien, aber nicht Elemente des Parteibegriffs[3]. Zum anderen ergibt sich aus Art. 21 I 2 GG (Gründungsfreiheit), daß eine Partei bereits von ihrer Gründung an entstehen kann. Das schließt aus, Kriterien für den Parteibegriff zu verwenden, die nicht auch schon im Gründungsstadium erfüllt werden können.

Den Ausschluß dieser Kriterien berücksichtigt, läßt sich aus Art. 21 GG direkt nur ein positives Begriffsmerkmal gewinnen: eine auf die politische Willensbildung bezogene Zielsetzung. Tätigkeit statt Zielsetzung kann noch nicht verlangt werden, weil sie nicht in das Gründungsstadium zurückreicht. Deshalb kann eine Wahlbeteiligung oder gar ein bestimmter Wahlerfolg nicht zum Parteibegriff gehören[4]. Da sich die politische Willensbildung des Volkes in erster Linie in Wahlen und Abstimmungen vollzieht, muß sich die Zielsetzung einer Partei auf die Teilnahme an staatlichen[5] Wahlen und Abstimmungen richten. Aber die Bildung des handlungsfähigen Staatswillens erfolgt erst im Parlament, so daß sich die beabsichtigte Tätigkeit einer Partei begriffsnotwendig auch auf das Parlament zu erstrecken hat. Eine Vereinigung, die es grundsätzlich ablehnt (oder über größere Zeiträume hin unterläßt), sich an Parlamentswahlen zu beteiligen, ist keine politische Partei (mehr), mag sie auch die sonstigen Voraussetzungen erfüllen[6]. Denn die mit dem Parteistatus verbundene Rechtsstellung kommt den Parteien nicht um ihrer selbst als politische Vereinigungen, sondern um ihrer Funktion im Staatsleben willen zu.

---

[3] Vgl. Bericht S. 125. Zu eng deshalb *Seuffert* S. 204, der als zum Parteibegriff gehörig verlangt, daß eine Partei die Existenz anderer Parteien anerkennt. Das ist jedoch eine Frage der Verfassungsmäßigkeit; vgl. aber auch S. 207 und Bericht S. 126. Das OVG Münster — E 11, 230 (234) — hat Verfassungsmäßigkeit und Parteibegriff verwechselt, wenn es eine demokratischen Grundsätzen entsprechende innere Ordnung zum Begriff der Partei zählt; richtig dagegen BVerwGE 6, 96 (98/99).

[4] *Maunz* in Maunz-Dürig, Rdn. 13 mit FN 3 und Rdn. 15 zu Art. 21.

[5] Keine politischen Parteien sind die in ihrer Zielsetzung und Tätigkeit auf den lokalen Bereich beschränkten sog. Rathausparteien; so die h. M. Abweichend *Dübber* Die neue Gesellschaft 58, 118 ff; *Arndt* JZ 61, 88; *Plate* S. 22. Bei Kommunalwahlen muß diesen Gruppen jedoch eine gegenüber den politischen Parteien chancengleiche Teilnahme gewährt werden. s. dazu unten S. 85 f.

[6] Bericht S. 127 ff (aA eine Minderheit der Parteienrechtkommission aaO S. 135); *Bergsträsser* Politische Studien H. 113 (1959), 596 f; *Maunz* in Maunz-Dürig, Rdn. 13 zu Art. 21; vgl. aber auch das von *Thiele* DVBl 64, 663 gebrachte Beispiel. Vgl. ferner § 1 II PartGEntwReg: „Eine Vereinigung verliert ihre Rechtsstellung als Partei, wenn sie sechs Jahre lang weder an einer Bundestagswahl noch an einer Landtagswahl mit eigenen Wahlvorschlägen teilgenommen hat." Gleichlautend § 2 II PartGEntwKoal und § 2 II PartGEntw SPD. Nicht ausreichend für den Verlust der Parteieigenschaft ist dauernde Erfolglosigkeit bei Wahlen, wie aber *Henke*, BK, Rdn. 7 zu Art. 21, meint.

Einer näheren Prüfung bedürfen die in der Diskussion um den Parteibegriff häufig genannten weiteren Kriterien. Dabei ist gerade im Hinblick auf das Thema dieser Arbeit zu beachten, daß der Parteibegriff nicht so eng gefaßt werden kann, daß er für bestehende Parteien Monopolstellungen oder Privilegien zur Folge hat[7]. Zunächst wird vielfach ein politisches Programm verlangt. Am weitesten gehen dabei jene Autoren, die eine Orientierung dieses Programms am Gemeinwohl fordern[8]. Gegen ein solches Kriterium ist mit Recht geltend gemacht worden, daß Gemeinwohldeklarationen ein für die Praxis ungeeignetes Mittel sind, Parteien von sonstigen Vereinigungen abzugrenzen[9]. Aber auch jenes von der Parteienrechtskommission aufgestellte Merkmal einer — sachliche Forderungen enthaltenden — politischen Konzeption[10] kann nur eingeschränkt gelten. Eine Konkretisierung der Programmforderungen hat auch die Kommission nicht zu befürworten vermocht, sondern hat es schließlich bei einem politischen Programm „ohne Rücksicht auf dessen Inhalt" bewenden lassen. Dabei aber ergibt sich die Schwierigkeit einer Abgrenzung „politischer" von Interessenten-Zielsetzungen[11]. Letztlich kann es nur darauf ankommen, daß eine Gruppe mindestens in dem Sinne politische Ziele verfolgt, „daß sie durch die Staatsgewalt, an der teilzuhaben erstrebt wird, verwirklicht werden sollen"[12]. Danach sind auch Interessenparteien, die zur Durchsetzung bestimmter wirtschaftlicher oder sozialer Interessen von Bevölkerungsteilen gebildet werden, als Parteien anzusehen[13].

Mit Hilfe der genannten Kriterien läßt sich eine Abgrenzung nach einer Richtung hin noch nicht durchführen. In Anbetracht der Bedeutsamkeit des Parteienstatus ist es notwendig einen Maßstab zu finden, der eine sachgemäße Unterscheidung bestandsfähiger Parteien von

---

[7] Vgl. Bericht S. 126. So hat auch das BVerfG bisher stets die Parteieigenschaft bejaht; vgl. zB BVerfGE 1, 208 (228): SSW; 3, 19 (22): GVP; 3, 383 (390): GB/BHE; 5, 77 (80): DRP; 6, 84 (88): BP; 6, 121: FSU; 6, 367 (372): Zentrum; 7, 99 (103): BdD; 20, 134 (140): NPD. Offen gelassen BVerfGE 5, 77 (81) betr. die Nationale Partei Deutschlands.

[8] *Grewe* S. 78 ff; *Menger* AöR 78 (1952/53), 156 f; *Henke*, Parteienrecht, S. 20, 22; ders., BK, Rdn. 7 zu Art. 21; *Kewenig* DöV 64, 835; *Krüger*, Staatslehre, S. 375 f; vgl. auch OVG Münster E 11, 230 (243).

[9] *v. d. Heydte-Sacherl* S. 6; Bericht S. 131; *Seifert* DöV 56, 3 f; ders., Kommentar, Rdn. 11 zu § 6; *Seuffert* S. 209 f; *Maunz* in Maunz-Dürig, Rdn. 11 zu Art. 21 m. w. N.

[10] Bericht S. 131.

[11] Es sei nur an die zahlreichen, Gruppeninteressen vertretenden „Parteien" der Weimarer Republik wie auch an den BHE erinnert. Abgesehen davon läuft die Entwicklung von der weltanschaulichen Programmpartei zur pragmatischen Partei ohne umfassende Konzeption. Vgl. auch *Hamann*, Kommentar, Art. 21 Erl. B 3.

[12] StGH, L-S I, 398 (403).

[13] *Seifert*, Kommentar, Rdn. 11 zu § 6; vgl. auch *Leibholz*, 38. DJT, S. C 17 sowie HesVGH VerwRspr 1, Nr. 100, S. 329 (330).

kurzlebigen Zufalls- und Gelegenheitsbildungen ermöglicht. Stammtischgründungen und unorganisierte Bewegungen sind ebensowenig Parteien, wie dies eine Vereinigung ist, die nur zum Zwecke der Beteiligung an einer einzigen Wahl gebildet worden ist. Deshalb sind auch die Wählervereinigungen in den meisten Fällen keine Parteien[14]. Beständigkeit in diesem Sinne kann nun aber nicht bedeuten, daß eine Partei auf unbefristete Dauer angelegt sein muß. Auch eine Vereinigung mit temporärer Zielsetzung — etwa eine Wiedervereinigungspartei — könnte eine Partei im Sinne des Art. 21 GG sein[15]. Rückschlüsse darüber, ob eine bestandsfähige Gruppenbildung vorliegt oder nicht, läßt insbesondere die Organisation einer Vereinigung zu. Deshalb ist als Ernsthaftigkeitsnachweis von einer Partei ein Mindestmaß an ausgebauter Organisation — nicht aber bisherige Bestandsdauer dieser Organisation — zu verlangen[16]. Zu dieser vereinsmäßigen Mindestorganisation gehört eine Satzung, die einen Vorstand und eine Mitgliederversammlung vorsieht, den Ein- und Austritt ihrer Mitglieder und deren Rechte und Pflichten regelt[17]. Daneben sind weitere Indizien für die Ernsthaftigkeit einer Gruppe: ihre Mitgliederzahl, ihr Hervortreten in der Öffentlichkeit und sonstige Umstände, zu denen auch ein schon erzielter Wahlerfolg gehört. Dagegen kann es nicht zum Parteibegriff gehören, daß eine Vereinigung auch eine gewisse Gewähr für die Erreichung parlamentarischer Mandate bietet[18]. Ein Ziel der Chancengleichheit kann nicht zugleich Kriterium der Begriffsbestimmung des Begünstigten aus diesem Recht sein.

---

[14] Wenn der Gesetzgeber Wählervereinigungen aber bei der Wahrnehmung bestimmter Funktionen (zB Wahlvorbereitung) den Parteien gleichstellt, erwächst ihnen innerhalb dieses Funktionsbereiches ein Recht auf Chancengleichheit gegenüber den Parteien; so zB bei öffentlich geförderter lokaler Wahlwerbung. *Seuffert*, S. 208, will auch nur für eine einzige Wahl gebildete Parteien anerkennen, ihre Chancengleichheit jedoch einschränken. Vgl. aber auch die oben FN 5 genannten Autoren.

[15] Ebenso *Seifert*, Kommentar, Rdn. 11 zu § 6; vgl. auch *Leibholz*, 38. DJT, S. C 16 („auf eine gewisse Dauer berechnet"); abweichend Bericht S. 133 f, der als Mindesterfordernis die „Absicht dauernden Bestandes" verlangt, sich andererseits aber mit der Absicht „länger dauernder Tätigkeit" zufrieden gibt.

[16] Vgl. BVerfGE 3, 383 (403); *Leibholz*, 38. DJT, S. C 16 f; *v. d. Heydte* GrR II, S. 466 folgert dies daraus, daß Art. 21 I 3 GG immerhin eine „innere Ordnung" voraussetzt. Von Bedeutung wird das Begriffsmerkmal der Organisation in dem Fall des Zerbrechens einer Partei, die durch Fusion zweier Parteien entstanden war; vgl. dazu *Thiele* DVBl 64, 661 f.

[17] *Henke*, Parteienrecht, S. 23 unter Hinweis auf §§ 21 ff BGB. Dagegen bedarf es nicht notwendig einer regionalen und/oder lokalen Untergliederung (so Bericht S. 133), da eine örtlich beschränkte Partei auch ohne sie auskommen kann.

[18] So aber *Seifert* DöV 56, 3 und Kommentar, Rdn. 7 zu § 6; vgl. auch StGH L-S I, 309 (311), oben § 3 II 2 a.

In Anlehnung an die in den Entwürfen für ein Parteiengesetz enthaltenen Definitionen[19] kann die politische Partei, wie sie das Grundgesetz anerkennt, bestimmt werden als

> Vereinigung mit dem ernsthaften Ziel, an der politischen Willensbildung des Volkes durch Teilnahme an Wahlen zum Bundestag oder einem Landtag und durch die Vertretung[20] des Volkes in diesen Körperschaften mitzuwirken. Eine ausreichende Gewähr für die Ernsthaftigkeit dieser Zielsetzung ergibt sich aus dem Gesamtbild der tatsächlichen Verhältnisse der Vereinigung, insbesondere aus Umfang und Festigkeit ihrer Organisation, aus der Zahl ihrer Mitglieder und aus ihrem Hervortreten in der Öffentlichkeit.

2. Chancengleichheit der Opposition?

In einem Verfassungsrechtsstreit vor dem BVerfG[21], der eine durch Mehrheitsbeschluß herbeigeführte Redezeitbeschränkung im Bundestag und die Nichtanrechnung von Reden der Regierungsmitglieder auf diese Zeit zum Gegenstand gehabt hat, ist von den Antragstellern[22] unter anderem eine Verletzung des Rechts der Opposition auf Chancengleichheit mit der Regierung gerügt worden. Das Gericht hat die Frage offen lassen können, ob ein solches Recht der Opposition besteht[23]. Von einem Recht der Opposition auf Chancengleichheit mit der Regierung ist offenbar auch der Sprecher des SPD-Bundesvorstandes ausgegangen, als er nach einer Rundfunkansprache des damaligen Bundeswirtschaftsministers Erhard vom 21. 3. 1962[24] von einem Recht der Opposition auf Erwiderung gesprochen hat[25]. In eine ähnliche Richtung gehen auch die von *Arndt*[26] unter Hinweis auf Verfahrensweisen des britischen Rundfunks geäußerten Gedanken. Ausgehend davon, daß der eigentliche, aus staatspolitischen Gründen des demokratischen Regimes rechtserhebliche Wettkampf zwischen Regierung und Opposition, zwischen Mehrheit und Minderheit stattfinde, fordert er, daß die

---

[19] Vgl. § 1 I PartGEntwReg; § 2 I i. V. m. § 1 II PartGEntwKoal und PartGEntw SPD.

[20] Der Regierungsentwurf enthielt hier ein für die Begriffsbestimmung zu weit gehendes materielles Kriterium in der Formulierung „verantwortliche Vertretung".

[21] BVerfGE 10, 4—20.

[22] Abg. *Bucher* (FDP), *Arndt* (SPD) u. a.

[23] BVerfGE 10, 4 (16).

[24] Bulletin Nr. 57 v. 23. 3. 1962, S. 477.

[25] FAZ Nr. 71 v. 24. 3. 1962. Vgl. auch die Auffassung des SPD-Pressedienstes in der Auseinandersetzung nach der Fernsehsendung des NDR „Ein Jahr Erhard" v. 16. 10. 1964, Die Welt Nr. 245 v. 20. 10. 1964.

[26] Schriftsatz v. 16. 4. 1962 im Verfahren FDP/WDR, S. 20 f.

Minderheitsmeinungen eine reale Chance erhalten müßten. Nur das Verhältnis zwischen Regierungsmehrheit und oppositioneller Minderheit lasse sich ohne Willkür formalisieren, indem Regierungsmehrheit und oppositionelle Minderheit als gleichbedeutende Einheiten mit Chancengleichheit gegenübergestellt werden[27].

In Anbetracht dieser Äußerungen muß der Frage nachgegangen werden, ob unser gegenwärtiges Verfassungsrecht eine mit eigenen Rechten ausgestattete Institution „Opposition" anerkennt und wer gegebenenfalls Vergleichsobjekt oppositioneller Chancengleichheit wäre.

Das Grundgesetz verwendet den Begriff „Opposition" ebensowenig wie das Landesverfassungsrecht. Es ist jedoch anerkannt, daß mit der Entscheidung für die Demokratie auch die Möglichkeit parlamentarischer Opposition gewährleistet ist[28]. Auch ist es ein Element des Mitwirkungsrechts der Parteien, daß sich eine offene politische Opposition bilden kann[29]. So hat das BVerfG das „Recht auf verfassungsmäßige Bildung und Ausübung einer Opposition" als Bestandteil der freiheitlich-demokratischen Grundordnung angesehen[30]. Aus alledem folgt jedoch nicht, daß es auch „die Opposition" als *verfassungsrechtliche Institution* gibt. Das Recht auf Opposition steht gerade nicht der Gesamtheit der nicht an der Regierung beteiligten Parteien oder Abgeordneten als solcher zu, sondern jeder Partei und jedem einzelnen Abgeordneten. Allenfalls können Regelungen über den parlamentarischen Minderheitenschutz[31] als Schutzrechte einer starken oppositionellen Minderheit angesehen werden[32].

Ausgangspunkt für die Befürworter eines formalisierten Verhältnisses zwischen Regierung und Parlamentsmehrheit einerseits und Oppo-

[27] aaO S. 21. Es sei die Frage gestellt, ob diese These auch im Zeichen einer Großen Koalition aufgestellt worden wäre.

[28] *Maunz* in Maunz-Dürig, Rdn. 37 zu Art. 20; *Hamann*, Kommentar, Einl. S. 35. Zur außerparlamentarischen Opposition vgl. *Hamann* PVS 3 (1962), 242 ff sowie E. *Küchenhoff* Die neue Gesellschaft 63, 124 ff.

[29] Bericht S. 128 f; *Hesse* VVDStRL 17 (1959), 24 f; *Maunz* in Maunz-Dürig, Rdn. 6 zu Art. 21.

[30] BVerfGE 2, 1 (13) und 5, 85 (199); vgl. auch O. *Schmitt* DöV 65, 439 f. § 88 II Ziff. 3 StGB stellt dieses Recht als Verfassungsgrundsatz unter strafrechtlichen Schutz.

[31] Vgl. etwa Art. 44 I 1 GG (Einsetzung parlamentarischer Untersuchungsausschüsse) oder Art. 93 I Ziff. 2 GG (Antrag auf abstrakte Normenkontrolle). Dagegen kommt dem konstruktiven Mißtrauensvotum (Art. 67 I 1 GG) in erster Linie die Aufgabe zu, die Stellung des Bundeskanzlers zu festigen, erst sekundär die, auf die Bildung einer homogenen Opposition hinzuwirken.

[32] *Friesenhahn* VVDStRL 16 (1958), 27. Vgl. aber auch Art. 5 des bayer. Gesetzes über die Errichtung einer Akademie für Politische Bildung v. 27. 5. 1957 (GVBl 103), der „dem Landesvorsitzenden der nach der Zahl ihrer Mandate im Landtag stärksten Oppositionspartei mit Fraktionsstärke" ein Mitwirkungsrecht bei der Berufung der Kuratoriumsmitglieder einräumt.

sition andererseits ist die Kluft zwischen der klassischen Gewaltenteilungslehre und der Verfassungswirklichkeit des parlamentarischen Systems. Dieses habe die montesquieusche Gewaltenteilung zu einer „Sonderart der Gewaltenteilung" fortentwickelt[33]. Die Entwicklung des Gegensatzes und Widerspiels von parlamentarischer Regierung und parlamentarischer Opposition lasse sich als eine zweite, modernere Phase der Gewaltenteilung im Verfassungsstaat verstehen[34]. Idealtypus dieser neuen parlamentarischen Gewaltenteilung ist die Verfassungspraxis Großbritanniens. Für die Bundesrepublik spricht *Sternberger* von einem Zwischenzustand der Vermischung der beiden Schemata der Gewaltenteilung (des Schemas „Parlament/Regierung" und des Schemas „Regierende Mehrheit/Opponierende Minderheit")[35]. Die Übertragung des auf anderer Verfassungstradition und Parteienstruktur beruhenden britischen Modells[36] auf die Bundesrepublik, die auf Grund ihrer Geschichte und Verfassung auf ein Mehrparteiensystem hin angelegt ist, ist jedoch nur beschränkt möglich[37]. Ganz unabhängig davon, daß das Grundgesetz an dem traditionellen Gewaltenteilungsschema festgehalten hat (Art. 20 II 2 GG), ist unsere Verfassungswirklichkeit auch heute keinesfalls über einen Zustand der Vermischung (*Sternberger*) hinausgekommen. Opposition als Gegengewicht zur Regierung (und der sie tragenden Parlamentsmehrheit) mit einem alternativen „system of conduct" (*Bolingbroke*) setzt ein Zweiparteiensystem voraus[38]. In einem Staat wie der Bundesrepublik mag die Entwicklung praktisch auf ein System zweier großer konkurrierender Parteien — Regierungspartei und Oppositionspartei — mit dem wechselseitigen Recht auf Chancengleichheit hinsteuern. Solange aber wechselnde Koalitionsregierungen wie Mehrparteienopposition nötig bzw. möglich sind, entspricht es nicht einmal der *politischen Wirklichkeit*, „die Opposition" als institutionalisierte Einheit[39] der Regierung gegenüberzustellen[40]. Dem ent-

---

[33] *Sternberger* PVS 1 (1960), 37.

[34] *Sternberger*, Rüstow-Festschrift, S. 301

[35] aaO S. 311.

[36] Zu den Voraussetzungen des Zweiparteiensystems in Großbritannien vgl. *v. d. Heydte-Sacherl* S. 14 f. — Trotz eines Stimmenanteils der Liberalen bei den Wahlen v. 15. 10. 1964 von 11,2 % erhielt diese Partei infolge des Mehrheitswahlrechts nur 9 Mandate (= 1,5 %). Vgl. dazu *Kahn*, Aus Politik und Zeitgeschichte, B 2/65 v. 13. 1. 1965.

[37] Vgl. dazu *Duverger*, Parteien, S. 400 ff u. 418 ff.

[38] *Landshut* S. 221; *Besson* PVS 3 (1962), 231; *Sternberger*, Rüstow-Festschrift, S. 304 bezeichnet die Opposition als den anderen Pol eines bipolaren Parteiensystems.

[39] *Besson*, ebda, nennt die „moderne, freilich nicht juristische Form der Gewaltenteilung in Gestalt der Spannung von parlamentarischer Regierung und parlamentarischer Opposition", die sich rein und effektiv nur in Großbritannien herausgebildet habe. Soweit er den Terminus „institutionalisierte Opposition" gebraucht (S. 241), soll dieser wohl nur die — im politologischen Schrifttum häufig unterlassene — Unterscheidung von Funktion und Funk-

spricht auch eine andere Überlegung, die von dem Verhältnis zwischen der Regierung und der sie tragenden Parlamentsmehrheit ausgeht. Gegenüber Versuchen, die Regierung als Exekutivausschuß der Regierungspartei bzw. -koalition zu beschreiben, ist die institutionelle Selbständigkeit[41] der Regierung zu betonen. So spricht auch das BVerfG von dem „Spannungsverhältnis zwischen dem Parlament als dem Gesetzgebungs- und obersten Kontrollorgan und der Regierung als der Spitze der Exekutive“[42]. Dem Hinweis gegenüber, daß die Opposition nicht nur der Parlamentsmehrheit, sondern dieser und der Regierung gegenüberstehe, hebt das Gericht hervor, daß die Regierung mehr sei als der Exponent der Regierungsmehrheit. Sie stehe als Spitze der Exekutive zugleich dem Parlament, also der Opposition und der Mehrheit gegenüber[43]. Auch die überwiegende Praxis des Bundestages geht von diesem Dualismus Regierung—Parlament aus, wenn es sich um die Aussprache über eine Regierungserklärung handelt[44].

3. Chancengleichheit sonstiger Gruppen

Eine kurze Bemerkung ist an dieser Stelle noch über die freien Wählervereinigungen und die sogenannten Rathausparteien anzuschließen. Wählervereinigungen sind meist unorganisierte politische Gruppen, die sich nur zur Aufstellung und Unterstützung von Wahlkandidaten bilden, aber nicht dauernd an der politischen Willensbildung teilnehmen. Rathausparteien sind zwar auf Dauer gegründete, in ihrer politischen Tätigkeit jedoch auf den kommunalen Bereich beschränkte Gruppen[45]. In mancher Beziehung, insbesondere im Zusammenhang

---

tionsträger hervorheben. Vgl. auch *Eschenburg*, Staat, S. 540 ff, der der Opposition „ungeschriebene institutionelle Funktionen“ zuspricht (S. 543).

[40] *Scheuner* DöV 57, 635 läßt diese Frage offen. — Während der zweiten und dritten Regierung Adenauer (1953—1961), die von der absoluten Mehrheit der CDU/CSU getragen wurde, trat nach *Domes* S. 169 f die Spannung Regierung — Parlament nur als Ausnahmefall im Zusammenhang mit der Verabschiedung des Freiwilligengesetzes im Sommer 1955 in Erscheinung. Hier handelte es sich aber auch um eine für ein Mehrparteiensystem atypische Situation.

[41] *Henke*, Parteienrecht, S. 193.

[42] BVerfGE 10, 4 (17). Vgl. auch *Friesenhahn* VVDStRL 16 (1958), 33 ff.

[43] BVerfGE 10, 4 (19).

[44] So ist es üblich, daß zumeist der Sprecher der größten Fraktion die Aussprache über eine Regierungserklärung eröffnet. Vgl. etwa 4. Sitzg v. 5. 11. 1957, StenBer S. 31; 13. Sitzg v. 31. 1. 1962, StenBer S. 350; 137. Sitzg v. 15. 10. 1964, StenBer S. 6788; 148. Sitzg v. 2. 12. 1964, StenBer 7303; 7. Sitzg v. 29. 11. 1965, StenBer S. 82; 34. Sitzg v. 25. 3. 1966, StenBer S. 1609. — Abweichend mit Beginn der Aussprache durch den Sprecher der Oppositionspartei 6. Sitzg v. 6. 12. 1961, StenBer S. 53; 58. Sitzg v. 7. 2. 1963, StenBer S. 2594.

[45] Vgl. *Henke*, Parteienrecht, S. 20.

mit der Beteiligung an Wahlen, ein verwandtes Erscheinungsbild aufweisend, sind sie doch keine politischen Parteien[46] im Sinne des Art. 21 GG[47].

Dennoch steht diesen Gruppen in bestimmten Fällen ein Recht auf Chancengleichheit mit den politischen Parteien zu. Für die Wählervereinigungen im überörtlichen Bereich ergibt sich dieses Recht daraus, daß unser Staat nicht in dem Sinne „Parteienstaat" ist, daß den Parteien ein Monopol bei der Wahlbeteiligung zusteht[48]. Da die Wahlgesetze in der Bundesrepublik[49] Wahlvorschläge von Wählergruppen zulassen[50], haben diese im Rahmen ihres Wirkungsbereiches wie die Parteien ein Recht auf Chancengleichheit. Entsprechendes gilt für die Teilnahme einzelner Wahlbewerber.

Für das Kommunalwahlrecht ergibt sich aus der Garantie der kommunalen Selbstverwaltung (Art. 28 II GG) ein Verbot, den politischen Parteien ein Monopol einzuräumen. In diesem Bereich besteht für Rathausparteien und örtlich orientierte Wählervereinigungen ein verfassungskräftiges Recht auf chancengleiche Teilnahme an Kommunalwahlen[51].

Maßnahmen, die die Wahlbeteiligung von Wählervereinigungen und Rathausparteien einschränken, bedürfen als Durchbrechung der grundsätzlichen Chancengleichheit dieser Gruppen derselben Rechtfertigung, wie sie für die politischen Parteien verlangt wird. Rechtserhebliche qualitative Unterschiede gibt es hierbei nicht zwischen Parteien und diesen Gruppen. Soweit Ernsthaftigkeitsnachweise in Form von Unterschriftenquoren verlangt werden, treffen sie politische Parteien wie Wählervereinigungen. Werden bestimmte parlamentarisch bereits vertretene Gruppen privilegiert, gilt dies für alle, die diese Voraussetzung erfüllen — gleichgültig ob Partei oder nicht. Listenprivilegien der politischen Parteien sind im kommunalen Bereich nicht zulässig[52].

---

[46] BVerfGE 6, 367 (373); *Maunz* in Maunz-Dürig, Rdn. 20 und 28 zu Art. 21 mwN; *Henke* S. 20 f; ausdrücklich auch § 1 III PartGEntwReg.

[47] Der Landesgesetzgeber kann jedoch für das Kommunalwahlrecht einen diese Gruppen umfassenden Parteibegriff einführen. Bericht S. 118; *Maunz* in Maunz-Dürig Rdn. 20 zu Art. 21; *Köttgen* DVBl 58, 597. Dagegen *Rubehn* DöV 60, 669, der unter Hinweis auf BVerwGE 6, 96 (98) Art. 21 GG auch auf das Kommunalwahlrecht beziehen will.

[48] Vgl. BVerfGE 11, 266 (273) und *Leibholz*, 38. DJT, S. C 16; aA *Bläsi* S. 105, der ein Parteienmonopol annimmt.

[49] Eine Ausnahme bildet Berlin; vgl. Art. 26 II 1 Verf. Bln, § 16 LWG Bln.

[50] Grundsätzlicher *Leibholz*, 38. DJT, S. C 16; *Köttgen* DVBl 58, 596; *Nass* JZ 60, 636; *Sternberger*, Wahlreform, S. 210 f.

[51] BVerfGE 11, 266 (276); 12, 10 (26) mit im Ergebnis zustimmender Anmerkung von *Arndt* JZ 61, 88 f; auch *Leibholz* PVS 1 (1960), 81 f. Zuerst *Köttgen* DVBl 58, 597; einschränkend *Rubehn* DöV 60, 671. Vgl. dazu auch *Rinck* JZ 61, 73—78; ausführlich *Grundmann*, Rathausparteien, S. 59 ff.

[52] BVerfGE 11, 351 (363 f).

II. Der Sachbereich der Chancengleichheit

Auf vielen Gebieten wird heute vom Recht auf Chancengleichheit gesprochen, auf mancherlei Weise werden Ansprüche auf Chancengleichheit geltend gemacht: Chancengleichheit für die sozial Schwachen, Chancengleichheit im Bildungswesen, Chancengleichheit zwischen Rundfunk und Presse sowie Chancengleichheit im Prüfungsrecht[53]. Wo der Begriff der gleichen Chance[54] gebraucht wird, handelt es sich um die Abwandlung eines expansiven Anspruches auf Gleichheit. Im Grunde wird hier das dem sozialen Rechtsstaat innewohnende Spannungsverhältnis sichtbar zwischen staatlich garantierter Sicherheit durch sozial gerechte Güterverteilung einerseits und dem Konkurrenzrisiko des marktwirtschaftlichen Wettbewerbs andererseits. Dort aber, wo es nicht um das Tätigwerden gesellschaftlicher Mächte und Institutionen im wirtschaftlichen und sozialen Bereich, sondern um die politische Willensbildung und die Ausübung politischer Macht geht, entfaltet der Satz von der Chancengleichheit eine besondere Wirkung[55].

Der Verfassungsgrundsatz der Chancengleichheit knüpft an die verfassungsrechtliche Stellung der Parteien, damit insbesondere an ihre Funktion an. Sachbereich dieser Chancengleichheit ist also der Tätigkeitsbereich der Parteien oder wenigstens ein Teil davon. Die Funktion der Parteien umschreibt das Grundgesetz als Mitwirkung an der politischen Willensbildung des Volkes: ein weites Feld, das von der Gründung einer Partei an — innerparteiliche Meinungsbildung und Mitgliederwerbung — über Beeinflussung der öffentlichen Meinung und Teilnahme an Wahlen bis hin zur Vertretung des Volkes in den Parlamenten reicht. In diesem letzten Stadium geht die politische Willensbildung des Volkes über in die staatliche Willensbildung[56]. Zentrale verfassungsrechtliche Form der Willensbildung des Volkes im demokratischen Staat ist die Wahl. Die Parteien sind in ihrer werbenden Tätigkeit auf die Wahl hin ausgerichtet, in der das Volk ihnen die —

---

[53] Das BVerwG lehnt zwar einen allgemeinen Grundsatz verfassungsrechtlicher Chancengleichheit ab (zB gegenüber erwerbswirtschaftlicher Betätigung der öffentlichen Hand), erkennt ihn aber außer im Bereich der politischen Willensbildung auch im Prüfungsrecht an, „weil es sich bei Prüfungen um Leistungsvergleiche handelt, die nur möglich sind, wenn die Gleichheit der Chance gewährleistet ist"; BVerwGE 17, 306 (311/12). Vgl. auch BayVerfGH DöV 65, 640; OVG Münster DöV 65, 640; BVerwG DöV 65, 771.

[54] Nach C. *Schmitt*, Legalität, S. 30 FN 1 gehört das Wort Chance „eigentümlich zur Denkweise und Mundart eines liberalen Zeitalters der freien Konkurrenz und der *exspectation* und trifft die Mischung von Glücksfall und Gesetzmäßigkeit, Freiheit und Berechenbarkeit, Willkür und Haftbarkeit, wie sie für diese Ära charakteristisch ist".

[55] BVerfGE 8, 51 (67/68).

[56] Zu diesem Unterschied vgl. BVerfGE 8, 104 (113) unter Gegenüberstellung von Art. 21 I und Art. 20 II GG.

auch bei Teilhabe der Parteien an staatlichen Leistungen — wichtigste Unterstützung in Form der Wahlstimme gibt oder versagt. So ist denn die Wahl Höhepunkt und Ziel des parteilichen Gegeneinander. Der Konkurrenzkampf der Parteien findet — zwar nicht zeitlich, wohl aber funktional — sein Ende. Daß er tatsächlich jedoch weitergeht, liegt an der für die Parteien sich ergebenden Notwendigkeit, sich schon jetzt für die nächste Wahl die Unterstützung der öffentlichen Meinung auf die Dauer zu verschaffen. Diese augenscheinliche Beobachtung kann aber jene Erkenntnis nicht verdrängen, daß mit der Wahlentscheidung auch in der Funktion der Parteien eine prinzipielle Spaltung eingetreten ist.

Das Volk hat die Parteien in ihren Wahlbewerbern beauftragt, seine Interessen wahrzunehmen; es hat ihnen politische Macht verliehen. Von nun an besteht die hauptsächliche Funktion der Parteien in der Verwaltung ihrer jeweiligen Machtposition. Es geht darum, den politischen Besitzstand zur Geltung zu bringen. Dieser Besitzstand ist durch das Wahlengebnis nicht nur für das gewählte Parlament verbindlich festgelegt, sondern er bestimmt auch die Stellung der Partei als soziale Gruppe und ihren Repräsentationsanspruch. So bestimmt das Wahlergebnis nicht nur im Parlament, wo die Parteien als Fraktionen ihrer dem gesellschaftlichen Bereich verhafteten Stellung entwachsen sind, ihr Stärkeverhältnis zueinander in der Sitzverteilung, in der Ausschußbesetzung und bei Redezeitbegrenzung die auf sie jeweils entfallenden Anteile[57]; sondern auch die Vertretung der Parteien in anderen Körperschaften wie z. B. Rundfunkräten wird vom Wahlausgang abhängig gemacht[58]. Dieser Bereich der Repräsentation — im Gegensatz zum Bereich des Wettbewerbs — hat den unmittelbaren Einfluß der Parteien auf die politische Gestaltung zum Gegenstand[59]. Maß-

[57] Ebenso die Zeitverteilung bei ausschnittsweisen Rundfunkübertragungen von Parlamentsdebatten, wie es auch in der Praxis gehandhabt wird.

[58] Vgl. dazu BVerfGE 12, 205 (261) sowie *Jank* DVBl 63, 46 f und *Lenz* JZ 63, 347 ff. Die Regelungen enthalten: Art. 6 BR-Gesetz; § 5 HR-Gesetz; § 8 NDR-Vertrag; § 4 SDR-Gesetz; § 16 SR-Gesetz; §§ 10, 11 SWF-Vertrag; § 8 WDR-Gesetz; §§ 3, 7 DW-DF-Gesetz; § 14 ZDF-Vertrag. Die Vertreter werden entweder von den gesellschaftlichen Gruppen direkt bestellt oder aber — um ihrer demokratischen Legitimität willen — auf Vorschlag von den Parlamenten gewählt; vgl. *Ridder*, Rundfunk, S. 39 f.

Eine besondere Stellung nehmen die Wahlausschüsse (vgl. etwa § 9 II BWG und § 4 BWO) ein. Hier ist wegen des engen Zusammenhanges ihrer Tätigkeit mit dem Wahlverfahren und zur Erzielung eines Höchstmaßes an Vertrauen in ihre Arbeit eine möglichst gleichmäßige Berücksichtigung aller an der Wahl teilnehmenden Parteien geboten. *Nass*, Wahlorgane, S. 18, nennt dies einen allgemeinen Grundsatz, für den stets die Vermutung spreche. Vgl. auch *Henke*, Parteienrecht, S. 157; *Seifert*, Kommentar, Rdn. 9 zu § 9; ausführlich *Nass*, aaO S. 16—24.

[59] *Maunz* in Maunz-Dürig, Rdn. 14 zu Art. 21.

stab ist nicht ein Gleichheitsrecht der Parteien, sondern der durch die Wahlentscheidung des Volkes errungene politische Besitzstand[60].

Chancengleichheit der Parteien gehört also zum Konkurrenzkampf der Parteien[61]. Ihr Bestehen ist die Gewähr für eine Wahlentscheidung in Freiheit. So wenig sich aber der politische Wettbewerb der Parteien mit dem offiziellen Wahlkampf begnügt, so wenig läßt sich nun auch der Grundsatz der Chancengleichheit auf Wahlverfahren oder unmittelbare Wahlvorbereitung beschränken[62]. Sachbereich der Chancengleichheit ist also der gesamte, zeitlich nicht beschränkte politische Wettbewerb[63] der Parteien einschließlich des „Vorfeldes der politischen Willensbildung"[64] — handele es sich um Wahlverfahren, Wahlzulassung, Wahlpropaganda, Wahlfinanzierung oder allgemeine Parteienfinanzierung[65].

III. Der Adressat der Chancengleichheit

1. Der Träger öffentlicher Gewalt

Als subjektives öffentliches Recht zielt der Anspruch der Parteien auf Chancengleichheit auf einen aus ihm verpflichteten Adressaten. Dieser Adressat ist für das Grundrecht des außerhalb der Staatsorganisation stehenden Subjektes „politische Partei" die staatliche Gewalt. Das bedeutet, daß alle Organe, die staatliche Gewalt — gleich in welcher Funktion — ausüben, verpflichtet sind, die Chancengleichheit der Parteien nicht zu verletzen: der Gesetzgeber (z. B. Wahlgesetzgebung, Haushaltsplan, Wahlprüfung) wie die Gerichte und insbeson-

---

[60] So auch *Weber* DöV 62, 244. Damit soll nicht ausgeschlossen werden, daß es auch für die Parteien im Parlament Gleichheitsrechte gibt. So ist zB verfassungswidrig, wenn den Abgeordneten einer bestimmten Partei trotz Erreichung der Mindeststärke die Anerkennung als Fraktion versagt wird. Vgl. dazu LT NW Drs 41 v. 26. 9. 1950 (Antrag der CDU zur Abwehr antidemokratischer Kräfte, KPD) sowie 8. Sitzg v. 27. 9. 1950, StenBer S. 167; 14. Sitzg v. 24. 1. 1951, StenBer S. 432 und 25. Sitzg v. 10. 7. 1951, StenBer S. 835. *Friesenhahn* VVDStRL 16 (1958), 19 hält den Beschluß ebenfalls für verfassungswidrig.

[61] *Heinemann* NJW 62, 889 („für ihren Kampf untereinander").

[62] Demgegenüber will *Weber* DöV 62, 245 zwischen der Tätigkeit der Parteien außerhalb und innerhalb eines Wahlkampfes unterscheiden und den Anspruch auf Chancengleichheit auf den Wahlkampf beschränken. Hiergegen mit Recht *Arndt*, Schriftsatz, S. 4 ff.

[63] Zu weit *v. d. Heydte*, Staatslexikon, Bd. 5 Sp. 374, nach dem der Grundsatz der Chancengleichheit überall dort gilt, „wo die Parteien in der Erfüllung ihrer Aufgaben und Funktionen mit dem Staat und staatlichen Normen in Berührung kommen". Danach gehörte auch der hier als Repräsentation bezeichnete Bereich zur Chancengleichheit, was aus den genannten Gründen abzulehnen ist.

[64] BVerfGE 8, 51 (68).

[65] Vgl. BVerfGE 8, 51 (63/64); *Plate* S. 36.

dere die ausführende Gewalt. Bei letzterer kann es sich um die Regierung, um Behörden der unmittelbaren Staatsverwaltung, aber auch um Träger mittelbarer Staatsverwaltung wie Gemeinden und Anstalten des öffentlichen Rechts (z. B. Rundfunkanstalten) handeln. Auch hinsichtlich der Rechtsform des Verwaltungshandelns ergibt sich kein Unterschied; sowohl die Eingriffsverwaltung als auch die sich zur Erfüllung öffentlicher Aufgaben teilweise privatrechtlicher Gestaltunggsformen bedienende Leistungsverwaltung unterliegen dieser Bindung[66]. Bei fiskalischem Verwaltungshandeln (erwerbswirtschaftliche Staatstätigkeit) ist eine Verpflichtung zur Beachtung der Chancengleichheit jedenfalls dann anzunehmen, wenn dieses Handeln in Ausübung einer faktischen Monopolstellung erfolgt[67].

Für die Frage, ob es neben der staatlichen Gewalt noch andere Adressaten der Chancengleichheit gibt, ist es nötig, sich noch einmal Sinn und Zweck der Sicherung eines freien, gleiche Chancen bietenden Wettbewerbs der Parteien zu verdeutlichen. Genauso wie die Parteien durch Art. 21 GG insgesamt nicht nur um ihrer selbst, sondern um ihrer Funktion im Willensbildungsprozeß des Volkes willen geschützt werden, ist auch die Chancengleichheit letztlich darauf zurückzuführen, dem Staatsvolk die Auswahl seiner politischen Führung in voller Freiheit zu sichern. Das Recht der Parteien auf gleichberechtigte Teilnahme am politischen Wettbewerb soll verhindern, daß Kräfte, denen ein legitimer Einfluß auf diesen Prozeß nicht zusteht, seinen Ausgang mitbestimmen. Daß von dieser Einflußnahme in erster Linie die staatlichen Organe ausgeschlossen sind, folgt schon daraus, daß die Wahl als das Ziel des Prozesses über Verbleib oder Ersetzung der bisherigen Organwalter entscheidet[68]. Insoweit jedoch, als bestimmten nichtstaatlichen Kräften ein Mitwirkungsrecht in jenem Wettbewerb eingeräumt ist, sind sie nicht Anspruchsgegner der Chancengleichheit[69]. Diese These soll noch an einigen Beispielen verdeutlicht werden.

---

[66] Vgl. *Dürig* in Maunz-Dürig, Rdn. 110 zu Art. 1; *Köttgen* DVBl 53, 488.

[67] Vgl. *Dürig* in Maunz-Dürig, Rdn. 135 zu Art. 1 mit dem Beispiel, daß der einzige große Ratskellersaal zwar der Bürgermeisterpartei, nicht aber der Gegenpartei für Wahlversammlungen vermietet wird. Vgl. auch *Wolff* I § 23 I a 3.

[68] *Ridder* JZ 62, 773.

[69] Das gleiche muß sinngemäß auch für die Wahlrechtsgrundsätze gelten. Soweit dem Grundsatz der Wahlfreiheit, der sich nach allgemeiner Ansicht gegen jedermann richtet — vgl. *Badura*, BK, Rdn. 18 zu Anh. z. Art. 38; *Hamann*, Kommentar, Art. 38 Erl. B 4; wohl auch BVerfGE 7, 63 (69) —, ausdrücklich Grundrechtsdrittwirkung zugesprochen wird — *Maunz* in Maunz-Dürig, Rdn. 47 zu Art. 38 FN 4; *Peter* S. 119 f; ablehnend *v. Mangoldt-Klein* Art. 38 Anm. III 2 a, S. 878 —, sollte berücksichtigt werden, daß die Wahlfreiheit als Begriffsmerkmal einer demokratischen Wahl auch ohne ausdrückliche Verbürgung in Verfassung oder Wahlgesetz allen äußeren Zwang von jeder Seite bei der Wahl verbietet; vgl. dazu *Ridder* JZ 62, 771.

2. Die Stellung der juristischen Personen und Verbände

Daß das Verhältnis des Staatsbürgers zu den Parteien nicht vom Grundsatz der Chancengleichheit bestimmt sein kann, versteht sich von selbst, da es gerade das wesentliche Recht des Staatsbürgers ist, unter den Parteien auszuwählen, eine bestimmte Partei zu unterstützen und in ihr Mitglied zu werden. Diese Wahl- und Mitgliedschaftsrechte fehlen den juristischen Personen des Privatrechts, Wirtschaftsorganisationen und Interessenverbänden; das bedeutet aber nicht, daß ihnen jeglicher Einfluß auf den politischen Wettbewerb genommen wäre. Auch ihnen steht das Recht auf Meinungsfreiheit zu[70], zu dessen Erscheinungsweisen auch das „durch die Tat bezeugte Bekenntnis zu einer politischen Partei, die ihr gewidmete Leistung“[71], die Spendenfreiheit[72], gehört. Das auch ihnen trotz und gerade durch Art. 21 GG belassene Mitwirkungsrecht[73] in bezug auf die Meinungsbildung des Volkes setzt die Möglichkeit voraus, Einfluß auf den Wettbewerb der Parteien zu nehmen[74]. Sie sind deshalb nicht Adressaten des Rechts auf Chancengleichheit.

3. Die Stellung der Kirchen

Eine andere Frage ist es, ob die Kirchen (und andere öffentlich-rechtliche Religionsgesellschaften) durch das Grundrecht der Parteien auf Chancengleichheit verpflichtet werden[75]. Dabei muß die Rechtsstellung der Kirchen[76] „als öffentlich-rechtliche Körperschaften eigener Art mit staatskirchenrechtlich anerkannter öffentlicher Gewalt“[77] berücksichtigt und wie folgt unterschieden werden. Wo die Kirchen auf Grund staatlich verliehener Rechte in der Form des öffentlichen Rechts tätig werden, unterstehen sie den Vorschriften, die das Handeln öffent-

---

[70] Zu seiner Funktion als Gruppengrundrecht vgl. *Dübber*, Parteifinanzierung, S. 55.

[71] *Arndt*, Plädoyer, S. 24.

[72] Bericht S. 198 unter Berufung auf die durch Art. 2 GG gewährleistete Verfügungsfreiheit. Deshalb kann auch nicht durch das Parteiengesetz den juristischen Personen und Verbänden ein Spendenverbot auferlegt werden wie *Zinn*, FR v. 31. 8. 1963 vorgeschlagen hat; vgl. *Dübber*, Parteifinanzierung, S. 54 f sowie *Plate* S. 28.

[73] Allgemeine Meinung; vgl. *Maunz* in Maunz-Dürig, Rdn. 36 zu Art. 21 m. w. N. FN 7.

[74] Ein ganz anderes Problem ist, wieweit dieses Recht durch die rechtlichen Grundlagen der Verbände und Organisationen im einzelnen eingeschränkt wird; vgl. dazu *Meilicke* NJW 59, 409 ff.

[75] Das OVG Münster hat offengelassen, ob die Kirchen durch Art. 3 GG allgemein gebunden sind, OVGE 18, 1 (15).

[76] Dazu *Dürig* in Maunz-Dürig, Rdn. 39 zu Art. 19 III.

[77] OVG Münster aaO.

licher Gewalt regeln und begrenzen[78]. Anders ist es dagegen, wenn die Kirchen — etwa in Stellungnahmen zu politischen Fragen[79] — auf Grund ihres staatlich anerkannten Öffentlichkeitsanspruchs hervortreten. Insoweit stehen sie selbständig neben dem Staat und handeln — selbst Grundrechtsträger — im Schutze des Art. 5 GG[80].

4. Parteien als Adressaten der Chancengleichheit?

Schließlich ist die Frage zu beantworten, ob die Parteien selbst verfassungsrechtlich gehalten sind, die Chancengleichheit aller Parteien zu beachten. Eine solche Bindung wird von einigen Autoren ohne nähere Begründung vertreten[81]. Nach *Peter*[82] ist es in einem Parteienstaat, der die für die Bildung und das Funktionieren der Staatsorgane unentbehrliche Rolle der Parteien rechtlich anerkennt, „nur folgerichtig, das Mitwirkungsrecht des Art. 21 I 1 GG auch auf die Beziehungen zwischen den sich zur Wahl stellenden Parteien zu erstrecken und die Beziehungen als ein Rechtsverhältnis zu betrachten". Die Parteiengleichheit sei ein Grundprinzip einer rechtlichen „Wettkampfordnung" für die Parteien. Demgegenüber lehnt *Mahrenholz*[83] es ausdrücklich ab, die Parteien selbst als Adressaten der Parteienfreiheit anzusehen.

Die Antwort hat davon auszugehen, daß es untrennbar zum politischen Wettkampf gehört, die Wahlchancen anderer Parteien zugunsten der eigenen zu mindern. Die Schädigung des parteipolitischen Gegners ist legitimer Bestandteil des Handelns der Parteien im Wettbewerb[84]; die Freiheit des Parteiwirkens umfaßt auch die Anwendung nutzbringender Taktiken. Eine Bindung der sich bekämpfenden Parteien an Gleichheitsrechte des Gegners ist deshalb grundsätzlich systemwidrig.

---

[78] Vgl. *Mikat* S. 22. So verstieße es zB gegen die Chancengleichheit der Parteien, wenn eine Kirche zugunsten einer bestimmten Partei darauf verzichtete, von den Angehörigen dieser Partei Kirchensteuern zu erheben; aber auch, wenn Teile des Kirchensteueraufkommens an eine bestimmte Partei weitergeleitet würden.

[79] Vgl. zur Zulässigkeit kirchlicher Wahlbeeinflussung OVG Münster E 18, 1—15 — dazu ablehnend *Pitzer* DVBl 63, 118/19 und im Ergebnis zustimmend *Ridder* JZ 62, 771—775 — und BVerwGE 18, 14—17. Beide Gerichte haben eine Verletzung der Wahlfreiheit zurecht verneint.

[80] BVerwG aaO S. 15/16; *Ridder* JZ 62, 773.

[81] *v. d. Heydte-Sacherl* S. 103, darauf sich berufend *Seifert*, Kommentar, Rdn. 29 zu Art. 38. Auch *Schüle*, S. 118, erstreckt offenbar die Chancengleichheit auf das Verhältnis der Parteien zueinander. Demgegenüber läßt *Hesse*, VVDStRL 17 (1959), 29, der im übrigen den Status der Freiheit und den der Gleichheit der Parteien unterscheidet, nur den Grundsatz der Parteienfreiheit gelten „auch gegenüber jenen Mächten, die der Funktion der Parteien ... gefährlicher werden können als der Staat selbst".

[82] S. 136.

[83] S. 102 f.

[84] Ebenso *Peter* S. 137; dazu auch *Schneider* S. 124.

Damit ist noch nichts gegen das Bestehen und die Notwendigkeit einer Wettkampfordnung für die Parteien gesagt. Es ist jedoch eine von dem bisherigen Versuch, den Adressaten des subjektiven Rechts auf Chancengleichheit zu bestimmen, zu trennende Frage, ob nicht auch für den Wettbewerb der Parteien untereinander rechtliche Grenzen bestehen. Dieser Wettkampfordnung ist nicht ein Anspruch auf Gleichheit, sondern ein Anspruch auf Erhaltung des Wettbewerbs in Freiheit zugrunde zu legen. Außerhalb der durch das Strafgesetz[85] gezogenen Grenzen sind die Schranken ähnlich wie im wirtschaftlichen Wettbewerbsrecht[86] zu ziehen: gegenüber einem Handeln, das darauf gerichtet ist, den Wettbewerb insgesamt zu beschränken oder aber durch unlautere Wettbewerbshandlungen zu vergiften. Zu denken wäre in diesem Zusammenhang an gewisse Praktiken[87], die unter dem Gesichtspunkt eines durch Kartellabsprachen nicht verfälschten Wettbewerbs Aufmerksamkeit erfordern könnten: das Zusammenwirken zweier oder mehrerer Parteien gegenüber einer oder mehrerer anderer Parteien in Form von Wahlkampfabkommen[88], Wahlabsprachen[89] oder Koalitionsvereinbarungen[90]. Soweit hier nicht der Gesetzgeber Schran-

---

[85] Eine Grenze enthält das Strafgesetzbuch mit den Wahldelikten (§§ 107—108 b StGB) und den Beleidigungstatbeständen (§§ 185—187 StGB).

[86] Vgl. das Gesetz gegen Wettbewerbsbeschränkungen v. 27. 7. 1957 (BGBl I, 1081) und das Gesetz gegen den unlauteren Wettbewerb v. 7. 6. 1909 (RGBl 499). Diesen Vergleich deutet auch *Krüger*, Staaslehre, S. 372/73 an.

[87] Nicht hierher gehört das Handeln der Parteien im Parlament, da es sich dabei um die Ausübung öffentlicher Gewalt durch Teile des Staatsorgans Bundestag bzw. Landtag handelt.

[88] Nach dem Beispiel des Wahlkampfabkommens zwischen CDU, CSU, FDP und SPD v. 9. 1. 1965 — abgedruckt: ROP S. 120 621 und AöR 90 (1965), 81 mit einer Vorbemerkung von *Schüle;* Zusatzabkommen v. 6. 5. 1965 betr. Einrichtung einer Schiedsstelle, ROP S. 120 625 und AöR 90 (1965) 236; vorher Testabkommen im Saarland 1964, ROP S. 127 621 — insbesondere Vereinbarungen über die Begrenzung des Wahlkampfes hinsichtlich Dauer, Aufwand an Geld und Werbemitteln sowie seines politischen Stiles. Verpflichtet werden jedoch allenfalls die Vertragspartner. Außenwirkungen ergeben sich nicht; Verzicht auf Wahlkampf kann nicht Rechte anderer Parteien berühren. Handeln öffentlicher Gewalt (Rundfunkanstalten, Ordnungsbehörden), das den Inhalt solcher Abkommen zum Maßstab nimmt, ist ggf. selbständig angreifbar.

Zur Frage des Wahlkampfabkommens vgl. neuestens *Zweigert*, Leibholz-Festschrift II, S. 367 ff.

[89] Wahlabsprachen sind nach geltendem Bundeswahlrecht nur als Aussparungsabkommen möglich, bei denen eine Partei zugunsten einer anderen in bestimmtem Umfang auf die Einreichung eigener Wahlvorschläge verzichtet. Damit ist es aber einer dritten Partei nicht verwehrt, eigene Wahlbewerber aufzustellen und die Stimmen ihrer Anhänger zu gewinnen. Ausführlich dazu die Dissertation von *Peter*.

[90] Die von *Schüle* S. 118, gegenüber den Ausschließlichkeitsklauseln (zB Verpflichtung der Partner, Koalitionsangebote von dritter Seite abzulehnen) geäußerten Bedenken vermögen nur für den Fall zu überzeugen, daß die Geltungsdauer solcher Abreden über die jeweilige Legislaturperiode hinaus-

ken gesetzt hat[91], sind solche Vereinbarungen als Ausfluß der Parteienfreiheit in aller Regel zulässig. Als mit dem Prinzip eines freien Wettbewerbs unvereinbar lassen sich nur äußerste Mißbrauchstatbestände verwerfen[92].

---

reichen soll. Das wird selten der Fall sein; während der laufenden Legislaturperiode hat aber keine Oppositionspartei ein Recht darauf, in die Regierung aufgenommen zu werden. — Zum Rechtscharakter der Koalitionsabkommen vgl. auch *Kewenig* AöR 90 (1965), 182 ff und *Weber-Timmermann*, Der Koalitionsvertrag.

[91] § 7 I BWG läßt zB nur einparteiige Listenverbindungen zu; nach § 19 I BWG können Wahlvorschläge nicht von Parteienverbindungen eingereicht werden.

[92] So ist an den Fall zu denken, daß eine Partei nur in Wahlkreisen, eine andere nur in der Landeslistenwahl auftritt. Die Wähler könnten ihre Erst- und Zweitstimmen auf beide Parteien verteilen, ohne daß es zu einer Anrechnung der Wahlkreismandate auf die Landesliste nach § 6 II 1 BWG käme; vgl. *Seifert*, Kommentar, Rdn. 8 zu § 19. Ein anderer Fall mißbräuchlicher Parteivereinbarung wäre es, wenn im Rahmen eines Mehrheitswahlrechts mit Einerwahlkreisen zwei Parteien ein das ganze Wahlgebiet umfassendes Aussparungsabkommen abschlössen, um dadurch eine dritte Partei systematisch auszuschalten; vgl. dazu *Peter* S. 137 FN 19.

§ 7: Inhalt, Umfang und Durchbrechung der Chancengleichheit

I. Der Inhalt der Chancengleichheit

In tatsächlicher Hinsicht bestehen teilweise erhebliche Unterschiede zwischen den politischen Parteien. Die Verschiedenartigkeit der Geschichte, der Struktur, der Organisation, der Größe und nicht zuletzt der finanziellen Kraft bestimmt das äußere Bild, aber auch die Chancen der Parteien im Wahlkampf und ihren Einfluß im ständigen Prozeß der Meinungsbildung. Von diesem soziologischen Befund ausgehend haben in den Diskussionen um das künftige Parteiengesetz — namentlich im Zusammenhang mit der Frage der Parteienfinanzierung — mehrfach Politiker erklärt, es bestehe in Wirklichkeit zwischen den Parteien keine Chancengleichheit[1]. Dieser Hinweis auf die Schlechterstellung der eigenen Partei enthält implizit die Behauptung, die vom Grundgesetz geforderte Chancengleichheit der Parteien sei verletzt und müsse durch eine ausgleichende Maßnahme des Gesetzgebers wiederhergestellt werden. Chancengleichheit wird hier gleichsam als ein von der Verfassung erstrebter idealer Gleichgewichtszustand zwischen den Parteien angesehen[2]; Maßnahmen, die ihn — auf dem den Gegner bisher begünstigenden Bereich — zu erreichen helfen, sollen dem Recht auf Chancengleichheit entsprechen.

Diese politische Deutung der Chancengleichheit verkennt das Wesen der Parteien als frei zu bildender, in Bestand und Entwicklung rechtlich ungesicherter konkurrierender Gruppen. Jene genannten unterschiedlichen tatsächlichen Ausgangschancen sind das Produkt des freien gesellschaftlichen Kräftespiels, das jedem staatlichen Handeln vorgegeben ist und von ihm respektiert werden muß[3]. Der Rechtsanspruch

---

[1] Vgl. bei der ersten Lesung des PartGEntwReg im BT, 104. Sitzg v. 19. 2. 1960 die Abg. *Even*, StenBer S. 5637 C, *Bucher* aaO S. 5644 B, *Burgbacher* aaO S. 5654 B, *Barzel* aaO S. 5654 D und 5655 C. Bei der ersten Lesung des PartGEntwKoal und des PartGEntwSPD der Abg. Burgbacher in der 170. Sitzg v. 10. 3. 1965, StenBer S. 8573 A und 8574 A; derselbe auch Der Spiegel Nr. 6 v. 3. 2. 1965, S. 27.

[2] Vgl. *Bucher*, BT 104. Sitzg v. 19. 2. 1960, StenBer S. 5644 C: „Chancengleichheit bedeutet doch, daß alle Parteien dieselbe Wirkungsmöglichkeit auf den Wähler haben sollen." Auch von den Verfechtern des Mehrheitswahlsystems wird gelegentlich damit argumentiert, daß bei der Verhältniswahl ungleiche Wettbewerbschancen bestünden; vgl. *Unkelbach* S. 59.

[3] Vgl. *Henke*, Parteienrecht, S. 189: „Die Parteien müssen also nicht alle gleich stark sein, sondern sie müssen alle die gleiche Chance haben stärker zu werden."

der Parteien kann nur die Gleichheit der Parteien im Recht, nicht aber durch das Recht beinhalten[4]. Chancengleichheit bedeutet deshalb: das Recht der Parteien gegenüber staatlichem Handeln auf Nichtbeeinträchtigung ihrer (unterschiedlichen) faktischen Ausgangspositionen. Insofern hängt die Chancengleichheit mit der Parteienfreiheit zusammen[5].

Daraus folgt, daß alle Maßnahmen unzulässig sind, die die Ungleichheit der „natürlichen" Startchancen verschärfen, indem z. B. kleine Parteien benachteiligt oder (und) große Parteien begünstigt werden. Auf der anderen Seite darf aber auch von Staats wegen ein ausgleichender Einfluß auf das parteipolitische Kräftesystem nicht ausgeübt werden. Wenn das BVerfG im zweiten Parteispendenurteil[6] festgestellt hat, der Gesetzgeber sei nicht verpflichtet, bestehende faktische, auf der unterschiedlichen soziologischen Struktur der Parteien beruhende Verschiedenheiten der Wettbewerbschancen auszugleichen[7], so ist damit nur die halbe Wahrheit ausgedrückt. Der Gesetzgeber ist hierzu nämlich gar nicht befugt. Denn jede Begünstigung von der „Natur" benachteiligter Parteien, z. B. von Splitterparteien, verstößt gegen das Recht der größeren Parteien auf Chancengleichheit, das gegen jede staatliche Veränderung der Wettbewerbslage schützt[8].

II. Der Umfang der Chancengleichheit

1. Der Begriff der Gleichheit

Gleichheit ist im logischen Sinne zu unterscheiden von Identität. Ist diese die Aussage über einen einzigen Gegenstand, so erfordert jene notwendig mindestens zwei verschiedene und nur deshalb vergleichbare Gegenstände. Weil Gleichheit aber eine Beziehung zwischen mindestens in einem Merkmal nicht übereinstimmenden Objekten ist, kann

---

[4] Mit Recht betont *Hesse* AöR 77 (1951/52), 181, daß jene Tendenz zur schematisch-materiellen Gleichheit durch das Recht im Bereich des Parteiwesens zur Aufhebung seiner Freiheit führen würde.

[5] Dies betonen zu Recht *Peter* S. 134 und die dort FN 9 Genannten. Die von *Fuß* JZ 59, 394, auf der Grundlage der Parteienfreiheit entwickelte Konzeption der phasenweisen Verschärfung der Qualifikationsvoraussetzungen für das Parteiwirken vermag jedoch für die Gleichbehandlungsproblematik keine festen Maßstäbe zu liefern.

[6] BVerfGE 8, 51 (67); ebenso 14, 121 (134) und 20, 56 (100, 118) sowie *Ridder*, Böhm-Festschrift, S. 38.

[7] *Arndt*, Plädoyer, S. 27 hat die Frage mit einem Hinweis auf das Sozialstaatsprinzip offengelassen.

[8] Deshalb kann *Plate* S. 36/37 nicht gefolgt werden: „Darüber hinaus hat der Staat die Pflicht, die Gleichbehandlung dadurch zu sichern, daß er sich bemüht, eine Chancenungleichheit im Wettbewerb der Parteien zu beseitigen."

sie ihrem Wesen nach nur relative Gleichheit sein; absolute Gleichheit wäre Identität[9]. Zwei Objekte sind also nur gleich hinsichtlich bestimmter Merkmale. Entscheidend ist der Vergleichsgesichtspunkt, das tertium comparationis[10]. Je nach seiner Wahl können zwei Dinge als gleich oder ungleich bezeichnet werden. Eine Gleichsetzung generalisiert um so mehr, je weniger Gemeinsamkeiten der Vergleichsobjekte gegeben sind, auf denen sie beruht, d. h. je mehr von den Besonderheiten abgesehen wird. Diese Abstraktion kann ein solches Ausmaß annehmen, daß von einer schematischen Gleichheit zu sprechen ist[11]. Der Endpunkt ist erreicht, wenn zwei Dinge, die nur wenige Eigenschaften oder gar eine einzige Eigenschaft gemeinsam haben, daraufhin auch in allen anderen Beziehungen als gleich angesehen werden und daran ihre völlige Gleichbehandlung geknüpft wird. In diesem Fall entspricht die schematische Gleichheit der arithmetischen Gleichheit im Sinne der aristotelischen Unterscheidung[12]. Bestimmt wird der Vergleichsgesichtspunkt nicht durch die zu vergleichenden Objekte selbst, sondern durch den subjektiven Standpunkt des Vergleichenden. Seine Vorstellung von den wesentlichen und unwesentlichen Merkmalen gibt den Ausschlag[13].

Rechtliche Gleichheit ist das Verhältnis zwischen zwei oder mehreren Tatbeständen, das die verfassungsmäßig gebotene Folge nach sich zieht, daß diese Tatbestände rechtlich gleich zu behandeln sind. Entscheidend bleibt auch hier die Frage nach den gleichen Tatbeständen[14]. Auch für das rechtliche Gleichheitsgebot kommt es also auf die ihm zugrunde liegenden Wertungen und allgemeinen Rechtsüberzeugungen an.

2. Entwicklung und Deutung der Wahlgleichheit

Der Wandel von der liberalen Honoratiorendemokratie zur egalitären Massendemokratie ist die Geschichte der Ausschaltung bestimmter Vergleichsgesichtspunkte bei der Frage, inwieweit die Menschen gleich sind und gleiche Rechte haben sollen[15]. Am Anfang der seit der Französischen Revolution in Europa wirksamen Geschichte des Gleichheitssatzes stand die revolutionäre demokratisch-politische Gleichheit im

---

[9] Vgl. *Nef* S. 10 ff, 20; *Hesse* AöR 77 (1951/52)), 173; *Böckenförde* S. 67 f; H. *Schröder* S. 62, 65.

[10] *Böckenförde* ebda; H. *Schröder* S. 70.

[11] *Hesse* AöR 77 (1951/52), 176; *Böckenförde* S. 70; vgl. auch H. *Schröder* ebda.

[12] Vgl. *Böckenförde* ebda; *H. Schröder* S. 229 f.

[13] *Hesse* AöR 77 (1951/52), 174 spricht treffend vom „maßgeblichen Reflexionsgesichtspunkt"; vgl. auch *Nef* S. 28.

[14] *Hesse*, aaO, S. 176.

[15] Vgl. *Leibholz*, Demokratie, S. 148 f.

Kampf gegen Standesunterschiede. Das in Deutschland im letzten Jahrhundert eingegangene Bündnis von liberalem bürgerlichen Rechtsstaat und demokratischem Gedanken nahm diesem zeitweise seine radikale Komponente, setzte aber den Beginn der stufenweisen Ausweitung der Gleichheitsforderung: von der formal-rechtsstaatlichen Rechtsanwendungsgleichheit zur materiellen Rechtssetzungsgleichheit bis endlich hin zur richterlichen Kontrolle der Gleichheitsbindung des Gesetzgebers. Daneben vollzog sich ein Prozeß der Egalisierung, der sich beim allgemeinen Gleichheitssatz in den Differenzierungsverboten der Artikel 109 I und III WRV und 3 III GG niederschlug.

Radikaler und augenscheinlicher ist jedoch dieser Egalisierungsprozeß der rechtlichen Gleichheit im politischen Bereich, der Wahlrechtsgleichheit. War es mit den liberalen Gleichheitsvorstellungen des 19. Jahrhunderts vereinbar, große Teile des Volkes von der Beteiligung an den Wahlen auszuschließen oder ihnen nur ein abgestuftes Stimmrecht zu gewähren, weil auf Grund der Vergleichsgesichtspunkte Bildung, Besitz, Leistung, Geschlecht, Alter usw. die Menschen eben ungleich sind, so wurden mit der Zeit diese Maßstäbe als undemokratisch angesehen[16]. In dem Maße, in dem sie nicht mehr anerkannt wurden, zeigte sich eine Ungleichbehandlung von Gleichen. Die Folge waren Abschaffung des Zensus- und Pluralwahlrechts, Herabsetzung des Wahlalters, Einführung des Frauenstimmrechts und der Verhältniswahl.

Ihren Abschluß in der rechtlichen Anerkennung hat diese Entwicklung für das Wahlrecht bereits unter der Weimarer Reichsverfassung gefunden, indem der StGH dem Grundsatz der Wahlgleichheit (Art. 17 I, 22 I WRV) eine gegenüber dem Gleichheitssatz des Art. 109 I WRV erweiterte Bedeutung zusprach. Der StGH deutete die Wahlgleichheit formal und erklärte, daß damit für irgendwelche Bewertungen kein Raum mehr gelassen sei[17].

Für unser gegenwärtiges Verfassungsrecht ist die Selbständigkeit der Wahlgleichheit (Art. 38 I 1, 28 I 2 GG) gegenüber dem allgemeinen Gleichheitssatz (Art. 3 I GG) von Rechtsprechung und Lehre fast allgemein anerkannt worden. Der Umfang der Wahlgleichheit stellt sich somit wie folgt dar: Der Grundsatz der Gleichheit der Wahl ist ein An-

---

[16] Über den Schwund des repräsentationsbegründenden legitimierenden Charakters dieser Wahlverfahren vgl. *Leibholz*, Grundlagen, S. 11 ff.

[17] L-S I, 329 (337); 341 (348); 398 (406); II, 136 (145). Diese grundsätzliche Auffassung hat das Gericht auch nicht in der Entscheidung über das preußische Wahlgesetz aufgegeben. Die dortige Kursänderung des StGH betraf vielmehr die Frage, inwieweit Abweichungen von dieser formalen Wahlgleichheit gerechtfertigt sein könnten; vgl. L-S IV, 131 (136 f, 139 f). Dazu oben S. 29.

wendungsfall des allgemeinen Gleichheitssatzes[18]. Von diesem unterscheidet er sich jedoch dadurch, daß er den Ermessensspielraum des Gesetzgebers bei der Anwendung des Gleichheitssatzes (Willkürverbot) einengt, indem er eine schematische Gleichbehandlung aller Staatsbürger fordert. Jeder Wahlberechtigte soll sein Wahlrecht in möglichst gleicher Weise ausüben können[19]. Das bedeutet, daß jeder Stimme bei der Wahl die gleiche Kraft — bei der Verhältniswahl: gleicher Zähl- und Erfolgswert, bei der Mehrheitswahl: gleicher Zählwert und gleiche Erfolgschance[20] — zukommen muß. Vergleichsgesichtspunkt ist für die Wahlgleichheit grundsätzlich nur die Staatsbürgerschaft[21].

3. Die Formalisierung der Chancengleichheit

Ist die Wahlgleichheit die Konkretisierung des allgemeinen Gleichheitssatzes für den Bereich der parlamentarischen Wahl, so enthält der Grundsatz der Chancengleichheit der Parteien eine Erweiterung der Wahlgleichheit, indem er über den Bereich der Wahl hinaus den gesamten politischen Wettbewerb der Parteien umfaßt. Für die auch von Art. 38 GG getragene Wahlchancengleichheit der Parteien ergibt sich der formale Charakter aus der Deutung der Wahlgleichheit[22]. Die Parteien haben im Zusammenhang mit der Wahl Funktionen übernommen, die früher nur vom einzelnen Bürger kraft seines Wahlrechts ausgeübt werden konnten (Wahlvorschlagsrecht). Wie das aktive und passive Wahlrecht dem Staatsbürger als Staatsbürger zukommt, ist das Mitwirkungsrecht der Parteien, das nur in Freiheit und Gleichheit ausgeübt werden kann, an ihren Status als Partei geknüpft[23]. Damit aber ist die Parteieigenschaft der ausschließliche Vergleichs-

---

18 BVerfGE 1, 208 (242); 4, 31 (39); durchgehend bis 13, 243 (246); *Leibholz*, Sperrklauseln, S. 43; Grundlagen S. 28; *Rinck* DVBl 58, 222; *Seifert*, Kommentar, Rdn. 22 zu Art. 38 mwN; *Badura*, BK, Rdn. 9 zu Anh. z. Art. 38. a.A. *v. Mangoldt-Klein* Art. 38 Anm. III 2 f, S. 883.

19 BVerfGE 12, 73 (77) mwN; 13, 243 (247); 16, 130 (136); a.A. *v. Wachter* S. 208 ff u. *Unland* S. 80 (Willkürverbot).

20 Vgl. dazu *Maunz* in Maunz-Dürig Rdn. 48 FN 3 zu Art. 38; *Seifert*, Kommentar, Rdn. 23 zu Art. 38.

21 *Maunz* in Maunz-Dürig, Rdn. 49 zu Art. 38. Vgl. auch *Hesses* Kritik AöR 77 (1951/52), 189, an der Auffassung Carl *Schmitts* (Verfassungslehre S. 234), daß die Volkszugehörigkeit (nationale Homogenität) der eigentliche Bezugspunkt politischer Gleichheit sei.

22 So auch *Peter* S. 135: „Als Recht auf chancengleiche Wahlbeteiligung ist die Parteiengleichheit — entsprechend der Wählergleichheit — formalisiert."

23 Vgl. *Hesse* VVDStRL 17 (1959), 36. Dabei handelt es sich nicht um eine Frage der Gerechtigkeit, sondern darum, daß der demokratische Willensbildungsprozeß nicht durch staatliche Einflußnahme verfälscht wird. Dies betont zu Recht *Henke*, Parteienrecht, S. 188; deshalb geht der Einwand *Schubachs* S. 56 fehl, daß es der Gerechtigkeit widerspräche, wenn alle Parteien in gleichem Umfange die ihnen eingeräumten Möglichkeiten nutzen könnten; ähnlich *Fuß* JZ 59 395. *Leibholz*, Sperrklauseln, S. 45 spricht im Zusammenhang mit der Wahlgleichheit von einer formalisierten „demokratischen Gerechtigkeitsgleichheit".

gesichtspunkt zur Anknüpfung von Rechtsfolgen[24]. So wie beim Wahlrecht des Bürgers Eigenschaften, die in seiner Person liegen, eine Ungleichbehandlung nicht rechtfertigen können, wird die Chancengleichheit der Parteien bei der Wahl verletzt, wenn ein Träger öffentlicher Gewalt auf Grund bestimmter Einzelunterschiede zwischen den Parteien differenziert. Das gilt nicht nur für Ungleichbehandlungen auf Grund qualitativer Unterschiede (z. B. Bekämpfung angeblich radikaler Tendenzen in einer Partei), sondern auch für Differenzierungen, die sich auf quantitative Unterschiede wie ein vorhergehendes Wahlergebnis berufen. Ein in der Vergangenheit liegendes Wahlergebnis ist ein unzulässiger Vergleichsgesichtspunkt für Parteien, die sich im Wettbewerb um die Gewinnung der nächsten Wahlen befinden. Es widerspricht einer freien demokratischen Entscheidung, eine Partei bei der Zulassung zur Wahl oder zur Wahlpropaganda mit ihrem früheren Mißerfolg zu belasten bzw. einer anderen Partei wegen früherer Erfolge zukunftswirkende Vorteile einzuräumen[25].

Aber auch über den Bereich der Wahl hinaus trägt die Chancengleichheit der Parteien einen formalen Charakter[26]. Im demokratischen Staat hängt die Legitimität der Herrschaftsbestellung nicht nur von der Verfassungsmäßigkeit des Wahlakts ab. Läßt sich schon der Bereich der Wahl nicht scharf abgrenzen[27], so zeigen die mit der Rundfunkpropaganda und Parteienfinanzierung zusammenhängenden Fragen, welche „Weichenstellungen" schon im Vorfeld der Wahlentscheidung vorgenommen werden können. Auch hier ist das Wirken der Parteien bereits Teil der politischen Willensbildung und wirksam für die Wahlentscheidung. Mit Recht hat deshalb das BVerfG betont: „Das Recht auf Teilhabe an der politischen Willensbildung äußert sich in der lebendigen Demokratie nicht nur in der Stimmabgabe bei den Wahlen, sondern auch in der Einflußnahme auf den ständigen Prozeß der politischen Meinungsbildung. Aus diesem Grunde ist der Gleichheitssatz

---

[24] Die Parteien sind also bereits von Verfassungs wegen rechtlich gleichgestellt und deshalb formal gleich zu behandeln, nicht aber erst — wie *Fuß* JZ 59, 395 meint — dann, wenn besondere vom Gesetzgeber zu bestimmende Vergleichstatbestände keinen Unterschied aufweisen; andernfalls bedürfte der allgemeine Gleichheitssatz in der Tat keiner Ergänzung durch die formale Chancengleichheit.

[25] *Weber* DöV 62, 245 spricht treffend davon, daß es sich bei Neuwahlen „gerade darum handelt, im freien und nicht präjudizierten Wettbewerb gegenüber dem letzten Wahlergebnis neue Positionen zu erringen".

[26] BVerfGE 8, 51 (68); 14, 121 (132).

[27] Das BVerfG hat zunächst Wahlvorgang und Wahlvorbereitung (Zulassung) gleichbehandelt, BVerfGE 4, 375 (387); dann hat es auch die Wahlpropaganda in die Wahlvorbereitung einbezogen, BVerfGE 7, 99 (107), ohne jedoch eine Abgrenzung zur allgemeinen Werbung der Parteien im Rundfunk gefunden zu haben; vgl. BVerfGE 13, 204 (205).

nicht nur im Bereich des Wahlrechts im engeren Sinne, sondern auch in diesem Vorfeld der politischen Willensbildung streng formal zu verstehen[28]." Die Parteien sind also auch in dem der Wahl vorausliegenden „Vorfeld" formal gleich zu behandeln[29]. Der Spielraum des Gesetzgebers ist so erheblich eingeengt[30], daß Ungleichbehandlungen nicht mehr möglich sind, ohne die Chancengleichheit zu durchbrechen. Nicht Willkürverbot, sondern schematische Gleichheit kennzeichnet den Umfang der Chancengleichheit der Parteien[31].

Damit steht nun nicht in Widerspruch, wenn das BVerfG unter Betonung der übergeordneten Bedeutung des allgemeinen Gleichheitssatzes[32] in bestimmten Fällen von der schematischen Gleichbehandlung der Parteien abweicht. Denn hierbei handelt es sich nicht um Inhaltsbestimmungen[33], sondern um besonders zu rechtfertigende Ausnahmen[34]. Inwieweit solche Durchbrechungen mit dem formalen Charakter der Chancengleichheit vereinbar sind, wird noch zu untersuchen sein. Ein logischer Widerspruch ergibt sich jedoch nicht von vornherein, da auch die schematische Chancengleichheit nicht als eine mathematisch-logische, sondern als Rechtsgleichheit zu verstehen ist[35].

III. Die Durchbrechung der Chancengleichheit

1. Die Rechtsprechung des Bundesverfassungsgerichts

Wie die allgemeine Begründung des Grundsatzes der Chancengleichheit der Parteien, so ist auch die Frage seiner Anwendung und Durchbrechung vom BVerfG an Hand verschiedener Einzelfälle entwickelt

---

[28] BVerfGE 14, 121 (132) unter Hinweis auf 8, 51 (68); vgl. auch 20, 56 (116 f). Folgerichtig hat das BVerfG auch einen formalen Gleichheitsanspruch des einzelnen Staatsbürgers für den gesamten politischen Prozeß anerkannt, BVerfGE 8, 51 (68 f). Zum Recht des einzelnen Wahlbewerbers auf chancengleiche Teilnahme an der Wahlvorbereitung BVerfGE 7, 63 (70) und 18, 151 (154); *Rinck* DVBl 58, 226 und JöR 10 (1961), 300; *Maunz* in Maunz-Dürig, Rdn. 51 zu Art. 38 mwN.

[29] Vgl. *Seifert*, Kommentar, Rdn. 29 zu Art. 38; *Badura*, BK, Rdn. 9 zu Anh. z. Art. 38; *Weber* DöV 62, 243; *Plate* S. 36.

[30] *Friesenhahn*, Verfassungsgerichtsbarkeit, S. 155.

[31] Vgl. *Forsthoff* AöR 76 (1950), 374; *Rinck* DVBl 58, 224 und JöR 10 (1961), 300; *Hesse* VVDStRL 17 (1959), 36; O. *Schröder* S. 34 f; *Plate* S. 39.

[32] So zB BVerfGE 4, 375 (382); vgl. auch *Leibholz*, Sperrklauseln, S. 44; Grundlagen S. 28.

[33] Das wird offenbar von *Schubach* S. 56 f verkannt.

[34] Vgl. BVerfGE 1, 242 (248, 255); 4, 31 (40); 4, 375 (383); 6, 273 (280); 8, 51 (65); 14, 121 (133); mißverständlich BVerfGE 3, 19 (27); 6, 84 (91), 6, 104 (112) und 11, 266 (272). Wie hier auch *Rinck* DVBl 58, 224 f und JöR 10 (1961), 300 f; *Hesse* VVDStRL 17 (1959), 37; *Plate* S. 39.

[35] Vgl. *Leibholz*, Grundlagen, S. 15; *Seifert*, Kommentar, Rdn. 23 zu Art. 38.

worden[36]. Die unausbleibliche Folge ist auch hier wieder ein gewisser Mangel an Einheitlichkeit[37] in bezug auf die für zulässig erachteten Ausnahmen von der grundsätzlichen Chancengleichheit. Allgemein ist jedoch die Feststellung, daß Ausnahmen bzw. Durchbrechungen der Chancengleichheit der Parteien — wie auch der Wahlgleichheit — einer „besonderen Rechtfertigung"[38] bedürfen, einen „*besonderen* rechtfertigenden Grund"[39] verlangen.

Für die genauere Umschreibung dieser besonderen Rechtfertigung verwendet das BVerfG unterschiedliche Formulierungen. So fordert es einen „zwingenden Grund"[40], „zwingende Gründe"[41], einen „besonderen zwingenden Grund"[42], „besondere zwingende Gründe"[43] oder nur einen „besonderen Grund"[44]. Es läßt Ausnahmen zu, „soweit dies zur Sicherung des Charakters der Wahl als eines Integrationsvorganges bei der politischen Willensbildung des Volkes, im Interesse der Einheitlichkeit des ganzen Wahlsystems und zur Sicherung der mit der Parlamentswahl verfolgten staatspolitischen Ziele *unbedingt erforderlich* (Verf.) ist ..."[45] und „weil Zweck und Natur des Wahlverfahrens sie *zwingend erfordern* (Verf.) ..."[46]. Es erklärt eine Differenzierung für „nur insoweit mit dem Grundsatz der gleichen Wahl vereinbar, als sie die *notwendige Folge* (Verf.) des besonderen Charakters der personalisierten Verhältniswahl ist"[47]. Ferner verweist das Gericht zur Rechtfertigung einer Durchbrechung der formalen Chancengleichheit auf „andere, aus der Verfassungsstruktur sich ergebende verfassungsrechtliche Gründe"[48], sowie schließlich auch auf „besonders wichtige Gründe"[49] bzw. auf einen „besonders wichtigen Grund"[50].

---

[36] Vgl. dazu oben S. 39 ff, 48 ff, 56 ff.

[37] Dazu auch oben S. 64.

[38] BVerfGE 4, 375 (383).

[39] BVerfGE 11, 266 (272); 11, 351 (361); 12, 10 (25); 12, 73 (77); 13, 1 (12); 13, 243 (247).

[40] BVerfGE 1, 208 (249); 8, 51 (67); 12, 10 (29).

[41] BVerfGE 1, 208 (255); 8, 51 (69).

[42] BVerfGE 8, 51 (65); 14, 121 (133); 20, 56 (116 f).

[43] BVerfGE 1, 208 (209).

[44] BVerfGE 12, 10 (28). Die Ausdrücke „zureichender Grund" — BVerfGE 4, 31 (40); 6, 104 (112); 6, 121 (130) — und „rechtfertigender Grund" — BVerfGE 12, 135 (138) — enthalten dagegen selbst keinen Maßstab, sondern sagen nur etwas aus über die Anerkennung eines anderen Maßstabes.

[45] BVerfGE 6, 84 (93) unter Hinweis auf StGH L-S 4, 136 (137, 139).

[46] BVerfGE 13, 243 (247) unter Hinweis auf 4, 31 (39 f) und 4, 375 (382 f).

[47] BVerfGE 16, 130 (140).

[48] BVerfGE 6, 273 (280).

[49] BVerfGE 14, 121 (134, 135, 137).

[50] BVerfGE 14, 121 (136); dort auch einmal die Formulierung „wichtiger Grund".

In einigen Entscheidungen wird jedoch auch abgestellt auf einen „zureichenden, aus der Natur der Sache sich ergebenden Grund“[51], auf Begriffe wie „sachgemäß“[52], „nicht sachwidrig“[53] und „nicht willkürlich“[54]. Diese letzten Formulierungen sind jedoch in einer methodischen Zweigleisigkeit begründet. Neben der hier begründeten und vom BVerfG allgemein vertretenen Auffassung von der formalisierten — d. h. grundsätzlich auch bloß sachgemäße Differenzierungen ausschließenden — Chancengleichheit findet sich an den oben genannten Stellen ein anderer Ansatz: ausgehend vom allgemeinen Gleichheitssatz wird der Begriff der sachgemäßen Differenzierung im Hinblick auf den besonderen Sachbereich Wahlen derart verengt, daß als sachgemäß nur noch die eigentlichen Durchbrechungen der Chancengleichheit (aus zwingenden Gründen) angesehen werden. Die hier sichtbare dogmatische Abweichung führt neben ihrer Inkonsequenz überdies dann zu Mißverständnissen, wenn nicht deutlich genug zum Ausdruck kommt, daß die Begriffe „sachgemäß“, „nicht sachwidrig“ oder „nicht willkürlich“ im Bereiche des Wahlrechts und der Chancengleichheit eine andere — engere — Bedeutung haben sollen als im Bereich des allgemeinen Gleichheitssatzes[55].

Im Ergebnis bleibt festzuhalten: Das BVerfG verwendet verschiedene Begriffe zur Rechtfertigung von Durchbrechungen der Chancengleichheit. Da dies manchmal in einer einzigen Entscheidung vorkommt und überdies in vielen Fällen auf vorhergehende Entscheidungen zurückverwiesen wird, kann davon ausgegangen werden, daß damit nur — allerdings oft mißverständliche — Umschreibungen des ursprünglich und häufigst verwandten Ausdrucks gemeint sind. Dann aber ist eine Durchbrechung der Chancengleichheit — wie der Wahlgleichheit — nach dem BVerfG nur möglich, wenn besondere, nämlich zwingende Gründe dafür vorliegen[56].

---

[51] BVerfGE 6, 104 (112).

[52] BVerfGE 6, 121 (130).

[53] BVerfGE 3, 19 (27): „... nötig, daß die Parteien, soweit irgend möglich, mit gleichen Aussichten in den Wahlkampf eintreten, daß ihnen jedenfalls der Zutritt zum Wahlvorgang nicht sachwidrig erschwert wird.“

[54] BVerfGE 5, 77 (81): „Der Gesetzgeber handelt nicht willkürlich, wenn er zur Vermeidung einer übermäßigen Stimmenzersplitterung völlig aussichtslose Vorschläge nach Möglichkeit unterbindet.“

[55] Nicht in diesen Zusammenhang gehört wohl die Bemerkung des BVerfG in BVerfGE 4, 31 (39/40): „Dabei handelt es sich um Ausnahmen von der absoluten formalen Gleichheit des Erfolgswerts, die durch den allgemeinen Gleichheitssatz gedeckt sind.“ Denn hier geht es um zweierlei: um die Durchbrechung der formalen Gleichheit (Ausnahme) und um die weiterbestehende Bindung des Gesetzgebers an den überlagernden allgemeinen Gleichheitssatz mit der Folge, daß zulässige Differenzierungen auch vernünftig sein müssen.

[56] So auch *Rinck* DVBl 58, 224 und JöR 10 (1961), 300; *Friesenhahn*, Verfassungsrechtsprechung, S. 155; *Seifert*, Kommentar, Rdn. 23, 24 und 29 zu

2. Beschränkende und begünstigende Regelungen

Es stellt sich die Frage, ob eine Durchbrechung der Chancengleichheit unterschiedlich zu rechtfertigen ist, je nachdem, ob es sich um eine die Handlungsfreiheit und Erfolgsaussichten der Parteien einschränkende Regelung[57] oder aber um eine die Parteien durch Gewährung staatlicher Leistungen fördernde Maßnahme[58] handelt. Eine solche Unterscheidung will *Henke* vornehmen, um Ungleichbehandlungen bei der Sendezeitenzuteilung zu begründen[59]. Auch die Landesregierung NW hat in dem der Entscheidung des BVerfG vom 30. 5. 1962 vorausgehenden Verfahren die Ansicht vertreten[60], bei fördernden staatlichen Maßnahmen sei eine Differenzierung zwischen den Parteien nicht an die Voraussetzung des „zwingenden Grundes" gebunden[61]. Demgegenüber hat das BVerfG bisher nicht zwischen beschränkenden und begünstigenden Regelungen unterschieden[62].

Art. 38; *Plate*, S. 39. Inwieweit dies allerdings auch für den Beschluß v. 30. 5. 1962 — BVerfGE 14, 121 — zutrifft, mag zweifelhaft erscheinen. Denn in dieser Entscheidung wird zunächst vom besonderen zwingenden Grund gesprochen, dann erstmalig das Kriterium des besonders wichtigen Grundes eingeführt, um endlich eine Differenzierung zu rechtfertigen, die sicher nicht zwingend geboten ist. *Seifert*, Kommentar, Rdn. 23 zu Art. 38, sieht besonders wichtige Gründe bereits als zwingende Gründe an. Auch *Plate* (S. 39, 79, 114) verwendet durcheinander die Termini „zwingender Grund", „sachliche Gründe" und „wichtiger Grund".

[57] zB Unterschriftenquorum und Sperrklausel.

[58] zB Sendezeiten und Finanzierung.

[59] *Henke*, Parteienrecht, S. 191/192: „Bei der Zuteilung von Sendezeiten handelt es sich nicht, wie bei Sprerrklauseln und Unterschriftenquorum, um Beschränkungen von vorhandenen Wahlchancen der Parteien, sondern um die Zuteilung zusätzlicher Chancen, die die Parteiein von sich aus nicht haben. Werden hier alle Parteien gleich behandelt, so würde der Anschein ihres gleichen Gewichts erweckt."

[60] Vgl. BVerfGE 14, 121 (128).

[61] Stellungnahme der Landesregierung NW an das BVerfG v. 30. 4. 1962, S. 6: „In den Fällen von Belastungen und Beschränkungen gilt die formale Wahlrechtsgleichheit, mit der Folge, daß Differenzierungen nur zulässig sind, wenn und soweit sie aus verfassungsrechtlich relevanten Gründen zwingend geboten sind. In den Fällen der Förderung von Parteiein gilt die Chancengleichheit der Parteien dagegen mit der Maßgabe, daß im Falle einer unmittelbaren Eigenleistung der öffentlichen Gewalt jeder Partei ein nach der Natur der Sache sich ergebender Mindestanteil einzuräumen ist, im übrigen aber nach der Bedeutung der Parteien differenziert werden darf." — Soweit die Landesregierung dabei zur Begründung die Rechtsprechung des BVerfG herangezogen hat, ist wohl absichtlich übersehen worden, daß das Gericht in BVerfGE 8, 51 (65) ausdrücklich einen „besonderen zwingenden Grund" für erforderlich gehalten hat.

[62] Vgl. die Parteispendenurteile BVerfGE 6, 273 (280) und 8, 51 (65) sowie die Entscheidungen über Rundfunksendezeiten BVerfGE 7, 99; 13, 204 und 14, 121 (133 ff). Allenfalls in dem letztgenannten Beschluß könnte mit dem neu eingeführten „besonders wichtigen Grund" eine unausgesprochene Abkehr von der bisherigen Rechtsprechung vorbereitet worden sein. Vgl. dazu auch oben FN 56.

Eine solche Unterscheidung kann auch nicht richtig sein. Die Chancen einer Partei — ihre Wahlaussichten — sind nicht unabhängig von denen ihrer Konkurrenten, sondern stehen zu diesen in einem umgekehrten Größenverhältnis. Das ergibt sich schon daraus, daß die Parteien sich — heute nicht mehr nur rechtlich, sondern auch faktisch — um dieselben Wähler bemühen. Die Chancen einer Partei steigen in dem Maße, in dem ihre Mitbewerber Beschränkungen unterworfen sind; sie sinken in dem Maße, in dem andere Parteien ihr gegenüber begünstigt werden. Einseitig unterlassene Begünstigungen haben deshalb für die betroffene Partei dieselbe Wirkung wie nur ihr auferlegte Beschränkungen[63]. Die rechtliche Zulässigkeit beider Maßnahmen — Beschränkung wie Begünstigung — kann deshalb nur einheitlich beurteilt werden.

3. Durchbrechung aus zwingenden Gründen

Wenn Chancengleichheit als schematische Gleichheit zu verstehen ist und somit jegliche Ungleichbehandlung von Parteien im politischen Wettbewerb durch Träger öffentlicher Gewalt ausschließt, können Durchbrechungen der Chancengleichheit nicht auf Gründe gestützt werden, die eine Differenzierung im Rahmen des allgemeinen Gleichheitssatzes erlauben. Begriffe wie „vernünftig", „sachgemäß" und „nicht willkürlich" scheiden damit aus. Es bedarf einer „besonderen Rechtfertigung", um in Ausnahmefällen die Chancengleichheit der Parteien zu durchbrechen. Diese vom BVerfG durchgängig gebrauchte Formel von der besonderen Rechtfertigung besagt inhaltlich nicht mehr, als daß sie negativ jene vorgenannten Kriterien ausschließt. Demgegenüber enthält der Begriff „zwingender Grund" bereits eine zutreffende Konkretisierung. Die Durchbrechung eines Verfassungsgrundsatzes kann nur darauf gestützt werden, daß sie unter über- oder mindestens gleichgeordneten Gesichtspunkten geboten ist[64]. Der in solchen Kollisionsfällen erfüllte unbestimmte Rechtsbegriff „zwingender Grund" ist Tatbestandsvoraussetzung für ein die formale Chancengleichheit durchbrechendes, durch den allgemeinen Gleichheitssatz begrenztes Ermessen. Die Gründe einer solchermaßen erforderlichen Durchbrechung der Chancengleichheit lassen sich etwa in drei Gruppen unterscheiden.

---

[63] Es gibt eben keine Zuteilung von zusätzlichen Chancen, wie *Henke* (oben FN 59) annimmt; die vorhandenen Chancen werden allenfalls verteilt.

[64] Vgl. BVerfGE 6, 273 (280): „Allerdings können andere, aus der Verfassungsstruktur sich ergebende Gründe, wie sie im Bereich des Wahlrechts vom Bundesverfassungsgericht anerkannt worden sind, dem Gesetzgeber ein Abgehen von der Gleichbehandlung aller Parteien gestatten ...".

Zwingende verfassungsrechtliche Gründe rechtfertigen eine Durchbrechung der Chancengleichheit, wenn und soweit diese erforderlich ist, damit ein mindestens gleichrangiges Verfassungsprinzip voll verwirklicht werden kann. In diesen Fällen einer Kollision von Verfassungsgrundsätzen steht es dem Gesetzgeber frei, den einen Grundsatz auf Kosten des anderen zu verwirklichen. Ein — selbst in der Verfassung enthaltenes — Beispiel hierfür gibt Art. 21 II GG, indem er ermöglicht, verfassungsfeindliche Parteien unter bestimmten Voraussetzungen aus dem politischen Wettbewerb auszuscheiden. Hier wird die Chancengleichheit aller Parteien durchbrochen zugunsten des Schutzes der freiheitlich-demokratischen Grundordnung[65]. Gleichzeitig wird jedoch diese Durchbrechung der Chancengleichheit durch das Entscheidungsmonopol des BVerfG erheblich eingegrenzt, indem es nunmehr jeder anderen staatlichen Stelle versagt ist, eine Partei unter Berufung auf ihr Programm oder das Verhalten ihrer Anhänger gegenüber anderen Parteien unterschiedlich zu behandeln[66].

Zwingende verfassungspolitische Gründe, die sich gleichfalls aus der Verfassungsstruktur ergeben, rechtfertigen eine Durchbrechung der Chancengleichheit, wenn und soweit diese erforderlich ist, um die der Verfassung zugrunde liegenden Funktionsprinzipien zu wahren — damit z. B. das Institut der Wahl seinen verfassungspolitischen Zweck voll erfüllen kann. Zweck der Wahl ist die Bildung des Parlaments als des obersten Herrschaftsorgans — und zwar eines funktionsfähigen Parlaments, das seinen Aufgaben der Regierungsbildung und Gesetzgebung nachkommen kann. Deshalb kann die Chancengleichheit der Parteien in dem Umfange durchbrochen werden[67], in dem Maßnahmen notwendig sind, um eine Funktionsunfähigkeit des Parlaments durch eine Vielzahl kleinster Parteien zu verhindern[68].

---

[65] Vgl. *Ipsen* GrR II, S. 171 („Vorordnung des freiheitlich-demokratischen Prinzips vor den Gleichheitssatz bei der verfassungsmäßigen Zulassung der politischen Parteien"). Zu Einzelfragen vgl. *Seifert* DöV 61, 81 ff.

[66] Vgl. OVG Lüneburg E 2, 157 (172) und 7, 360 (363); *Forsthoff* AöR 76 (1950), 373; BVerfGE 1, 208 (255), 6, 84 (92) und 12, 296 (304); *Ipsen* GrR II, S. 183; *v. Mangoldt-Klein,* Art. 21 Anm. VII 5, S. 632; *Maunz* in Maunz-Dürig, Rdn. 102 zu Art. 21; *Seifert,* Kommentar, Rdn. 29 zu Art. 38; *Henke,* Parteienrecht, S. 203 f; ders, BK, Rdn. 59 zu Art. 21.

[67] Entgegen *Badura,* BK, Rdn. 10 zu Anh. z. Art. 38, handelt es sich bei solchen Maßnahmen aber nicht um die Hervorhebung der aus der Natur der Sache, nämlich des Wahlaktes, ableitbaren Begrenztheit der Chancengleichheit, sondern um ihre Durchbrechung.

[68] Vgl. BVerfGE 1, 205 (248), wo das BVerfG einen „zwingenden Grund" in der „staatspolitischen Gefahr" sieht, die in der Möglichkeit liege, „daß die gesetzgebenden Körperschaften keine großen Parteien mehr aufweisen, sondern in eine Unzahl kleinerer Gruppen zerfallen und damit funktionsunfähig werden, insbesondere nicht in der Lage sind, eine politisch aktionsfähige Regierung zu schaffen." Vgl. weitere Nachweise bei *Seifert,* Kommentar, Rdn. 24 zu Art. 38.

Zwingende sachimmanente Gründe rechtfertigen eine Durchbrechung der Chancengleichheit, wenn und soweit diese erforderlich ist, damit eine verfassungsgemäße Regelung eines bestimmten Sachverhalts ordnungsgemäß durchgeführt werden kann. Hier sind einmal Abweichungen von einer formalen Gleichbehandlung der Parteien zu nennen, die auf unvermeidbaren Mängeln einer im übrigen verfassungsmäßigen Regelung eines bestimmten Sachverhalts beruhen. So ergeben sich z. B. wahlsystematische Zwangsläufigkeiten[69] derart, daß in der Verhältniswahl bei der Reststimmenverwertung nach dem de Hondtschen Höchstzahlverfahren die kleineren Parteien benachteiligt werden[70]. Eine andere zwangsläufige Ungleichbehandlung der Parteien kann sich aus der unterschiedlichen Größe der Wahlkreise ergeben, die infolge Anlehnung an Verwaltungsgrenzen nur innerhalb einer gewissen Toleranzgrenze einander angeglichen werden können[71]. Dagegen bestehen bei der Hingabe von staatlichen Leistungen an die Parteien zwingende sachimmanente Gründe für eine Durchbrechung der Chancengleichheit nicht schon deshalb, weil bei gleicher Berücksichtigung aller Parteien die auf die einzelne Partei entfallende Leistung den gewollten Begünstigungsgrad nicht erreichen würde. Andererseits können Durchbrechungen der Chancengleichheit durch Vorschriften zur Erreichung oder Aufrechterhaltung eines ordnungsgemäßen Ablaufs bestimmter Regelungen erforderlich sein.

---

[69] Vgl. *Seifert* ebd.

[70] Diese Benachteiligung tritt bei allen Verrechnungssystemen ein, da ein bestimmter Stimmrest unterhalb der Wahlzahl unberücksichtigt bleiben muß. Bei der Mehrheitswahl fallen sogar alle Minderheitsstimmen aus.

[71] Zur Wahlkreiseinteilung vgl. § 3 BWG sowie BVerfGE 13, 127—129 und 16, 130—144.

Dritter Abschnitt

Chancengleichheit der Parteien als Grenze staatlichen Handelns

§ 8: Parteien und Wahlrecht

Als grundsätzlich mit dem Recht aller Parteien auf Chancengleichheit kollidierende Maßnahmen erweisen sich im engeren Bereich des Wahlrechts die bekannten und verbreiteten Ungleichbehandlungen von sog. Splitterparteien[1]. Ihr gemeinsames Kennzeichen ist die Unterscheidung des Wahlgesetzgebers zwischen großen und kleinen Parteien und die gezielte Benachteiligung der letzteren. Im Bereich des Wahlvorgangs können sie unter der Bezeichnung „Sperrklauseln" zusammengefaßt werden; bei der Wahlzulassung zeigen sie sich in verschiedener Form, am bekanntesten als Unterschriftenquoren. Als Durchbrechungen der Chancengleichheit sind diese Maßnahmen auf ihre besondere Rechtfertigung hin zu untersuchen.

I. Der Wahlvorgang

1. Sperrklauseln

Das Ziel der Sperrklauseln in Wahlgesetzen besteht darin, daß nach der Wahl nur solche Parteien bei der Mandatszuteilung berücksichtigt werden, die einen bestimmten stimmenmäßigen Mindestwahlerfolg errungen haben. Ihr Sinn wird allgemein in der Verhinderung einer übermäßigen, zur Funktionsunfähigkeit des Parlaments führenden Parteienzersplitterung gesehen. Da es der Zweck der parlamentarischen Wahl ist, ein funktionsfähiges Parlament zu schaffen, sind Maßnahmen, die zur Abwehr jener Gefahr erforderlich sind, aus zwingenden verfassungspolitischen Gründen gerechtfertigt[2]. Diese allgemeine Feststellung

---

[1] Der gebräuchliche Ausdruck „Splitterparteienbekämpfung" ist als irreführend zu vermeiden. Eine allgemeine Bekämpfung von Splitterparteien wäre verfassungswidrig; zulässig ist allenfalls ihre Fernhaltung vom Parlament. Darauf weist auch *Mahrenholz* S. 47 hin.

[2] Nicht richtig O. *Schröder* S. 36, der sie schon für verfassungsmäßig hält, weil sie nicht willkürlich seien.

kann nun allerdings nicht die Einzelprüfung ersetzen, ob die jeweils getroffenen Maßnahmen zur Erreichung dieses Ziels erforderlich sind.

Die Funktionsunfähigkeit eines Parlaments kann — wie die Weimarer Erfahrung gezeigt hat — auf zwei verschiedenen Ursachen beruhen: auf einer Zersplitterung des Parlaments in eine Vielzahl kleinster Gruppen einerseits sowie auf grundsätzlicher Obstruktion einer oder mehrerer großer Parteien andererseits[3]. Infolge des Entscheidungsmonopols des BVerfG hinsichtlich der Verfassungswidrigkeit einer Partei (Art. 21 II GG) ist es dem Wahlgesetzgeber jedoch versagt, gegen angeblich radikale Parteien vorzugehen, wenn diese unter qualitativen Gesichtspunkten (Ziele, Verhalten) die Funktionsfähigkeit des Parlaments gefährden[4]. Verfassungsgemäß können nur quantitativ begründete Ungleichbehandlungen von Parteien sein, da diese nach einem Kriterium erfolgen, über das der Wähler vorabentschieden hat. Demgemäß kann auch der Begriff der Splitterpartei, soweit er zur Rechtfertigung von Sperrklauseln herangezogen werden soll, nur quantitativ bestimmt werden[5]. Splitterparteien sind deshalb alle Parteien mit einer geringfügigen Stimmenzahl[6]. Nicht zum Begriff der Splitterpartei gehört es, daß ihre Wählerschaft über das Wahlgebiet verstreut ist[7]. Dies ist vielmehr in bezug auf das — für die Mandatsverteilung maßgebliche — Gesamtwahlergebnis ein nicht rein quantitativer Gesichtspunkt[8]. Für die Frage, ob die Funktionsfähigkeit des Parlaments gefährdet wird, ist es ohne Belang, aus welchen Teilen des Wahlgebiets eine Partei ihre Stimmen erlangt hat.

Dieser grundsätzlichen verfassungsrechtlichen Anerkennung von Sperrklauseln steht die Schwierigkeit gegenüber, ihre zulässige Höhe

---

[3] Vgl. zum letzteren Aspekt bereits *Nawiasky* AöR 59 (1931), 161 ff (insbes. S. 175 ff); ferner *Ridder*, Böhm-Festschrift, S. 36, der angesichts des zweiten Umstandes die Berufung auf die Weimarer Parteienzersplitterung als „Element der undemokratischen, antiplebiszitären Zwecklegende" bezeichnet. Vgl. auch *Duverger*, Entwicklung, S. 74 zur Situation Frankreichs während der Vierten Republik: da keine Regierung sich auf die Stimmen der Kommunisten stützen wollte, wurden diese immer nur dann politisch mitgezählt, wenn sie gegen eine Regierung abgegeben wurden.

[4] Allgemeine Meinung; vgl. schon *Forsthoff* AöR 76 (1950), 373 sowie BVerfGE 1, 208 (255). Abweichend *Röhl* DVBl 54, 557.

[5] So bereits ausdrücklich *Forsthoff* ebd.

[6] Vgl. *Maunz* in Maunz-Dürig, Rdn. 29 zu Art. 21; ders. BayVBl 60, 3; *Seifert*, Kommentar, Rdn. 25 zu Art. 38; O. *Schröder* S. 18.

[7] Vgl. *Seifert* ebd; aA BVerfGE 1, 208 (252) und 4, 31 (41) sowie dem folgend *v. Mangoldt-Klein* Art. 38 Anm. III 2 f, S. 883 und *Badura*, BK, Rdn. 10 zu Anh. z. Art. 38; weniger entschieden *Maunz* in Maunz-Dürig, Rdn. 50 zu Art. 38. Zur Kritik am BVerfG vgl. die folgenden Bemerkungen über alternative Grundmandatsklauseln.

[8] Vgl. *Hamann*, Kommentar, Art. 38 Erl. B 5 d („ein gerade im Wahlrecht bedenkliches Werturteil").

im Einzelfall zu beurteilen. Ein fester Maßstab läßt sich hier nicht aufstellen. In Betracht zu ziehen ist aber jedenfalls der regionale Bezug der Sperrklausel. So wurde für das Bundeswahlrecht durch § 6 IV BWG eine erhebliche Verschärfung der Sperrklausel dadurch herbeigeführt, daß sie nicht mehr wie bisher[9] auf ein Land, sondern auf das ganze Wahlgebiet bezogen wurde. Im Ergebnis ist wohl die Auffassung des BVerfG zu billigen, daß ein Quorum bis zu 5 % — bezogen auf das Wahlgebiet — als zur Verhütung parlamentarischer Funktionsunfähigkeit erforderlich und ausreichend angesehen werden kann[10]. Zulässig ist aber wohl auch die 10 %-Klausel des bayerischen Landeswahlrechts, da diese nur auf einen Teil des Wahlgebiets — einen der sieben Wahlkreise — bezogen ist[11].

Nach ihrer Wirkungsweise sind zwei Regelungen der Sperrklausel zu unterscheiden: die in reinen Verhältniswahlsystemen übliche Bestimmung, daß eine Partei, die das Quorum nicht erreicht, von der Mandatsverteilung völlig ausgeschlossen bleibt, und die überwiegend mit der personalisierten Verhältniswahl verbundene Bestimmung, daß trotz Nichterreichens des Quorums einer Partei die in direkter Wahl errungenen Wahlkreismandate belassen bleiben[12]. Streng genommen handelt es sich beim letzteren Fall um eine teilweise Durchbrechung der Sperrklausel, die wiederum einer besonderen Rechtfertigung bedarf. Diese liegt hier in der besonderen Form der personalisierten Verhältniswahl als einer personenbezogenen Wahl und ist letztlich aus Art. 38 I 2 GG zu begründen, der es verhindert, daß ein wählerlegitimiertes persönliches Mandat aus Gründen mangelnden Parteierfolges nicht zum Zuge kommt[13].

---

[9] § 9 IV BWG 1953.

[10] So die allgemeine Meinung; vgl. *Maunz* in Maunz-Dürig, Rdn. 50 zu Art. 38 mwN; *Badura*, BK, Rdn. 10 zu Anh. z. Art. 38; *Seifert*, Kommentar, Rdn. 25 zu Art. 38; *Peter* S. 104 FN 5 mwN. 5 % der Wählerstimmen führen infolge der beim Verhältnisausgleich ausfallenden Parteien zu geringfügig mehr als 5 % der Mandate; im Bundestag — ohne die Berliner Abgeordneten 496 Sitze — kommen also mindestens 24—25 Mandate auf eine Partei, die die 5 %-Klausel überwindet. Für die Einführung einer 10 %-Klausel ermangelt es danach an der vorauszusetzenden Erforderlichkeit.

[11] Allerdings enthält diese Klausel auch eine gewisse Begünstigung regionaler Schwerpunktparteien. Der BayVerfGH hat die 10 %-Sperrklauseln auch nach den Entscheidungen des BVerfG zur 5 %-Klausel gebilligt; vgl. BayVGHE 11 II, 140; aA *Bläsi* S. 146 f; *Mahrenholz* S. 56.

[12] Nach Art. 52 II LWG Bay wird dagegen auch einem gewählten (Stimmkreis-)Bewerber ein Sitz dann nicht zugeteilt, wenn seine Partei das Quorum nicht erreicht hat; als gewählt gilt der Stimmkreisbewerber mit der nächst höheren Stimmenzahl. Vgl. *Feneberg*, LWG, Art. 52 Erl. 2.

[13] Vgl. auch *Peter* S. 107. Derselbe Gedanke liegt auch der Belassung von Überhangmandaten (etwa § 6 III BWG) zugrunde; vgl. dazu BVerfGE 7, 63 (74 f) und 16, 130 (140) sowie *Peter* S. 93 f und *Schwarz* DöV 62, 373 ff. Nach Art. 53 II LWG Bay werden dagegen auch keine Überhangmandate zugeteilt.

2. Grundmandatsklauseln

Um eine anders motivierte und zu Recht umstrittene Durchbrechung der Sperrklausel handelt es sich bei den sog. alternativen Grundmandatsklauseln. Danach werden im Rahmen der personalisierten Verhältniswahl Parteien von der Erreichung des Quorums gänzlich entbunden, wenn sie — als alternative Möglichkeit — einen bestimmten lokalen Wahlerfolg erringen. So genügt nach § 6 IV BWG die Erringung von drei Wahlkreismandaten, um von der 5 %-Klausel befreit zu werden[14]. Gegen diese vom BVerfG und einem Teil des Schrifttums gebilligten alternativen Grundmandatsklauseln[15] bestehen jedoch unter dem Gesichtspunkt der Chancengleichheit der Parteien erhebliche verfassungsrechtliche Bedenken.

Eine Grundmandatsklausel durchbricht die formale Chancengleichheit der Parteien wie die 5 %-Klausel und bedarf deshalb ebenso einer besonderen Rechtfertigung. Diese Rechtfertigung kann wiederum nur in der Verhinderung funktionsgefährdender Parteienzersplitterung im Parlament gesehen werden. Dieser Zweck wird jedoch durch die Einfügung einer Grundmandatsklausel nicht nur nicht erreicht, sondern in der Form der Alternativklausel geradezu verhindert, solange deren Sperrwirkung derjenigen der Prozentklausel nicht angeglichen wird, was für das Bundeswahlrecht erst bei einem Quorum von 25 Direktmandaten der Fall wäre. Denn eine Partei, die — möglicherweise nur mit fremder Hilfe[16] — zwar drei Direktmandate erringt, nicht aber die 5 %-Klausel überwinden kann, bleibt trotzdem eine Splitterpartei. Betrachtet man aber die Alternativklausel als Durchbrechung der mit der Prozentklausel beabsichtigten Sperrwirkung, so fehlt auch hierfür die erforderliche Rechtfertigung. Zur Begünstigung eines Teils der unter die 5 %-Klausel fallenden Parteien müßte wiederum ein zwingender Grund vorliegen. Als einzige Begründung[17] wird von den Befürwortern der Alternativklauseln auf ein qualitatives Unterscheidungsmerkmal Bezug genommen: die *Parlamentswürdigkeit*. „Aus der vorhergehenden Epoche des Mehrheitswahlrechts wirkt der Gedanke

---

[14] Vgl. oben S. 37 FN 5.

[15] Vgl. oben S. 40 u. 41 FN 38.

[16] Hierzu *Peter* S. 109. Ein Beispiel bietet die Bundestagswahl von 1957: Durch Aussparungsabkommen mit der CDU errang die DP sechs Direktmandate und erhielt dadurch bei einem Stimmenanteil von 3,4 % 17 Mandate, während der GB/BHE mit 4,6 % Stimmenanteil nicht bei der Mandatszuteilung berücksichtigt wurde. Weitere Beispiele bei *Peter* S. 44 f; vgl. auch *Eschenburg*, Hartung-Festgabe, S. 415 f.

[17] Allein der Hinweis auf die Zulässigkeit eines Mehrheitswahlsystems vermag im Rahmen eines einmal eingeführten Verhältniswahlsystems Durchbrechungen der Wahlgleichheit nicht zu rechtfertigen; BVerfGE 1, 208 (248); *Forsthoff* AöR 76 (1950), 375; *Leibholz*, Sperrklauseln, S. 49; *Maunz* in Maunz-Dürig, Rdn. 50 zu Art. 38.

nach, daß eine Partei, die in einem lokal abgegrenzten Wahlgebiet stark vertreten ist, repräsentationswürdiger ist als eine Partei, die ihre verstreuten Stimmen aus dem ganzen Lande zusammentragen muß[18]." In der Entscheidung über die Alternativklausel des § 6 IV BWG hat das BVerfG zunächst ausgeführt, es könne die Bestimmungen eines Wahlgesetzes wegen Verstoßes gegen den Grundsatz der Wahlgleichheit „nur dann für nichtig erklären, wenn die Regelung nicht an dem Ziel orientiert ist, Störungen des Verfassungslebens (!) zu verhindern, oder wenn sie das Maß des zur Erreichung dieses Ziels Erforderlichen (!) überschreitet"[19]. Wenig später aber erkennt es dem Gesetzgeber „in gewissen Grenzen das Recht (zu), bestimmten Parteien wegen ihrer spezifischen politischen Bedeutsamkeit gegenüber dem allgemeinen Quorum potentiell einen repräsentativen Sonderstatus zu verleihen"[20]. Und als Beispiele für nicht auf die Stimmenzahl abstellende Merkmale der „Bedeutsamkeit" nennt das BVerfG: „nationale, religiöse oder sprachliche Minderheit, geschichtliche Tradition und dgl.[21]".

Eine Differenzierung unter diesen Gesichtspunkten mag schon am allgemeinen Gleichheitssatz gemessen bedenklich erscheinen[22], mit der formalen Chancengleichheit der Parteien ist sie schlechthin unvereinbar, da es keinen zwingenden Grund gibt, der sie rechtfertigen könnte[23]. Allein der Wähler hat über die Parlamentswürdigkeit einer Partei zu entscheiden[24]; seine Entscheidung ist nur stimmzahlenmäßig

---

[18] BVerfGE 1, 208 (252); vgl. auch 4, 31 (40).

[19] BVerfGE 6, 84 (94).

[20] BVerfGE 6, 84 (99). Gegenüber der Antragstellerin (BP) hat das Gericht erklärt, daß das Kriterium, nach dem diese ihren Sonderstatus bestimmt sehen möchte, auf einer anderen Ebene liege als bei Schwerpunktparteien oder Parteien nationaler Minderheiten: „Der Bundesgesetzgeber braucht aber bei der Wahl zum Bundestag als dem unitarischen Verfassungsorgan des Bundes föderative Gesichtspunkte nicht zu berücksichtigen" (ebd). Abschließend hat es dann die Alternativklausel als „sachlich motiviert und nicht willkürlich" (!) anerkannt.

[21] BVerfGE 4, 31 (42).

[22] Einen Verstoß gegen den allgemeinen Gleichheitssatz sehen bereits O. *Schröder* S. 65; *Mahrenholz* S. 62 und *Peter* S. 110; aA *v. Wachter* S. 371 und vorher schon *Heller* S. 22 f.

[23] Wie hier *Peter* S. 111 (ebenso *Hall* in seiner Buchbesprechung JZ 66, 112); *Rinck* DVBl 58, 225 f; ders. JöR 10 (1961), 302 f; *Bläsi* S. 141; wohl auch *Hamann* Art. 38 Erl. B 5 d, S. 275; Bedenken auch: Grundlagen S. 36. *Seifert*, Kommentar, Rdn. 25 zu Art. 38, hält die Rechtsprechung des BVerfG zu den Alternativklauseln für überholt angesichts der strengen Auslegung, die das Gericht dem Grundsatz der Chancengleichheit inzwischen gegeben habe.

[24] Deshalb ist auch die der Alternativklausel entgegenwirkende Aufstellungsklausel (vgl. *Mahrenholz* S. 66 ff) verfassungswidrig, nach der eine Partei am Verhältnisausgleich nur dann teilnimmt, wenn sie in allen Wahlkreisen Bewerber aufgestellt hat; ebenso — entgegen OVG Lüneburg E 2, 157 — *Unland* S. 84 und *Mahrenholz* S. 68 f sowie mwN *Seifert*, Kommentar, Rdn. 18 zu Art. 38.

meßbar. Wenn das Wahlgesetz einen bestimmten Mindestwahlerfolg für die Mandatszuteilung voraussetzt, so kann dies nur einheitlich für alle Parteien gelten. In dem Maße, in dem es dem Wahlgesetzgeber freigestellt wird, seine wechselnden Vorstellungen[25] von der Repräsentationswürdigkeit einer Partei durchzusetzen[26], wird das freie Wahlrecht des Staatsbürgers genauso manipuliert wie das Recht aller Parteien auf Chancengleichheit[27].

In noch stärkerem Maße gelten diese Bedenken für eine in politischen Kreisen vorgeschlagene sogen. *kumulative Grundmandatsklausel,* nach der eine Partei beim Verhältnisausgleich über die Landeslisten nur dann berücksichtigt würde, wenn sie mehr als 5 % der im Wahlgebiet abgegebenen gültigen Stimmen *und* mindestens drei Direktmandate erhält. Weder notwendig noch überhaupt geeignet zur Splitterparteienbekämpfung könnte eine solche Klausel nur von dem einen Zweck getragen sein, ohne Einführung eines Mehrheitswahlrechts ein Zweiparteiensystem herbeizuführen. Als eine Korrumpierung der Verhältniswahl würde sie keinen rechtlichen Bestand haben.

Daß nach § 6 IV BWG die von Parteien nationaler Minderheiten eingereichten Listen vom Quorum befreit werden[28], stellt eine weitere Durchbrechung der Chancengleichheit dar, für die weder verfassungsrechtliche, verfassungspolitische noch sachimmanente zwingende Gründe, sondern nur — hier unzureichende — außenpolitische Gründe im Hin-

---

[25] Nachdenkenswert ist auch die Frage, inwieweit der Gesetzgeber ein Wählermandat besitzt, das Wahlgesetz für die nächste Wahl zu ändern. Vgl. dazu den Vorschlag von *Katz* S. 119, im Grundgesetz festzulegen, daß Wahlgesetzänderungen frühestens bei der übernächsten Wahl in Kraft treten, sofern sie nicht auf gerichtlicher Entscheidung beruhen. Ähnlich vorher schon Hildegard *Krüger* NJW 56, 246 ff.

[26] Das BVerfG hat in BVerfGE 4, 31 (41) ausdrücklich die Möglichkeit offengelassen, auch noch andere als die bereits erwähnten Kriterien der „Bedeutsamkeit" vorzusehen. *Fuß* JZ 59, 394 führt an, daß auch Parteien mit örtlichem oder landsmannschaftlichem Schwerpunkt trotz geringer Anhängerzahl „das Wirken des Parlaments bereichern (!) können". *Henke,* Parteienrecht, S. 163 denkt an die Dispensierung einer „typisch föderalistischen Partei" von der Sperrklausel oder anderen Erschwerungen bei Bundestagswahlen. Vgl. auch *Leibholz,* Sperrklauseln, S. 50, nach dem der Gesetzgeber das letzte Wort habe, „welche Parteibildungen er jeweils als politisch bedeutsam von den gegen die Splitterparteien gerichteten Klauseln ausnehmen will".

[27] Die Unzulässigkeit setzt also nicht erst dort ein, wo sich aus den Gesetzesmaterialien Anhaltspunkte für eine „Kampfmaßnahme" des Gesetzgebers gegen eine bestimmte Partei ergeben, wie *Henke*, aaO, S. 164 meint.

[28] BVerfGE 5, 77 (83) erklärt die Begünstigung dieser Parteien für verfassungsgemäß „mit Rücksicht auf die bei ihnen vorliegenden besonderen Verhältnisse, die mit der Situation anderer kleinerer Parteien nicht vergleichbar ist." Billigend *Rinck* JöR 10 (1961), 302; *Maunz* in Maunz-Dürig, Rdn. 50 zu Art. 38; *Henke,* aaO, S. 163.

blick auf die dänische Minderheit in Schleswig-Holstein geltend gemacht werden können[29].

II. Die Wahlzulassung

1. Unterschriftenquoren

Im Bereich der Wahlzulassung sind die Beschränkungen des Wahlvorschlagsrechts — insbesondere Unterschriftenquoren[30] — auf ihre Vereinbarkeit mit dem Grundsatz der Chancengleichheit der Parteien hin zu überprüfen. Die heute allgemein als verfassungsrechtlich zulässig angesehenen Unterschriftenquoren, die die Zulassung eines Wahlvorschlags davon abhängig machen, daß er von einer bestimmten Zahl von Wahlberechtigten unterzeichnet ist, werden in der Rechtsprechung und im Schrifttum mit drei Argumenten gerechtfertigt.

Auf die technische Seite der Wahl wird mit der Begründung abgestellt, die Einreichung von Wahlvorschlägen könne nicht jedem ohne weiteres zugestanden werden, wenn das Wahlsystem funktionieren solle[31]. Unerträgliche Erschwerungen des Wahlgeschäfts, zu denen eine zu große Erleichterung für neue Gruppen führen könnte, müßten vermieden werden[32]. Es müsse sichergestellt sein, daß das Wahlverfahren ordnungsgemäß ablaufen könne[33]. Das Unterschriftenquorum bewirke, daß nur ernstgemeinte Wahlvorschläge eingereicht würden.

Überwiegend wird die Zulässigkeit der Unterschriftenquoren damit begründet, daß einer übermäßigen Stimmenzersplitterung entgegen-

---

[29] So auch *Seifert*, Kommentar, Rdn. 29 zu Art. 38 und Rdn. 28 zu § 6. Vgl. auch *Bläsi* S. 145 f; *Mahrenholz* S. 63 sowie BVerfGE 1, 208 (241) unter Berufung auf StGH L-S IV, 142: „Die Vorschrift des Wahlgesetzes kann nur allen Volksteilen gegenüber gültig oder ungültig sein, Unterscheidungen sind insoweit nicht am Platze.“ — Seit Einführung der Begünstigungsklausel 1953 ist der SSW nicht mehr im Bundestag vertreten. In Dänemark ist die entsprechende Klausel zugunsten der deutschen Volksgruppe in Nordschleswig aufgehoben worden; vgl. SZ Nr. 284 v. 27./28. 11. 1965 und Nr. 268 v. 9. 11. 1966.

[30] *Hinterlegungsklauseln* (vgl. dazu oben § 3 II) gibt es heute in deutschen Wahlgesetzen nicht mehr. Sie sind auch schwerlich mit der Chancengleichheit der Parteien zu vereinbaren, da sie das zur Erreichung des mit ihnen verfolgten Zweckes Erforderliche überschreiten; ebenso O. *Schröder* S. 46 ff; *Bläsi* S. 108. Abgesehen davon kann in einer Zeit staatlicher Parteienfinanzierung die Wahlzulassung nicht vom Mut zum finanziellen Risiko abhängig gemacht werden. Vgl. auch schon StGH L-S I, 329 (339); I, 341 (349 f) und I, 398 (408); auch *Pohl* HDStR I, S. 388; *Westerath* S. 15.

[31] BVerfGE 4, 375 (381); ebenso 12, 10 (27).

[32] Grundlagen S. 37; BayVerfGH E 6 II, 65 (70). Nicht enthalten ist dieser Gesichtspunkt bei *Leibholz*, Sperrklauseln, S. 52, in dem der Wahlrechtskommission erstatteten Gutachten.

[33] *Hamann*, Kommentar, Art. 38 Erl. B 6; *Ipsen* GrR II, S. 193; *Peter* S. 75; BayVerfGHE 13 II, 1 (9). Vorher schon StGH L-S I, 329 (339): „geordnete Durchführung der Wahl“; ebenso L-S I, 341 (350) und 398 (408).

zuwirken sei[34], deshalb also nur ernsthafte Wahlvorschläge zuzulassen seien[35]. Dem Wahlberechtigten werde insoweit keine echte Chance, sondern allenfalls eine Illusion genommen[36]. Es sei „ein legitimes Anliegen des Gesetzgebers zu versuchen, den Wähler davor zu schützen, daß er einem aussichtslosen Bewerber oder Wahlvorschlag seine Stimme gibt und sie damit wegwirft"[37].

Außerdem wird das Unterschriftenquorum verschiedentlich damit gerechtfertigt, daß es ebenso wie die Sperrklausel im Ergebnis der Bildung staatspolitisch erwünschter Mehrheits- und Regierungsverhältnisse diene[38]. Sperrklauseln und Unterschriftenquoren seien auf dasselbe Ziel gerichtet[39].

Der letzten Begründung gegenüber ist festzustellen, daß sie eine Durchbrechung der Chancengleichheit durch Unterschriftenquoren nicht zu rechtfertigen vermag. Soweit der durch sie bezweckte Effekt, nämlich der Parteienzersplitterung im Parlament entgegenzuwirken, über die 5 %-Klausel hinausginge — das ist aber nicht der Fall[40] — wäre ihre besondere Notwendigkeit zu begründen. Ist aber dieser Effekt geringer als die Reichweite der Sperrklausel, so fehlt es unter diesen Gesichtspunkten an der Erforderlichkeit für Zulassungsbeschränkungen. Vor allem aber ist es mit der Chancengleichheit der Parteien schlechthin unvereinbar, bereits durch Auferlegung von Zulassungsbeschränkungen gegenüber Parteien feststellen zu wollen, „ob sie nach ihrer zahlenmäßigen Bedeutung und Beständigkeit in dem jeweils in Betracht kommenden politischen Raum geeignet sind, bei der Bildung

---

[34] „Damit nicht allzu viele Stimmen ins Leere fallen"; so *Seifert*, Kommentar, Rdn. 7 zu Art. 38.

[35] BVerfGE 3, 19 (27); 3, 383 (393); 5, 77 (81); 6, 84 (98); 6, 121 (130); 11, 266 (277); BayVerfGHE 13 II, 1 (7 f); *Leibholz*, Sperrklauseln, S. 52; Grundlagen S. 37; *Rinck* JöR 10 (1961), 301; *Henke*, Parteienrecht, S. 160; *Peter* S. 75 FN 16; *Maunz* in Maunz-Dürig, Rdn. 53 zu Art. 38; *Badura*, BK, Rdn. 12 zu Anh. z. Art. 38.

[36] *Seifert*, Kommentar, Rdn. 7 zu Art. 38.

[37] BVerfGE 4, 375 (381) und 12, 10 (27); ebenso *Westerath* S. 15; BayVerfGHE 13 II, 1 (8); wohl auch *Badura*, BK, Rdn. 12 zu Anh. z. Art. 38.

[38] BVerfGE 3, 19 (27); ebenso 3, 383 (393): „... der im letzten gemeinsame Zweck bei der Differenzierung, nämlich die Bildung handlungsfähiger und wahrhaft repräsentativer Verfassungsorgane soll auf zwei verschiedenen Stufen des Wahlvorgangs erreicht werden." Vgl. auch BVerfGE 6, 84 (98); unklar 4, 375 (381). Ähnlich OVG Lüneburg AöR 76 (1950), 361 (367).

[39] *Leibholz*, Sperrklauseln, S. 52; Grundlagen S. 37; wohl auch *Maunz* in Maunz-Dürig, Rdn. 53 zu Art. 38 und *Badura*, BK, Rdn. 12 zu Anh. z. Art. 38. Unklar G. *Küchenhoff* JR 59, 281: „Splitterparteien brauchen daher weder für Staats- noch für Kommunalwahlen zugelassen zu werden, die sog. 5 %-Klausel ist daher wirksam ...".

[40] Vgl. BVerfGE 6, 84 (98): „Sie können also nicht verhindern, daß Parteien, die die Zulassungserfordernisse erfüllen, immer noch Splitterparteien bleiben." Vgl. auch BVerfGE 4, 375 (381).

funktionsfähiger Mehrheiten und Regierungen mitzuwirken"[41]. Diese Entscheidung hat allein der Wähler zu treffen[42], ohne daß er durch ein „vitales Interesse"[43] des Staates bereits vor der Wahl überspielt wird. Splitterparteien können deshalb erst nach der Wahl allein auf der Grundlage ihrer Stimmenzahl festgestellt werden[44].

Unterschriftenquoren können wirksam nur damit gerechtfertigt werden, daß sie die Beteiligung mit ausschließlich ernsthaften Wahlvorschlägen sicherstellen[45]. Da eine Wahl nur so ordnungsgemäß durchgeführt werden kann, liegt ein zwingender sachimmanenter Grund für die Durchbrechung der Chancengleichheit vor. Aber auch der Hinweis auf die Gefahr einer übergroßen Stimmenzersplitterung als Folge eines beliebig freien Wahlvorschlagrechts vermag — allerdings mit der gebotenen Beschränkung auf das erforderliche Maß — das Quorum zu stützen. Aus dem Sinn der Wahl — direkte und indirekte personelle und sachliche Besetzung der obersten staatlichen Organe durch das Staatsvolk — folgt die verfassungspolitische Notwendigkeit, das Wahlverfahren so zu gestalten, daß jede Stimme zum Tragen kommen kann und nicht für nicht ernst gemeinte Wahlvorschläge abgegeben wird, denen auch die entfernteste Aussicht fehlt, einen gewissen, für die Wahlauswertung erheblichen Stimmengewinn zu erzielen. Die hiermit verlangte Ernsthaftigkeit eines Wahlvorschlages ist jedoch nicht mit einer konkreten Erfolgsaussicht bei der Wahl zu verwechseln[46], über die zu entscheiden dem Wähler vorbehalten ist[47]. Der Wahlgesetzgeber ist deshalb nicht berechtigt, den Wähler davor zu schützen, seine

---

[41] So aber BVerfGE 3, 383 (393).

[42] „Die Entscheidung über den Wert des Programms einer politischen Partei und über ihr Recht, an der Bildung des Staatswillens mitzuwirken, kann allein von den Wählern getroffen werden; denn hier liegt die ursprünglichste und wichtigste Äußerungsform der repräsentativen Demokratie überhaupt." BVerfGE 3, 19 (26). Ebenso auch *Mahrenholz* S. 47 mit dem Hinweis auf Art. 20 GG sowie *Fuß* JZ 59, 394 unter Berufung auf Art. 21 I 1 und 38 I I GG.

[43] *Leibholz*, Sperrklauseln, S. 52; ähnlich: Grundlagen S. 37.

[44] Ebenso O. *Schröder* S. 42 f; *Bläsi* S. 108 f; *Mahrenholz* S. 84; *Peter* S. 75 FN 16.

[45] *Türk* S. 90 hält Unterschriftenquoren nur für zulässig zur Feststellung, ob ein Wahlvorschlag von einer politischen Partei eingereicht worden ist. Diese Ansicht, die im übrigen nur bei Annahme eines Parteienmonopols sinnvoll wäre, wird jedoch nicht den Erfordernissen der Wahlrechtsgestaltung gerecht.

[46] Vgl. BVerfGE 4, 375 (382). Deutlich schon StGH L-S I, 329 (339); I, 341 (350); I, 398 (408); *Pohl*, HDStR I, S. 388; C. *Schmitt*, Hüter, S. 84 f. Zu weitgehend BayVerfGHE 13 II, 1 (8).

[47] Bedenklich deshalb die Formulierung von *Seifert*, Kommentar, Rdn. 3 zu § 28, nach der das Unterschriftenquorum des § 28 BWG für die Einreichung von Landeslisten als „Vorkonzentration" eine notwendige Ergänzung zur „eigentlichen" Sperrklausel bilde.

Stimme einer kleinen oder neuen Partei zu geben, die möglicherweise oder auch wahrscheinlicherweise nicht die Sperrklauseln überwinden kann. Dieses Risiko eingehen zu können, gehört zum Wahlrecht des Staatsbürgers, wie das Risiko der erfolglosen Wahlbeteiligung auch für eine — bisher jedenfalls — kleine Partei durch den Grundsatz der Chancengleichheit gesichert ist.

Die Höhe zulässiger Unterschriftenquoren ist stets begrenzt durch ihre Erforderlichkeit zur Erreichung der mit ihnen zulässigerweise verfolgten Ziele[48]. Aus der obigen Rechtfertigung der Unterschriftenquoren ergibt sich nun, daß der Wahlgesetzgeber sie nicht unterschiedslos von allen Parteien verlangen muß. Da das Beibringen der Unterschriften nur ein Hilfsmittel zur Bestimmung ernsthafter Wahlvorschläge ist, können Parteien hiervon befreit werden, die die Ernsthaftigkeit ihrer Wahlbeteiligung auf eine andere Art nachweisen können. Dies ist z. B. bei den bereits in dem zu wählenden Parlament vertretenen Parteien anzunehmen[49]. Die Chancengleichheit der übrigen Parteien wird davon nicht berührt, solange die Gesichtspunkte, auf Grund deren die Ernsthaftigkeit sonst nachgewiesen werden kann, mit diesem Gleichheitsgebot vereinbar sind[50].

2. Nachweispflichten

Eine andere Art der Ungleichbehandlung der Parteien bei der Wahlzulassung stellen die in den meisten deutschen Wahlgesetzen[51] enthaltenen besonderen Nachweispflichten dar, die den parlamentarisch bisher nicht oder nicht in einem bestimmten Ausmaß vertretenen Parteien auferlegt werden. Soweit verlangt wird, die schriftliche Satzung und das schriftliche Programm der Partei sowie einen Nachweis über die satzungsgemäße Bestellung des Bundesvorstands beizubringen[52],

---

[48] Vgl. dazu unter Berücksichtigung der obigen Zulässigkeitsbegründung die weiteren Angaben bei *Seifert*, aaO, Rdn. 7 zu Art. 38.

[49] Allgemeine Meinung; vgl. *Maunz* in Maunz-Dürig, Rdn. 53 zu Art. 38 mwN; abweichend *Mahrenholz* S. 91 mit der Begründung, daß auch ein geringerer früherer Wahlerfolg die Ernsthaftigkeit eines Wahlvorschlags nachweise; vgl. auch §§ 21 II, 28 I i. V. m. 19 II BWG; Einzelheiten oben S. 38 f.

[50] Bedenklich deshalb BVerfGE 3, 383 (389 f): Nichtbefreiung des im Bundestag vertretenen GB/BHE vom Unterschriftenquorum des LWG NW; dagegen auch *Leibholz*, Sperrklauseln, S. 53 f. Abzulehnen ist der Gedanke von *Fuß* JZ 59, 394, „auf örtliche Besonderheiten Rücksicht zu nehmen". Örtlicher Schwerpunkt, historische Tradition oder nationale Minderheit sind für sich allein noch keine Eigenschaften, die die Ernsthaftigkeit eines Wahlvorschlags beweisen. Zu den aus einer Verschmelzung zweier Parteien oder aus einer Parteispaltung sich ergebenden Fragen vgl. *Seifert*, Kommentar, Rdn. 11 zu § 19; *Thiele* DVBl 64, 661.

[51] Vgl. die Nachweise oben S. 39.

[52] § 29 a BWO i. V. m. § 19 II BWG. Das Erfordernis, einen „nach demokratischen Grundsätzen gewählten Vorstand" nachzuweisen (§ 19 II BWG alter Fassung bis 1964; §§ 19 II, 20 II LWG NW) ist verfassungsmäßig,

sind diese Anforderungen mit dem Recht auf Chancengleichheit der betroffenen Parteien vereinbar. Denn diese Unterlagen ermöglichen den Wahlbehörden erst die Prüfung, ob die Gruppe, die sich an der Wahl beteiligen will, überhaupt eine Partei ist; demgegenüber kann die Parteieigenschaft bei den parlamentarisch ausreichend vertretenen „alten" Parteien unterstellt werden[53]. Auch eine besondere Anzeigefrist ist als Ordnungsvorschrift gerechtfertigt[54].

---

wenn „demokratisch" im Sinne von „satzungsgemäß" verstanden wird. Vgl. auch BVerfGE 3, 383 (404): „... ermächtigt die Wahlorgane des Landes nicht zu der Prüfung, ob die innere Verfassung der Partei insoweit demokratischen Grundsätzen genügt und ob die Partei sich auch tatsächlich an diese Grundsätze hält." Dazu ferner *Nass*, Wahlorgane, S. 72 f; *Seifert*, Kommentar, 1. Aufl. ErgHeft, Erl. zu § 19 II; *Peter* S. 74 FN 13.

[53] Im einzelnen dazu *Seifert*, Kommentar, Rdn. 12 zu § 19.

[54] Nach § 19 II müssen die „neuen" Parteien spätestens am 47. Tag vor der Wahl dem Bundeswahlleiter ihre Beteiligung an der Wahl anzeigen; demgegenüber müssen die Kreiswahlvorschläge und Landeslisten erst allgemein bis zum 34. Tag vor der Wahl eingereicht werden. Ob die 47-Tage-Frist auch für den Fall von Neuwahlen nach einer Bundestagsauflösung (innerhalb von 60 Tagen, Art. 39 I 2 GG) zulässig ist, erscheint mit *Seifert*, aaO, Rdn. 12 zu § 19 fraglich.

§ 9: Parteien und Rundfunk

I. Parteiensendungen

Handelt es sich bei den angeführten wahlrechtlichen Beispielen stets um die Frage der Zulässigkeit beschränkender differenzierender Regelungen, so ist im folgenden zu erörtern, inwieweit staatliche Maßnahmen fördernder Art gegenüber den Parteien mit dem Grundsatz der Chancengleichheit vereinbar sind. Daß für diese wie für jene der formale Gleichheitsanspruch der Parteien gleichermaßen besteht und seine Durchbrechung nur aus zwingenden Gründen möglich ist, ist bereits dargelegt worden[1].

Der Rundfunk (Hörfunk und Fernsehen) stellt für die Parteien ein wichtiges, wenn nicht inzwischen gar das wichtigste Medium der Wahlwerbung dar. Über seine Wirksamkeit auf diesem Gebiet lassen sich zwar kaum konkrete Aussagen machen[2]; in der Wahlstrategie der Parteien ist er jedoch — insbesondere infolge des Umfanges der Parteiensendungen vor Wahlen[3] — zum Hauptkampfmittel gemacht worden. Infolge ihrer Organisationsform als Anstalten des öffentlichen Rechts werden die Rundfunkanstalten hoheitlich tätig, wenn sie in Ausübung des Rundfunkmonopols den politischen Parteien Sendezeiten zur Wahlpropaganda zuteilen oder verweigern[4]. Damit unterliegen sie wie jeder andere Träger öffentlicher Gewalt den Schranken der Verfassung, hier insbesondere dem Grundsatz der Chancengleichheit aller politischer Parteien[5]. Die Frage, ob diese Sendungen freiwillige Lei-

---

[1] Für den Rundfunk ausdrücklich BVerfGE 14, 121 (132 f); *Weber* DöV 62, 244.

[2] Von Wahlsoziologen wird verschiedentlich darauf hingewiesen, daß seine Wirkung im allgemeinen überschätzt werde; das mag stimmen, bezieht sich aber wohl nur auf die Gesamtheit der Wähler einschl. des großen Prozentsatzes der Festwähler.

[3] Allein die 90 Fernsehminuten für die Wahlsendungen von CDU und CSU 1961 hätten — entsprechend den Preisen für die Fernsehwerbung — etwa 4 Millionen DM gekostet; so *Schleth* S. 273.

[4] BVerfGE 7, 99 (104); vorher schon LVerwG Hamburg JIR 8 (1957/58), 326 (329); aA *Spanner* S. 373 f. Durch die Zuteilung von Sendezeiten räumen die Rundfunkanstalten den Parteien — durch Verwaltungsakt — Sondernutzungsrechte ein; vgl. *Wolff* II § 99 IV c 2, S. 273; *Herrmann* AöR 90 (1965/66), 315 u. 337.

[5] Nicht hierher gehören Parteiensendungen, die nicht im Zusammenhang mit einer Wahl in das Rundfunkprogramm aufgenommen werden. Denn dort handelt es sich um jenen vom Wettbewerb der Parteien funktional

stungen darstellen oder ob die öffentlich-rechtlichen Rundfunkanstalten verpflichtet sind, den Parteien zur Vorbereitung der Wahlen Sendezeiten zur Verfügung zu stellen, ist hier ohne Belang[6]. Da alle Rundfunkanstalten solche Wahlsendungen in ihr Programm aufnehmen, stellt sich als entscheidendes Problem der Zulassungs- und Verteilungsmodus. Dabei sind die Anstalten nach dem Grundsatz der Chancengleichheit verpflichtet, sich gegenüber dem Wahlwettbewerb der Parteien grundsätzlich neutral zu verhalten[7], d. h. jeder Partei die „unbedingt gleiche Werbungschance“[8] zu geben.

1. Die Zulassungsfrage

Hier kann theoretisch dahin entschieden werden, daß alle Parteien, daß die sich an der Wahl beteiligenden Parteien, daß Parteien mit einer bestimmten Mindestwahlbeteiligung oder daß nur besonders bestimmte (z. B. parlamentarisch vertretene) Parteien berücksichtigt werden. Chancengleichheit bedeutet nun in diesem Stadium grundsätzlich, daß, wenn an eine Partei Sendezeiten vergeben werden, auch allen anderen Parteien der Zugang hierzu in gleicher Weise eröffnet werden muß. Demgemäß verstieße es gegen diesen Grundsatz, wenn etwa nur den parlamentarisch vertretenen Parteien Sendezeiten gewährt würden.

Eine Einschränkung ergibt sich jedoch in dem Maße, als die Einräumung von Sendezeiten im Zusammenhang mit einer bevorstehen-

---

zu unterscheidenden Bereich der Repräsentation des politischen Besitzstandes, den die formale Chancengleichheit nicht betrifft. Deshalb ist auch nicht nur eine Abstufung möglich, sondern auch eine Beschränkung auf Parlamentsparteien. Vgl. auch *Weber* DöV 62, 245; ebenso *Küchenhoff*, Staatslehre, S. 105.

[6] Das BVerfG hat diese Frage bisher offen gelassen, BVerfGE 7, 99 (107); ebenso *Quaritsch* JIR 8 (1957/58), 345. Für ein Ermessen der Rundfunkanstalten wohl LVerwG Hamburg JIR 8 (1957/58), 326 (330). Demgegenüber halten *Scheuner*, Schriftsatz, S. 5 und *Henke*, Parteienrecht, S. 190 eine Verpflichtung unter Hinweis auf Art. 21 I 1 GG und den öffentlichen Auftrag bzw. die öffentlich-rechtliche Bindung der Rundfunkanstalten für gegeben; vgl. auch *Krüger*, Rundfunk, S. 58. *Ridder*, der (Rundfunk, S. 54) eine solche Verpflichtung in bezug auf die Kirchen annimmt, hält andererseits (GrR II, S. 273) ein allgemeines gesetzliches Verbot politischer Sendungen im Rundfunk für zulässig. Gegen einen Rechtsanspruch der Parteien *Spanner* S. 372. Eine Pflicht des Rundfunks (und ein entsprechendes Recht der Parteien?) zur Vergabe kostenloser (!) Sendezeiten an die Parteien auch dort anzunehmen, wo die Rundfunkgesetze sie nicht enthalten (vgl. oben S. 44), erscheint jedoch bedenklich im Hinblick auf die allgemeine Stellung der Parteien gegenüber staatlichen Leistungen.

[7] BVerfGE 14, 121 (134). *Krüger*, Rundfunk, S. 58 verlangt, daß die Möglichkeit, über den Rundfunk zu Worte kommen zu können, „allen Parteien nach einem sachgerechten Maßstab zuteil wird“.

[8] C. *Schmitt*, Hüter, S. 85.

den Wahl steht, eine Partei sich aber nur insoweit auf den Grundsatz der Chancengleichheit berufen kann, als sie sich am politischen Wettbewerb — d. h. hier: am Wahlkampf — beteiligt. Andererseits muß es, wenn Parteiensendungen bereits vor Ablauf der für die Wahlbeteiligung gesetzten Fristen gewährt werden[9], genügen, daß sie ihre ernsthafte Absicht, sich an der Wahl zu beteiligen, und gegebenenfalls die dafür notwendigen Voraussetzungen nachweist[10]. Nach Ablauf der Wahlbeteiligungsfristen brauchen nur die Parteien bei der Vergabe von Sendezeiten berücksichtigt zu werden, die ihre Wahlbeteiligung angezeigt bzw. eigene Wahlvorschläge eingereicht haben[11]. Nach der Entscheidung der Wahlorgane über die Zulassung der Parteien zur Wahl[12] beschränkt sich der Anspruch auf Sendezeiten auf die zugelassenen Parteien.

Darüber hinaus kann aber auch in Anbetracht der weiträumigen Ausstrahlung des Rundfunks eine bestimmte regionale Mindestwahlbeteiligung der Parteien verlangt werden, deren Umfang vom jeweiligen Wahlsystem einerseits und vom Sendegebiet der Rundfunkanstalt andererseits abhängt[13]. Da in der Bundesrepublik ausschließlich nach — reinem oder personalisiertem — Verhältniswahlrecht gewählt wird, stellt die Einreichung von Listen für den Verhältnisausgleich einen sachgerechten Maßstab dar zur Feststellung des Umfanges der Wahlbeteiligung einer Partei. So kann — und darf höchstens — für Bundestagswahlen die Vergabe von Sendezeiten an eine Partei davon abhängig gemacht werden, daß für diese Partei eine Landesliste im

---

[9] zB die Frist zur Anzeige der Wahlbeteiligung für „neue“ Parteien nach § 19 II BWG. In der Praxis der deutschen Rundfunkanstalten beginnen die Parteiensendungen frühestens vier Wochen vor einer Wahl; vgl. Ziff. 2 der Vereinbarung zwischen den im Bundestag vertretenen Parteien, der ARD und dem ZDF v. 8. 2. 1965 („um den Wunsch der Parteien nach einem kurzen Wahlkampf zu unterstützen und in der Absicht, das Interesse der Zuschauer durch eine vorsichtige Dosierung (!) der politischen Information zu erhalten“).

[10] Hierbei sind die Rundfunkanstalten zunächst unabhängig von den Wahlbehörden zu einer Prüfung berechtigt.

[11] Vgl. *Fuß* JZ 59, 394 („alle überhaupt für die Wahlzulassung in Frage kommenden Gruppen“) sowie § 5 PartGEntwSPD: „... nur diejenigen Parteien, die Wahlvorschläge eingereicht haben.“ Ebenso LVerwG Hamburg JIR 8 (1957/58), 326 (331).

[12] Nach § 29 I 1 BWG entscheidet der Landeswahlausschuß über die Zulässigkeit von Landeslisten am 30. Tage vor der Wahl.

[13] Vgl. § 8 I 3 PartGEntwReg: „Zu Rundfunksendungen brauchen nur Parteien zugelassen zu werden, deren Wahlvorschläge nach Art und Zahl in einem angemessenen Verhältnis zum Sendegebiet stehen.“ Vgl. auch die amtl. Begründung BT Drs III/1509 S. 18.

§ 6 II 2 PartGEntwKoal: „Zu Rundfunk- und Fernsehsendungen brauchen nur Parteien zugelassen zu werden, deren Wahlvorschläge nach Art und Zahl für das Sendegebiet von hinreichender Bedeutung sind.“

Sendebereich zugelassen worden ist[14]. Ob dieser auf einen Regionalsender (NDR) bezogene Maßstab auch auf Parteiensendungen auf Bundesebene (Fernsehen, Deutsche Welle, Deutschlandfunk) anzuwenden ist, erscheint jedoch fraglich[15]. In Anbetracht der Möglichkeit, im Fernsehen — ausgenommen das ZDF — auch regionale Parteiensendungen zu veranstalten, könnte für den Zugang zu Parteiensendungen auf Bundesebene wohl die Einreichung von Landeslisten in mehreren Bundesländern zur Voraussetzung gemacht werden[16].

Dagegen kann die Zahl der Wahlkreiskandidaturen einer Partei — jedenfalls für die Entscheidung über den Zugang zu Parteiensendungen — keine Rolle spielen. Denn in der Praxis wird keine Partei, die Wahlkreisbewerber aufstellt, in einem Wahlsystem mit vollem Verhältnisausgleich auf die Einreichung einer Landesliste verzichten. Daß aber ein bestimmtes Mindestmaß an Wahlkreiskandidaturen noch zusätzlich zur Landesliste verlangt werden könnte, verbietet sich nach der Entscheidung des BVerfG. Eine solche Zugangsbedingung wäre im Rahmen des Bundeswahlgesetzes aber auch systemwidrig, da die personalisierte Verhältniswahl mit Zweitstimmen den Parteien gerade die Möglichkeit gibt, in aussichtslosen Wahlkreisen auf eigene Bewerber zu verzichten, ohne aber damit zugleich die für den Verhältnisausgleich wichtigen Zweitstimmen zu verlieren. Dasselbe Bedenken gilt jedoch auch dort, wo — ohne daß ein Landeswahlvorschlag vorausgesetzt wird — der Zugang zu den Parteiensendungen nur nach einem Wahlkreiskandidaten-Quorum bestimmt wird[17].

Machen die Rundfunkanstalten in der oben beschriebenen Weise die Vergabe von Sendezeiten an eine Partei davon abhängig, daß diese sich mit eigenen Landeswahlvorschlägen an der Wahl beteiligt, so berührt das nicht das Recht dieser Partei auf Chancengleichheit. Dagegen sind

---

[14] So das BVerfG in seiner — gemäß §§ 95 I 2 und 31 I BVerfGG auch den künftigen Parteiengesetzgeber bindenden — Entscheidung in BVerfGE 7, 99 (108); vgl. auch 14, 121 (134). Allgemein gebilligt: *Quaritsch* JIR 8 (1957/1958), 345; *Rinck* DVBl 58, 226; *Henke,* BK, Rdn. 30 zu Art. 21; ders., Parteienrecht, S. 190 f; *Badura,* BK, Rdn. 8 zu Anh. z. Art. 38; *Seifert,* Kommentar, Rdn. 6 vor § 17.

[15] § 26 DW-DF-Gesetz und § 6 I ZDF-Vertrag stellen allerdings nur darauf ab, daß die Parteien mindestens einen Landeswahlvorschlag eingereicht haben.

[16] In den meisten Fällen werden allerdings schon aus Gründen der auf das gesamte Wahlgebiet bezogenen Sperrklausel auch kleine und neue Parteien versuchen, in fast allen Ländern Landeslisten aufzustellen.

[17] Das gilt etwa für die Vereinbarung v. 8. 2. 1965 zwischen den im Bundestag vertretenen Parteien, ARD und ZDF über Sendungen der politischen Parteien anläßlich der Bundestagswahl 1965. In Ziffer 4 dieser Vereinbarung heißt es: „Parteien, die im Bundestag nicht vertreten sind, erhalten eine Sendezeit von fünf Minuten, wenn sie in mindestens zwei Dritteln aller Wahlkreise eigene Kandidaten aufgestellt haben."

andere Voraussetzungen für den Zugang zu Parteiensendungen — z. B. parlamentarische Vertretung — unzulässig, da es für sie keine rechtfertigenden zwingenden Gründe gibt. „Keinesfalls steht es den Organen des Rundfunks zu, Parteien, die zur Teilnahme an der Wahl zugelassen sind, von der Benutzung des Rundfunks auszuschließen, weil sie diese Parteien für zu unbedeutend oder gar für schädlich halten[18]."

2. Die Verteilungsfrage

Mit der Feststellung, daß einer Partei ein Recht auf Einräumung von Sendezeiten zusteht, ist jedoch nur ein Teil entschieden, da die Frage bleibt, in welchem Ausmaß diese Partei an den Parteiensendungen zu beteiligen ist. Wie ist die von den Rundfunkanstalten gewährte Sendezeit zu verteilen? Haben alle Parteien einen Anspruch auf gleich lange Sendezeit oder kann diese nach bestimmten — welchen? — Maßstäben abgestuft werden?

Grundsätzlich entspricht es dem formalen Charakter der Chancengleichheit, daß alle Parteien, die an den Parteiensendungen beteiligt werden, auch gleich lange Sendezeiten erhalten[19]. Dadurch werden weder die großen noch die kleinen Parteien begünstigt[20], sondern es wird vielmehr dem an ihre Parteieigenschaft anknüpfenden Gleichheitsanspruch der Parteien Rechnung getragen. Die Folge ist allerdings, daß der „natürliche" Vorsprung der großen Parteien, ihre unterschiedliche faktische Ausgangsposition hier nicht erneut zum Tragen kommt[21]. Wenn dies als Gleichmacherei kritisiert wird, ist demgegenüber zu fragen, ob die vielfach vorgeschlagenen und praktizierten Differenzierungen bei der Sendezeitenzuteilung mit dem Grundsatz der Chancengleichheit vereinbar sind.

Wie bei der Frage, welche Parteien überhaupt zu berücksichtigen sind, auf die Beteiligung der Parteien an der Wahl abgestellt worden

---

[18] BVerfGE 7, 99 (107). Vgl. auch LVerwG Hamburg JIR 8 (1957/58), 326 (330) gegenüber dem Vorbringen des beklagten NDR: „Über das, was im Rahmen der politischen Willensbildung den als Wählern in Betracht kommenden Hörern zumutbar ist oder nicht, entscheiden diese am Wahltage und nicht der Beklagte."

[19] So § 3 Ziff. 6 Satz 2 HR-Gesetz; Art. 5 IV c 2 SWF-Satzung.

[20] *Henke*, Parteienrecht, S. 192 hält eine Differenzierung deshalb für erforderlich, weil er in einer gleichen Zuteilung von Sendezeiten eine Angleichung der gegebenen unterschiedlichen Chancen der größeren und kleineren Parteien sieht.

[21] Eine Anknüpfung öffentlicher Leistungen an die (angebliche!) faktische Ausgangsposition der Parteien würde diese staatlich verfestigen und verschärfen; vgl. dazu BVerfGE 8, 51 (67). Ihre Angleichung würde bei gleicher Zuteilung von Sendezeiten nur in dem Maße eintreten, als diese Parteiensendungen zum ausschließlichen Faktor der Wahlwerbung würden.

ist, so ist auch hier dieser Gesichtspunkt in Betracht zu ziehen. Wenn eine Partei nur insoweit aus der Chancengleichheit berechtigt ist, als sie sich am Wahlwettbewerb der Parteien beteiligt, erscheint es auch als zulässig, bei der Verteilung wahlkampfbezogener staatlicher Leistungen das Ausmaß zu berücksichtigen, mit dem sich eine Partei mit eigenen Wahlvorschlägen zur Wahl stellt. Dieser Vergleichsgesichtspunkt steht nicht nur in einem unmittelbaren Bezug zur Anspruchsberechtigung aus der Chancengleichheit, sondern ist für die einzelne Partei auch verfügbar[22]. Für Parteiensendungen auf Bundesebene[23] bedeutet dies bei Bundestagswahlen, daß die Anzahl der von einer Partei eingereichten Landeslisten Zuteilungsmaßstab für die Vergabe von Sendezeiten sein kann[24]. Die Möglichkeit, daneben auch — und bei Landtagswahlen wie bei Sendungen auf Landesebene: nur — auf die Anzahl der von einer Partei aufgestellten Wahlkreisbewerber abzustellen, unterliegt hier nun auch nicht den Bedenken, wie sie bei der Zulassung zu Parteiensendungen bestehen. Unzulässig ist es, daß eine Partei, die die sich ihr bietenden Möglichkeiten des Wahlgesetzes ausnützt und ihren Erfolg nur über den Verhältnisausgleich sucht, von der Sendezeitenvergabe gänzlich ausgeschlossen bleibt. Ist aber einmal geklärt, daß eine Partei berücksichtigt werden muß, so wird für die Beurteilung der Frage, wie dies zu geschehen hat, die ganze Wahlbeteiligung der Partei herangezogen werden können[25]. Demgegenüber sind Abstufungen bei der Sendezeitenzuteilung unter anderen Gesichtspunkten nicht möglich, ohne das Recht der Parteien auf Chancengleichheit zu beeinträchtigen. Sie können als Durchbrechung der Chancengleichheit allenfalls durch zwingende Gründe gerechtfertigt werden.

Soweit — zumeist ohne eigene Begründung unter Berufung auf das BVerfG[26] — die Ansicht vertreten wird, die Rundfunkanstalten könnten[27] bei der Sendezeitenzuteilung Abstufungen vornehmen, wird als Maßstab auf die unterschiedliche „Bedeutung" der Parteien hingewie-

---

[22] Es würde auch nicht dem Grundsatz der Chancengleichheit widersprechen, wenn bei einer gebührenpflichtigen Vergabe von Sendezeiten die Parteien je nach ihrer finanziellen Leistungskraft unter gleichen Bedingungen zum Zuge kämen; so auch BVerfGE 14, 121 (134).

[23] Das gilt neben dem Fernsehen auch für DW und DF, deren Ausstrahlung zwar nicht auf das Bundesgebiet gerichtet ist, sich faktisch aber mehr oder weniger darauf erstreckt.

[24] Vgl. auch oben S. 52 über die ähnliche Regelung in Frankreich.

[25] Das BVerfG hat gegen diesen Maßstab auch keine rechtlichen Bedenken erhoben, sondern ihn nur — im Rahmen der einstimmigen personalisierten Verhältniswahl des LWG NW — für ungeeignet angesehen, über die „Bedeutung" einer Partei Aufschluß zu geben; vgl. BVerfGE 14, 121 (138).

[26] BVerfGE 7, 99 (108); 13, 204 (205); 14, 121 (134).

[27] Weitergehender im Sinne eines Müssens *Henke*, Parteienrecht, S. 192 sowie § 5 I 2 PartGEntwSPD.

sen[28]. Als Kriterien, nach denen diese Bedeutung einer Partei zu bestimmen sei, werden genannt: das vorhergehende Wahlergebnis[29], die Bestandsdauer einer Partei[30], ihre Kontinuität[31], ihre Mitgliederzahl[32], der Umfang und Ausbau ihrer Organisation[33], ihre Vertretung im Parlament[34] und ihre Beteiligung an der Regierung in Bund und Ländern[35, 36].

Zur Rechtfertigung dieser Differenzierungen bei der Sendezeitvergabe greift das BVerfG auf die im engeren Bereich des Wahlrechts entwickelten Grundsätze zurück. Danach könne der Gesetzgeber zur Vermeidung der mit einer übermäßigen Parteienzersplitterung gegebenen staatspolitischen Gefahren ausnahmsweise in gewissen eng umschriebenen Grenzen bei der näheren Ausgestaltung des Wahlrechts vom Grundsatz der formalen Chancengleichheit abweichen. „Dem der Sperrklausel und dem Unterschriftenquorum gemeinsam zugrunde liegenden Motiv der Sicherung des Charakters der Wahl als eines auf die Bildung funktionsfähiger Verfassungsorgane gerichteten Integrationsvor-

---

[28] BVerfG aaO; BayVerfGH JIR 8 (1957/58), 335 f; BVerwG JIR 8 (1957/1958), 338; *Hesse* VVDStRL 17 (1959), 38; *Henke*, BK, Rdn. 30 zu Art. 21; *Seifert*, Kommentar, Rdn. 6 vor § 17; *Plate* S. 71. Ferner: § 8 I 2 PartGEntwReg — die amtliche Begründung dazu enthält einen Hinweis auf eine allgemeine Rechtsüberzeugung und auf die angeblich entsprechende Gesetzgebung des Auslands; § 6 I 2 PartGEntwKoal; § 5 I 2 PartGEntwSPD; dagegen *Gross* Gewerksch. Monatshefte 65, 275.

[29] BVerfGE 14, 121 (137) und BayVerfGH JIR 8 (1957/58), 335 (337) unter Einschränkungen; *Henke*, BK, Rdn. 30 zu Art. 21; ders., Parteienrecht, S. 192; § 8 I 2 PartGEntwReg („nach den vorangegangenen Wahlerfolgen ⟨Wählerzahlen⟩"); § 6 I 2 PartGEntwKoal („Stimmenanteil einer Partei bei den Wahlen der letzten vier Jahre"); § 5 I 3 PartGEntwSPD („nach den vorangegangenen Wahlerfolgen ⟨Wählerstimmen⟩").

[30] BVerfG aaO; *Henke* aaO; *Seifert*, Kommentar, Rdn. 6 vor § 17.

[31] BVerfG aaO; *Seifert* aaO.

[32] BVerfG aaO; *Henke* aaO; *Seifert* aaO; *Külz* ZPol 6 (1959), 337; bezeichnenderweise auch § 5 I 3 PartGEntwSPD.

[33] BVerfG aaO; *Henke* aaO; *Seifert* aaO.

[34] BVerfG aaO sowie BVerfGE 7, 99 (108) und 13, 204 (205) („die bisherige Vertretung in den Parlamenten"); *Henke* aaO; *Seifert* aaO; § 6 I PartGEntwKoal („die Zahl ihrer Mandate im Bundestag und in den gesetzgebenden Körperschaften der Länder") enthält darüber hinaus — wohl als Konzession an die FDP — noch den Passus: „Für eine Partei, die im Bundestag in Fraktionsstärke vertreten ist, muß der Umfang der Gewährung mindestens halb so groß wie für jede andere Partei sein."

[35] BVerfGE 14, 121 (137); *Henke* aaO; *Seifert* aaO; bezeichnenderweise auch § 6 I 2 PartGEntwKoal. Dieses Kriterium enthält schon für sich betrachtet eine verfassungswidrige Diskriminierung parlamentarischer Oppositionsparteien. Die Konsequenz dieser Differenzierung wird bei *Leisner* S. 157 deutlich, der damit „eine etwa in der Öffentlichkeitsarbeit (der Regierung) liegende finanzielle Besserstellung" rechtfertigt.

[36] Vor der äußersten Konsequenz ist das BVerfG wohl zurückgeschreckt, indem es die von ihm im Bereich des Wahlrechts anerkannten Bedeutungskriterien (vgl. oben S. 112) hier nicht bemüht hat.

ganges kommt auch im Bereich der Wahlwerbung durch Rundfunk Bedeutung zu[37]." Da eine neue oder eine kleine Partei „in der Regel keine Aussicht" habe, auf Anhieb wesentliche Wahlerfolge zu erzielen und die Bildung (?) von möglicherweise zahlreichen neuen Parteien die Funktionsunfähigkeit von Parlament und Regierung gefährde, sei eine Abweichung von der formalen Chancengleichheit gerechtfertigt durch „das verfassungsrechtlich legitime Ziel, den Charakter der Wahl als des entscheidenden Integrationsvorganges bei der politischen Willensbildung des Volkes zu sichern"[38]. Dem könne dadurch Rechnung getragen werden, „daß die besondere Bedeutung der Parteien, durch deren Gegen- und Miteinanderwirken die bisherige Entwicklung entscheidend geprägt worden ist und deren mehr oder minder großer Einfluß auf die staatliche Willensbildung voraussichtlich (!) die weitere Entwicklung bestimmen wird, der Aktivbürgerschaft auch bei der Wahlwerbung im Rundfunk durch eine Abstufung der Sendezeiten vor Augen geführt und vergegenwärtigt wird"[39].

Mit dieser Begründung soll also der Parteienzersplitterung im gewählten Parlament dadurch vorgebeugt werden, daß bereits *vor der Wahl* nach vorgegebenen Kriterien bestimmte Parteien als „Splitterparteien" eingestuft und in bezug auf ihre Teilnahme an der Wahl rechtlich benachteiligt werden. Es wird dem Wähler vermittels der abgestuften Sendezeiten ein von Staats wegen beurteiltes und verfestigtes Kräfteverhältnis zwischen den Parteien vorgestellt. In dem Maße der Intensität und Suggestionswirkung des öffentlich gewährten Werbemittels wird nicht mehr die auf eigener freier Leistung beruhende Ausgangsposition einer Partei[40], sondern die auf Grund bestimmter — in die Vergangenheit gerichteter[41] — Auswahlkriterien[42] festgestellte „Bedeutung", die dem Wähler „vor Augen geführte" „Gewichtsvertei-

[37] BVerfGE 14, 121 (135).

[38] BVerfGE 14, 121 (136).

[39] ebd. Vgl. auch BayVerfGH JIR 8 (1957/58), 335 (337): „Der gute Sinn des Wahlkampfes im demokratischen Staat besteht nämlich vor allem in der sachlichen Auseinandersetzung zwischen den bedeutenden Parteien, die als Regierungsparteien oder Oppositionsparteien auf die politische Entwicklung Einfluß haben."

[40] Diese kann kurz vor einer Wahl eine ganz andere als bei der letzten Wahl und überhaupt nicht abschätzbar sein, wenn man nicht eine zweifelhafte Zuflucht bei der Demoskopie nehmen will, wie es der bad.-württ. Justizminister *Haußmann* vorgeschlagen hat; vgl. Die Welt Nr. 79 v. 3. 4. 1965.

[41] Gegen diese Zementierung des status quo *Weber* DöV 62, 245 sowie *Krause-Ablass* RuF 62, 120: „Eine Chance hat nur, wer nicht unter Berufung auf seinen Mißerfolg in der Vergangenheit in der Arbeit für den zukünftigen Erfolg behindert wird."

[42] Vgl. auch C. *Schmitt*, Legalität, S. 35 ff über die „über-legale Prämie auf den legalen Besitz der legalen Macht und auf die Gewinnung der Mehrheit".

lung“ zwischen den Parteien wahlwirksam[43]. Dieses Verfahren erscheint jedoch mit dem für die demokratische Wahl unerläßlichen „freien und nicht präjudizierten Wettbewerb“[44] um so unvereinbarer, je umfangreicher und damit wählerbeeinflussender die unterschiedlich gewährten Parteiensendungen sind. Das — generell für verfassungsmäßig erachtete — Ziel, eine *Parteienzersplitterung* im Parlament zu verhindern, vermag eine Ungleichbehandlung der Parteien bei der Sendezeitenverteilung nicht zu rechtfertigen[45]. Durch die Einführung einer Sperrklausel in das Wahlgesetz hat der Gesetzgeber ein abschließendes Kriterium dafür festgelegt, welche Parteien nach der Wahl als Splitterparteien von der Mandatsverteilung im Verhältnisausgleich ausgeschlossen bleiben. Soweit sich nun eine Abstufung der Sendezeiten gegen Parteien richten soll, die die Sperrklausel überwinden würden, ist sie unzulässig, weil diese Parteien nicht unter dem Gesichtspunkt einer Verhinderung der Funktionsfähigkeit des Parlaments benachteiligt werden dürfen. Soweit die Abstufung aber solche Parteien betreffen soll, die unterhalb der 5 %-Grenze bleiben würden, ist sie zur Verhinderung einer Parteienzersplitterung nicht erforderlich, weil nach der Wahl die Sperrklausel[46] voll wirksam wird. Die Parteienzersplitterung im Parlament kann also nur nach der Wahl bei der Mandatszuteilung durch die Sperrklausel verhindert werden.

Die Abstufung der Sendezeiten wird ferner begründet mit dem Hinweis auf das mit Unterschriftenquoren verfolgte Ziel, einer *Stimmenzersplitterung* bei der Wahl entgegenzuwirken, indem sichergestellt wird, daß nur solche Wahlvorschläge zugelassen werden, hinter denen eine politisch ernst zu nehmende Gruppe steht[47]. Die Abstufung der

---

[43] *Seifert*, Kommentar, Einl. S. 34, bezeichnet die Sendezeitenabstufung als mitwirkenden Faktor für die Wählerkonzentration bei den bisherigen Bundestagswahlen. Vgl. auch *Badura*, BK, Rdn. 13 zu Anh. z. Art. 38 („Bestandsschutz des von den einzelnen Parteien jeweils erzielten Sektors an ‚Bedeutung‘“). *Hesse* VVDStRL 17 (1959), 38 sieht zwar das mit der Abstufung verbundene „retardierende Element“, begrüßt aber den zugleich bewirkten „Zug zu einem System mit wenigen Parteien“. Die proportionale Gleichheit gewährleiste „daher“ die in der Demokratie vorausgesetzte Funktion der Parteien besser als ein starres Festhalten an dem Prinzip schematischer Gleichheit.

[44] *Weber* DöV 62, 245.

[45] Auch *Henke*, Parteienrecht, S. 191 hält die Argumentation des BVerfG insoweit für bedenklich. Für *Badura*, BK, Rdn. 13 zu Anh. z. Art. 38 verlegt sie „die Verteidigungslinie des arbeitsfähigen Parlaments sehr weit nach vorn in das Feld der Auseinandersetzung zwischen den Parteien und erscheint, am Maßstab der Erforderlichkeit gemessen, angreifbar“. Vgl. auch *Kewenig* DöV 64, 837.

[46] Die als verfassungswidrig erachtete Alternativklausel braucht hier nicht berücksichtigt zu werden.

[47] BVerfGE 14, 121 (135 f); *Weber* DöV 62, 244.

Sendezeiten sei „eine nicht weniger legitime Parallele und Ergänzung" der Praxis der Zulassungsbeschränkungen[48]. Diese Begründung übersieht jedoch, daß nur die Parteien einen Anspruch auf Sendezeitenzuteilung haben, die sich an der Wahl beteiligen. Über die Zulassung der Wahlvorschläge einer Partei wird erst entschieden, wenn diese Partei auch den Nachweis erbracht hat, daß sie die Zulassungserfordernisse erfüllt. Damit ist sie als ernsthafte Gruppe ausgewiesen mit der Folge, daß das Argument der Stimmenzersplitterung ihr gegenüber verbraucht ist. Eine Partei, der bei der Wahlzulassung bescheinigt wird, daß ihre Wahlbeteiligung keine gefährliche Stimmenzersplitterung bewirkt, kann diese Gefahr auch nicht durch eine gleichberechtigte Teilhabe an der Wahlwerbung im Rundfunk heraufbeschwören.

Das BVerfG begründet weiterhin die Sendezeitenabstufung damit, daß der Rundfunk als das neben der Presse entscheidende Massenkommunikationsmittel, von dem der Staatsbürger die für seine Meinungsbildung unentbehrlichen Informationen beziehe, seinen Hörerkreis objektiv über die Gewichtsverteilung zwischen den bedeutsamen politischen, weltanschaulichen und gesellschaftlichen Gruppen zu informieren habe. Auch diese gesellschaftliche Funktion des Rundfunks rechtfertige es, „die jeweilige Bedeutung der politischen Parteien bis zu einem gewissen Grade bei der Bemessung der Sendezeiten zur Wahlpropaganda in Rechnung zu stellen"[49]. Hier wird jedoch das eigenverantwortete Programm der Rundfunkanstalten in unzulässiger Weise mit den Parteiensendungen verknüpft. Gilt für jenes der Grundsatz der Ausgewogenheit, Sachlichkeit und gegenseitigen Achtung[50], so stehen die Parteiensendungen, die nicht zum Programm der Rundfunkanstalt gehören[51], unter dem strengen Gebot der formalen Chancengleichheit aller Parteien[52].

Als letztes wird von *Weber* noch auf die objektive Kapazitätsgrenze der Rundfunkanstalten hingewiesen, die eine „Kontingentierung" der

---

[48] *Weber* ebd.

[49] BVerfGE 14, 121 (136/37). Ähnlich auch *Henke*, Parteienrecht, S. 192, nach dem bei einer Gleichbehandlung aller Parteien „der Anschein ihres gleichen Gewichts" erweckt würde. Vgl. dazu ferner BayVerfGH JIR 8 (1957/58), 335 (337), nach dessen Ansicht auch die Parteiensendungen der „Belehrung" dienen; der Rundfunk solle vor allem den Wählern Gelegenheit geben, sich über das Wesen und die Ziele der größeren Parteien, „auf die es letztlich ankommt", und den Stand der Auseinandersetzung unter diesen zu orientieren, um sich dann bei der Wahl entscheiden zu können. „Der Rundfunk soll nicht zu tief in den Wahlkampf geraten; ...".

[50] BVerfGE 12, 205 (262 f); 14, 121 (136).

[51] Deshalb steht den Rundfunkanstalten auch keine Befugnis zu, die Redemanuskripte der Parteien auf ihre Verfassungsmäßigkeit hin zu überprüfen, wie *Henke*, Parteienrecht, S. 192, mit Recht gegenüber *Quaritsch* RuF 57, 389 f annimmt.

[52] Vgl. *Krause-Ablass* RuF 62, 121.

Sendezeiten für solche politischen Gruppen notwendig mache, die unter dem Schutz der Freiheit der Parteigründung neu als Parteien zur Geltung zu kommen versuchen[53]. Doch auch hier liegt kein zwingender sachimmanenter Grund für eine Ungleichbehandlung der Parteien vor[54]. Wird bei einer Abstufung auch der einer Partei zugesprochene kleinste Sendezeitenanteil noch als „angemessen"[55] beurteilt, so kann sich bei einer gleichmäßigen Aufteilung der Gesamtsendezeit auf alle zur Wahl zugelassenen Parteien nichts anderes ergeben. Auch ohne Erweiterung der von den Rundfunkanstalten für Parteiensendungen zur Verfügung gestellten Sendezeit ist der auf jede Partei entfallende gleiche Anteil nicht so bemessen, „daß die Wahlpropaganda durch Rundfunk überhaupt ihren Sinn verlöre"[56].

Damit aber hat sich ergeben, daß eine ungleiche Sendezeitenverteilung an die Parteien nur nach Maßgabe der Wahlbeteiligung einer Partei erfolgen darf. Andere Gesichtspunkte — insbesondere die „Bedeutung" einer Partei — vermögen dagegen abgestufte Sendezeiten nicht zu rechtfertigen[57]. Allen an Wahlsendungen im Rundfunk beteiligten Parteien steht deshalb ein Anspruch auf gleichbemessene und gleichwertige[58] Sendezeiten zu[59]. „So, wie in der Demokratie der grie-

---

[53] DöV 62, 244.

[54] So auch *Badura*, BK, Rdn. 13 zu Anh. z. Art. 38.

[55] D. h. auch als zureichend, um das Programm der Partei zu entwickeln und zu aktuellen politischen Fragen Stellung zu nehmen; vgl. BVerwG JIR 8 (1957/58), 338 sowie BVerfGE 14, 121 (139/40).

[56] *Weber* DöV 62, 244.

[57] Vgl. *Badura*, BK, Rdn. 13 zu Anh. z. Art. 38. Kritisch gegenüber der ersten Sendezeiten-Entscheidung des BVerfG auch *Rinck* DVBl 58, 226. *Scheuner*, Schriftsatz v. 24. 4. 1962, S. 23, der die formale Chancengleichheit der Parteien auf den Bereich der eigentlichen Wahl beschränkt wissen will, räumt ein: „Dehnt man mit dem Beschwerdeführer den Grundsatz formaler Gleichstellung auf die Wahlwerbung aus, so bleibt hier nur die volle Gleichbehandlung aller Gruppen. Jede andere Methode eröffnet einer Beeinflussung des Wahlergebnisses die Tür."

Vgl. auch in diesem Zusammenhang den unbegründeten terminologischen Sprung des BVerfG in BVerfGE 14, 121 von einem „besonderen zwingenden Grund" (S. 133) zu „besonders wichtigen Gründen" (S. 134 ff); dazu oben S. 103 FN 56.

[58] Z. B. gleicher Hörer- bzw. Zuschauerkreis, gleichwertige Sendetermine. Die notwendig festzulegende Reihenfolge der Parteien kann dabei wie auf den amtlichen Stimmzetteln (§ 31 III BWG) nach dem vorherigen Wahlergebnis bzw. in alphabetischer Reihenfolge der Namen der Parteien bestimmt werden; dazu *Seifert*, Rdn. 6 ff zu § 31. Vgl. auch die Bestimmungen des Reichsinnenministers v. 15. 6. 1932 (oben S. 34 FN 83): „Die Reihenfolge wird durch die Stärke der Parteien im vorigen Reichstag derart bestimmt, daß die schwächsten Parteien oder Parteiengruppierungen zuerst ihre Redner vorschicken müssen. Die Parteien sind befugt, die ihnen zur Verfügung gestellten Sendezeiten untereinander auszutauschen."

[59] So entschieden *Krause-Ablass* RuF 62, 120 f. Vgl. auch § 3 Ziff. 6 HR-Gesetz; Art. 5 IV c SWF-Satzung. Wohl auch *Siegert* NJW 63, 1954.

chischen Stadtstaaten der öffentliche Platz, das Forum, jedem Kandidaten zur Verfügung stand, muß im modernen Flächenstaat jedem ernsthaften Bewerber das durch die technischen Medien erzeugte Auditorium der Nation zu Gebote stehen, d. h. er muß, wenn mit öffentlicher Hilfe ein solches Forum errichtet wird, ohne Diskriminierung am agitatorischen Wettbewerb teilnehmen können[60]."

Die Neutralität der Rundfunkanstalten gegenüber dem Wettbewerb der Parteien ist bei der Veranstaltung von Parteiensendungen nur in der Form schematischer Parität möglich[61].

II. Regierungssendungen

Neben der Einräumung von Sendezeiten zu Wahlkampfzwecken an die Parteien stellt das für alle Rundfunkanstalten normierte Verlautbarungsrecht der Bundes- bzw. jeweiligen Landesregierung[62] den anderen Teil des instrumentalen Rundfunkprogramms[63] dar[64]. Sind hier die politischen Parteien auch nicht unmittelbar selbst betroffen, so geben doch einerseits die verfassungsrechtliche Stellung der Regierung im parlamentarischen Parteienstaat[65] und andererseits Beispiele von Auseinandersetzungen zwischen den Parteien um solche Regierungssendezeiten[66] Veranlassung, diese Frage unter dem Gesichtspunkt der Chancengleichheit der Parteien zu beleuchten.

Die Rundfunkanstalten räumen den Regierungen grundsätzlich nur zweckgebundene Sendezeiten ein[67]. Aus Gründen ihrer staatspolitischen Verantwortung wird den Regierungen die Möglichkeit gegeben,

---

[60] *Dübber* Die neue Gesellschaft 64, 110.

[61] C. *Schmitt*, Hüter, S. 113 bezeichnet die innerpolitische Neutralität im Sinne von Parität als „gleiche Zulassung aller in Betracht kommenden Gruppen und Richtungen unter gleichen Bedingungen und mit gleicher Berücksichtigung bei der Zuwendung von Vorteilen oder sonstigen staatlichen Leistungen".

[62] Vgl. auch oben S. 44.

[63] Hier mit *Krause-Ablass* RuF 62, 116 verstanden als Gegensatz zum (medialen) Eigenprogramm der Rundfunkanstalten.

[64] Zum instrumentalen Programm gehören ferner die an verschiedene gesellschaftliche Gruppen (zB Arbeitgeber- und Arbeitnehmerorganisationen, Kirchen, Religions- und Weltanschauungsgemeinschaften) vergebenen Sendezeiten. Vgl. Art. 4 II Ziff. 1 u. 2 BR-Gesetz; § 3 Ziff. 7 HR-Gesetz; § 2 V RB-Gesetz; § 2 IV Ziff. 1—3 SDR-Satzung; § 6 I SWF-Vertrag; § 27 III DW-DF-Gesetz; § 6 III und IV ZDF-Vertrag.

[65] Vgl. *Eschenburg* RuF 63, 140 („parteiorientierte Obrigkeit").

[66] Vgl. die oben S. 45 f angeführten Fälle.

[67] Eine Ausnahme bildet § 6 I SWF-Vertrag (entsprechend Art. 5 IV b SWF-Satzung), der die Landesregierung auch berechtigt, „ihre Auffassungen in zweckentsprechenden Sendezeiten des Südwestfunks zu vertreten".

Gesetze und Verordnungen[68], amtliche Verlautbarungen[69] und andere wichtige — im öffentlichen Interesse gelegene[70] — Mitteilungen[71] unverzüglich und kostenlos im Rundfunk bekanntzugeben[72]. Es geht also nicht darum, daß die jeweilige Regierung ihre — zwischen den Parteien in aller Regel umstrittenen — Auffassungen unter Ausschaltung des Parlaments direkt dem Volke unterbreitet, sondern um ausschließlich staatswohlbezogene Information des Volkes aus besonderem Anlaß. Macht die Regierung von ihrem Recht innerhalb dieses Rahmens Gebrauch, so werden Belange der Parteien nicht berührt.

Das ist jedoch dann nicht mehr der Fall, wenn ein Regierungsmitglied unter Überschreitung des Verlautbarungsrechts[73] die Gelegenheit einer Rundfunkansprache benützt, um in strittigen politischen Fragen die Politik der Regierung zu verteidigen[74]. Ein Recht „der Opposition" auf Chancengleichheit mit der Regierung, das hier berührt sein könnte, besteht nach dem — am alten Gewaltenteilungsschema festhaltenden — Grundgesetz nicht[75]. Dagegen kann hier die Chancengleichheit der einzelnen Oppositionspartei durch eine mittelbare Begünstigung der Regierungspartei(en) verletzt sein mit der Folge, daß die benachteiligte Oppositionspartei einen Anspruch auf Gewährung von Sendezeit hat. Das wird dann anzunehmen sein, wenn in Wahlkämpfen regierungsamtliche Wahlpropaganda zugunsten einer bestimmten Partei oder Koalition bzw. zu Lasten einer oder mehrerer anderer Parteien betrieben wird[76]. Aber auch soweit der Grundsatz der Chancengleichheit der Parteien nicht betroffen wird, ist der Rundfunk auf Grund seiner Neu-

---

[68] Art. 4 Ziff. 3 BR-Gesetz; § 3 Ziff. 5 HR-Gesetz; § 2 IV RB-Gesetz; § 6 II SWF-Vertrag; § 5 ZDF-Vertrag.

[69] § 6 NDR-Vertrag; § 4 SR-Gesetz; § 2 IV Ziff. 9 SDR-Satzung; § 6 WDR-Gesetz; § 26 DW-DF-Gesetz; § 5 ZDF-Vertrag.

[70] Art. 4 II Ziff. 3 BR-Gesetz.

[71] § 3 Ziff. 5 HR-Gesetz; § 2 IV RB-Gesetz; § 6 II SWF-Vertrag.

[72] Zu weitgehend *Bausch*, Die polit. Meinung H. 28 (1958), 22, der hieraus verallgemeinernd die besondere Verpflichtung der Rundfunkanstalten annimmt, den Regierungen „Sendezeit für Gegendarstellungen bei Angriffen" einzuräumen; vgl. auch § 2 IV Ziff. 8 SDR-Satzung.

[73] Vgl. *Lenz* JZ 63, 342 f; es ist deshalb auch nicht nur „eine Frage des politischen Stils, wie Regierungen ihre Rechte benutzen, im Rundfunk ihre Meinung darzulegen", wie *Bausch*, aaO, S. 23 meint.

[74] Dies hält *Leisner* S. 136 jedoch für zulässig, weil eine Trennung von Information, Verlautbarung und Werbung praktisch undurchführbar sei und weil sonst die Gewaltenteilung, ja die Waffengleichheit der Parteien beeinträchtigt würden; die Regierung befinde sich in einem „Verteidigungsnotstand" (S. 154 f).

[75] Vgl. dazu oben S. 83 f. Nach *Krause-Ablass* RuF 62, 121 soll für den Ausgleich zwischen Regierung und Opposition nicht der Grundsatz der Chancengleichheit, sondern „der des sachbestimmten Interesses" gelten.

[76] So in dem oben S. 45 angeführten Beispiel; diese Möglichkeit übersieht *Henke*, Parteienrecht, S. 193 f.

tralitätsverpflichtung gehalten, einen überparteilichen Ausgleich herbeizuführen. Dies kann sowohl über das mediale Programm[77] als auch über das instrumentale Programm z. B. in der Weise erfolgen, daß nach einer kontroversen Regierungssendung den Parlamentsfraktionen Gelegenheit zur Erwiderung gegeben wird[78].

III. Redaktionssendungen

Auf das Eigenprogramm der Rundfunkanstalten findet der Grundsatz der Chancengleichheit keine Anwendung. Dieser Bereich steht allein unter dem Gebot des überparteilichen Ausgleichs[79], einem Grundsatz, der sich auf das Gesamtprogramm der Rundfunkanstalt bezieht und der deshalb auch nicht durch einzelne Sendungen verletzt werden kann, wenn der Gegenmeinung an anderer Stelle des Programms ein gleichwertiger Platz eingeräumt wird[80].

---

[77] Abweichend wohl *Krause-Ablass* RuF 62, 121.

[78] Ebenso *Henke*, Parteienrecht, S. 193. Nach der Vereinbarung zwischen den drei Bundestagsfraktionen und der ARD v. 19. 12. 1962 — von der SPD im November 1964 gekündigt, vgl. SZ Nr. 267 v. 6. 11. 1964 — wurde den im Bundestag vertretenen Fraktionen eine Sendezeit zur Darstellung ihrer Meinung zur Verfügung gestellt, wenn der Regierungschef oder ein von ihm beauftragter Minister Gelegenheit zu einer Erklärung im Fernsehen erhalten hatte und es sich dabei um eine Darstellung kontroverser Fragen handelte, die zwischen Regierung und Parlament diskutiert wurden. Vgl. Zeitungs-Verlag und Zeitschriften-Verlag 1964 Nr. 45 S. 2012.

[79] Vgl. *Krause-Ablass* RuF 62, 118; *Eschenburg* RuF 63, 141.

[80] Diese überparteiliche Neutralität im Sinne der Ausgewogenheit des Gesamtprogramms ist in der Praxis ständig in Gefahr, infolge der Zusammensetzung der Aufsichtsgremien von einer den politischen Bereich nach dem Parteienproporz parzellierenden paritätischen Neutralitätsvorstellung oder gar einer politische Streitfragen ausklammernden unparteiischen Neutralitätsvorstellung unterlaufen zu werden. Vgl. dazu ferner: *Bausch* Die polit. Meinung H. 28 (1958), 19 ff; *Rapp* FAZ Nr. 19 v. 22. 1. 1962; *Eschenburg* Die Zeit Nr. 21 v. 25. 5. 1963; *Müller-Meiningen* SZ Nr. 257 v. 26./27. 10. 1963.

§ 10: Staatliche Finanzierung der Parteien

Die Finanzierung aus öffentlichen Mitteln macht den wichtigsten Teil der staatlichen Leistungen an die Parteien aus. Hauptfrage im Zusammenhang des hier gestellten Themas[1] ist wiederum: welche Parteien werden berücksichtigt und wie werden die Gelder verteilt? Nicht die Suche nach dem gerechtesten Verteilungsschlüssel wird zu betreiben sein, sondern die Fragestellung ist verfassungsrechtlich dahin präzisiert: welche der praktisch und theoretisch angebotenen möglichen Regelungen staatlicher Subventionierung der Parteien ist mit dem Grundsatz der Chancengleichheit aller Parteien vereinbar[2]?

Zu unterscheiden sind die *unmittelbare staatliche Parteienfinanzierung*, bei der staatliche Gelder nach einem staatlich festgelegten Schlüssel auf die Parteien verteilt werden, und die *mittelbare staatliche Parteienfinanzierung*, bei der staatliche Gelder — allein oder in Verbindung mit privaten Spenden — gemäß der Bestimmung durch die Staatsbürger an die Parteien verteilt werden. Hinzu kommen als weitere Formen einer staatlichen Finanzierung der Parteien *Steuervergünstigungen* sowie Leistungen sachlicher Art, insbesondere *staatliche Wahlkampfhilfen*.

I. Unmittelbare staatliche Parteienfinanzierung

Unmittelbare staatliche Zuwendungen aus Haushaltsmitteln an die Parteien können mit einer Zweckbindung versehen oder aber zur freien Verfügung gegeben werden. Im letzteren Falle dienen sie dem allgemeinen Finanzbedarf der Parteien, der seinen Höhepunkt im Wahljahr erreicht.

---

[1] Auszuklammern ist deshalb hier die Frage, inwieweit eine staatliche Parteienfinanzierung aus anderen verfassungsrechtlichen Erwägungen möglicherweise überhaupt unzulässig ist. Vgl. dazu aus dem neueren Schrifttum: *Kewenig* DöV 64, 829 ff; *Ridder*, Böhm-Festschrift, S. 26 ff; *Plate* S. 58 ff. — Zur Vereinbarkeit des Rechnungslegungsgebotes (Art. 21 I 4 GG) mit dem Grundsatz der Chancengleichheit vgl. *Plate* S. 37 ff.

Zu den inzwischen ergangenen Urteilen des BVerfG v. 19. 7. 1966 vgl. oben S. 58 f.

[2] Vgl. *Dübber* Die neue Gesellschaft 64, 108: „Voraussetzung jeder Form der Staatsfinanzierung aber muß der Grundsatz der Wettbewerbsneutralität sein."

1. Zweckfreie öffentliche Mittel

Im Gegensatz zu Rundfunksendungen, bei denen Gewährung und Verbrauch zeitlich zusammenfallen, können diese staatlichen Gelder direkt oder indirekt dem Wahlkampffonds einer Partei zugeführt werden. Sie sind damit potentiell wettbewerbswirksam[3] und unterliegen den sich aus dem Grundsatz der Chancengleichheit ergebenden Bindungen.

a) Wie bei der Sendezeitenverteilung reicht auch hier die Skala der denkbaren Variationsmöglichkeiten vom unbeschränkten *Zugang* aller Parteien bis hin zum privilegierten Zutritt ausschließlich der Parlamentsparteien zur Staatskasse. Da der Grundsatz der Chancengleichheit eine formale Gleichbehandlung aller Parteien verlangt, ist auszugehen von der Feststellung, daß grundsätzlich alle Parteien zu berücksichtigen sind. Zur Frage steht damit nur noch, ob und gegebenenfalls in welchem Maße bestimmte Zulassungsvoraussetzungen aus zwingenden Gründen gerechtfertigt sein können. Da den Splitterparteien nur nach der Wahl mit der Sperrklausel der Einzug ins Parlament verwehrt werden darf[4] und andere Gründe soweit nicht reichen, kommt eine Beschränkung auf die im Parlament vertretenen Parteien nicht in Betracht[5]. Die diesbezügliche Praxis des Bundestages und verschiedene Landesparlamente ist verfassungswidrig[6, 7].

Als Zulassungsvoraussetzung kann jedoch auch hier — wie bei der Wahlzulassung — der Gesichtspunkt des Ernsthaftigkeitsnachweises herangezogen werden. Da die Parteien in erster Linie Wahlvorbereitungsorganisationen sind und ihre Geldmittel auch in erster Linie der Wahlvorbereitung dienen[8], muß eine Partei, die solche Mittel beansprucht, auch die für eine Wahlbeteiligung erforderlichen Voraussetzungen erfüllen. Das bedeutet, daß von parlamentarisch nicht vertretenen Parteien[9] ein Unterschriftenquorum verlangt werden kann[10]. Die Wahl-

---

[3] Das wird von *Weber* DöV 62, 245 nicht berücksichtigt.

[4] Vgl. oben S. 115 f.

[5] Für das BVerfG folgte dies schon aus dem ersten Parteispendenurteil; vgl. BVerfGE 6, 273 (280 f), neuestens auch 20, 56 (117). Für die kommunale Ebene vgl. *Ziebill* S. 45 sowie *Möller* StuKvw 63, 86.

[6] Ebenso *Henke*, Parteienrecht, S. 195; ders., BK, Rdn. 30 zu Art. 21; *Kewenig* DöV 64, 830; *Ridder*, Böhm-Festschrift, S. 34 u. 37; *Plate* S. 76 mwN, der aber (S. 79) eine 1 %-Klausel aus „sachlichen Gründen" für gerechtfertigt hält. Vgl. vorher schon Bericht S. 216/217; *Dübber*, Parteifinanzierung, S. 81/82; *Eschenburg*, Probleme, S. 34. Abweichend unter fälschlicher Berufung auf das BVerfG *Eschenburg* Die Zeit Nr. 15 v. 14. 4. 1961.

[7] Das gleiche gilt für § 20 I PartGEntwKoal.

[8] Vgl. BVerfGE 8, 51 (63) und 11, 239 (242).

[9] Zur Ausnahme der Parlamentsparteien siehe oben S. 117.

[10] So auch *Ridder*, Böhm-Festschrift, S. 37/38; *Plate* S. 76; vgl. auch *Fuß* JZ 59, 394 („alle überhaupt für die Wahlzulassung in Frage kommenden

zulassung selbst kann zwar alternativ, nicht aber allein vorausgesetzt werden, da dies in Anbetracht der fortlaufenden staatlichen Leistungen im Verlauf der Wahlperiode eine unsachgemäße rückwärtsgerichtete Festlegung bedeuten würde.

b) Die Diskussion um den *Verteilungsschlüssel* bewegt sich zwischen zwei gleichermaßen allgemeines Unbehagen hervorrufenden Polen: der Vorstellung einerseits, daß eine gleiche Zuteilung staatlicher Mittel auch an die kleinen Parteien einen Anreiz zur Parteienzersplitterung biete[11], dem Gedanken andererseits, daß durch eine Abstufung nach bestimmten festen Kriterien (z. B. letztes Wahlergebnis) die Gefahr einer Kanalisierung des politischen Willens und einer Zementierung des politischen status quo hervorgerufen werde[12]. Dennoch wird — soweit überhaupt eine entschiedene Stellungnahme erfolgt — trotz aller Bedenken die Lösung des Verteilungsproblems überwiegend in einer abgestuften Parteiensubventionierung gesehen[13].

Wenn man davon ausgeht, daß die Parteien vom Staat grundsätzlich formal gleich zu behandeln sind, so handelt es sich hier — wie bei der Sendezeitenverteilung — um Durchbrechungen der Chancengleichheit, die hier wie dort nur durch aus der Verfassungsstruktur folgende, zwingende Gründe gerechtfertigt werden können[14]. Nur der von *Dübber*[15] vorgeschlagene Weg eines Wahlkostenzuschusses in der Weise, daß jeder für die Bundestagswahl eingereichte Kreiswahlvorschlag und jede zugelassene Landesliste mit einem staatlichen Zuschuß von 10 Pfg pro Stimmberechtigten bedacht werden, ist unter den bisherigen Vorschlägen mit dem Grundsatz der Chancengleichheit in Einklang zu bringen[16]. Denn hier wird — wie im Zusammenhang mit der Rundfunkwerbung aufgezeigt: zulässigerweise[17] — für die Auswahl der

---

Gruppen"). Selbstverständlich können daneben auch Unterlagen (Satzung, Programm) verlangt werden, die zur Beurteilung der Parteieigenschaft neuer Gruppen erforderlich sind.

[11] So etwa *Dübber* Die neue Gesellschaft 58, 124/125; *Eschenburg*, Probleme, S. 35; *Henke*, Parteienrecht, S. 195 f.

[12] Ausführlich *Kewenig* DöV 64, 836 ff; vgl. auch *Eschenburg* aaO; *Henke* aaO; *Ridder*, Böhm-Festschrift, S. 22 ff.

[13] Vgl. etwa *Hesse* VVDStRL 17 (1959), 38; *Meyer-Arndt* DöV 58, 886; *Weber* DöV 62, 245; *Henke* aaO S. 192, 196; *Ridder*, aaO, S. 38; *Plate* S. 69 f, der allerdings einen für alle Parteien gleichen Sockelbetrag in der Gesamthöhe von 25 % verlangt.

[14] So auch *Plate* S. 67.

[15] Die neue Gesellschaft 64, 110 f. Vgl. auch die bei *Dübber*, Parteifinanzierung, S. 77 erwähnte Studie aus der hessischen Staatskanzlei von 1959.

[16] Dagegen würde eine teilweise Bindung der Zuschüsse an die Überwindung der 5 %-Klausel, wie sie *Dübber* in Erwägung zieht, eine Durchbrechung der Chancengleichheit bedeuten.

[17] Vgl. oben § 9 I 1 und 2.

zu begünstigenden Parteien sowie für die Verteilung der Zuwendungen an Art und Umfang der Wahlbeteiligung der Parteien angeknüpft[18].

Da Ungleichbehandlungen von Parteien vor dem Wahlakt nicht auf den Gesichtspunkt der Fernhaltung der Splitterparteien vom Parlament gestützt werden können, ist auch die chancengleiche Teilhabe an der staatlichen Parteienfinanzierung nicht am Ziel der Sperrklausel zu legitimieren[19]; vielmehr hat diese erst ihre Rechtfertigung als besonders begründete und eng umgrenzte Ausnahme von der Chancengleichheit her erfahren. Der Parteienzersplitterung im Parlament durch ungleiche Beteiligung der Parteien an öffentlichen Mitteln vorbeugen zu wollen, ist mit dem Grundsatz der Chancengleichheit der Parteien unvereinbar. Aber auch die weitergehende Annahme, daß durch eine gleiche Dotierung aller Parteien nicht nur die Parteienzersplitterung nicht gehindert, sondern geradezu gefördert werde, führt zu keiner anderen Beurteilung. Denn tatsächlich bilden schon der geforderte Ernsthaftigkeitsnachweis und die berücksichtigte örtliche Verbreitung einer Partei gewisse Hemmnisse[20]. Zum anderen ist zu betonen, daß die Förderung ernsthafter Parteineugründungen nicht weniger dem Art. 21 I GG entspricht als ein Bestandsschutz der etablierten Parteien[21].

Kann der mit einem Unterschriftenquorum verbundene Ernsthaftigkeitsnachweis bereits bei der Zulassung zur staatlichen Parteienfinanzierung berücksichtigt werden, so ist eine Abstufung bei der Verteilung auch nicht mehr darauf zu stützen, daß anderenfalls einer gefährlichen Stimmenzersplitterung bei der Wahl Vorschub geleistet würde. Da auch keine mit der Finanzierung notwendig verbundenen sachimmanenten zwingenden Gründe eine Abstufung erforderlich machen, folgt aus dem Grundsatz der Chancengleichheit, daß zweckfreie unmittelbare staatliche Gelder an die beteiligten Parteien zu gleichen Teilen gegeben werden müssen[22].

---

[18] Möglich erscheint es, außerhalb von Wahlen einen entsprechenden Gesichtspunkt in der Berücksichtigung des regionalen Organisations- und Tätigkeitsumfanges einer Partei (Bundespartei — Landespartei) zu sehen. Daß kleine Parteien nicht von staatlicher Förderung mit der Begründung ausgeschlossen werden dürfen, es müsse vermieden werden, radikale und gegen die freiheitliche demokratische Grundordnung gerichtete Parteigründungen zu unterstützen — so der Vertreter der Bundesregierung im Parteienfinanzierungs-Verfahren, BVerfGE 20, 56 (72) —, bedarf keiner weiteren Begründung; vgl. auch oben § 8 I 1.

[19] Vgl. aber *Haungs* S. 20.

[20] Es ist sogar mit *Ridder*, Böhm-Festschrift, S. 29 f zu fragen, ob nicht die Subventionierung bestehender Parteien überhaupt Parteineugründungen erschwert.

[21] Vgl. *Willms* Rhein. Merkur Nr. 30 v. 24. 7. 1964.

[22] Ebenso entschieden *Dübber*, Parteifinanzierung, S. 83; unter ausdrücklicher Einbeziehung der parlamentarisch nicht vertretenen Parteien: ders.,

2. Zweckgebundene öffentliche Mittel

Zweckgebundene Zuwendungen an die Parteien sind gesondert zu betrachten, weil sie nach dem Charakter der Zweckbindung aus dem vom Grundsatz der Chancengleichheit erfaßten Bereich des politischen Wettbewerbs herausfallen können. Nach §§ 19, 20 II PartGEntwKoal sollen die Parteien öffentliche Mittel erhalten zur Deckung der „Aufwendungen, die ihnen durch die Mitwirkung bei der politischen Willensbildung des Volkes erwachsen". Da die Wahlvorbereitung der wesentliche Teil dieser Mitwirkung ist, handelt es sich nicht um eine Zweckbindung in dem hier verstandenen Sinn. Wenn dagegen § 16 II PartGEntwSPD öffentliche Zuschüsse an die Parteien „für Zwecke staatsbürgerlicher Bildungsarbeit" vorsieht, so liegt eine solche Zweckbindung vor[23]. Bei aller Schwierigkeit der Abgrenzung im Einzelfall[24] ist hier eine Unterscheidung getroffen, die es den Parteien verwehrt, die empfangenen Gelder für den allgemeinen Finanzbedarf und insbesondere zur Wahlkampffinanzierung zu verwenden. Es sind also Mittel, die der Wettbewerbswirksamkeit entbehren[25]. Für die Verteilung ist nicht der formale Maßstab der Chancengleichheit, sondern der — sachgemäßen Differenzierungen zugängliche — allgemeine Gleichheitssatz maßgebend. Das aber bedeutet, daß Zugang und Verteilung dieser zweckgebundenen Mittel nach Art und Umfang der Verwirklichung des Förderungszwecks unter Berücksichtigung des politischen Besitzstandes der Parteien gestaltet werden können[26].

Die neue Gesellschaft 64, 108. Nach letztgenannter Quelle sollen in Puerto Rico, das gleichfalls eine staatliche Parteienfinanzierung kennt, alle Parteien Subventionen in gleicher Höhe erhalten. *Plate* S. 68 hält dies für eine „unangemessene Beurteilung der Gesamtsituation", zeigt jedoch einen auch von ihm geforderten zwingenden Grund nicht auf, sondern spricht plötzlich (S. 71) davon, es bestehe „in diesem Bereich ein großer (!) Ermessensspielraum".

[23] Ebenso im Bundeshaushalt 1959 bis 1962 („Sondermittel für politische Bildungsarbeit").

[24] Das BVerfG — E 20, 56 (112) — hat die Möglichkeit einer solchen Abgrenzung allerdings inzwischen verneint mit der Begründung, daß keine Partei darauf verzichten könne, allgemeine staatspolitische Fragen zur Diskussion zu stellen und für ihre Lösungsvorschläge in der Wählerschaft zu werben; damit kämen Mittel für die politische Bildungsarbeit der gesamten politischen Tätigkeit der Parteien zugute. Angesichts des viel gewagteren Abgrenzungsversuches des BVerfG (aaO S. 114) zwischen Wahlkampf- und sonstiger Tätigkeit der Parteien vermag dies kaum zu überzeugen.

[25] Damit soll der auch mit der staatsbürgerlichen Bildungsarbeit notwendig verbundene gewisse Werbeeffekt nicht verkannt werden; er ist jedoch die unvermeidbare Folge jeglichen Handelns der Parteien in der Öffentlichkeit.

[26] Um so mehr ist eine wirksame Prüfung durch den Bundesrechnungshof zu verlangen. Zur Kritik gegenüber der Praxis von 1959 bis 1962 — Kontrolle eines nicht weiter zu überprüfenden Berichts der Parteien

3. Rückerstattung von Wahlausgaben

Gelegentlich ist ein Vorschlag gemacht worden, der den Bedenken gegen die am zurückliegenden Wahlergebnis orientierte Verteilung staatlicher Gelder Rechnung tragen und eine status quo-Verfestigung vermeiden soll. Nach einer Wahl solle den an der Wahl beteiligten Parteien auf der Grundlage des Wahlergebnisses ein Teil ihrer Wahlausgaben vom Staate erstattet werden[27]. Das BVerfG hat im Parteienfinanzierungs-Urteil diese Art öffentlicher Zuwendungen an die Parteien für verfassungsrechtlich zulässig angesehen, sofern „unter Beachtung der Grundsätze der Parteienfreiheit und der Chancengleichheit den politischen Parteien die notwendigen Kosten eines angemessenen Wahlkampfes ersetzt werden“[28]. Eine solche nachträgliche Finanzierung des Wahlkampfes kann dem Grundsatz der Chancengleichheit nur dann entsprechen, wenn alle Parteien während des Wahlkampfes im Hinblick auf die staatlichen Leistungen gleichgestellt sind. Das bedeutet einerseits, daß nur diejenigen Parteien, die auch am Wahlkampf teilgenommen haben, als Empfänger der Leistungen in Betracht kommen müssen. Andererseits ergibt sich, daß grundsätzlich *alle* Parteien des Wahlkampfes berücksichtigt werden müssen[29]. Jede Einschränkung bei der Festlegung des Empfängerkreises ist danach zu beurteilen, ob sie durch einen besonderen zwingenden Grund gerechtfertigt ist. Für einen solchen Grund hat das BVerfG geltend gemacht, es lasse sich voraussehen, daß die Erstattung von Wahlkampfkosten geeignet sei, künftig die Bildung neuer politischer Parteien anzuregen; damit würde eine Entwicklung gefördert, der die 5 %-Klausel entgegengewirkt habe.

„Der Gesetzgeber kann aber schon bei der Wahl einer Zersplitterung der Stimmen und der Bildung von Zwergparteien vorbeugen und die Erstattung von Wahlkampfkosten dementsprechend beschränken[30].“

Es mag zwar die Folge sein, daß die Wahlkampfkostenerstattung die Bildung neuer Parteien und deren Teilnahme an Wahlen anregen wird. Der Hinweis des BVerfG zielt jedoch in eine bedenkliche Rich-

---

allein durch den Präsidenten des Bundesrechnungshofes — vgl. *Eschenburg* Die Zeit Nr. 13 v. 27. 3. 1964 sowie *Kewenig* DöV 64, 830 FN 19 und ausführlich *Plate* S. 83 ff.

[27] Zuerst hat wohl *Eschenburg*, Staat, S. 526 diese Möglichkeit erwogen. Der ehemalige Bundesjustizminister *Bucher* hat im Wahlkampf 1965 vorgeschlagen, die nicht im Bundestag vertretenen und daher auch nicht vom Staat subventionierten Parteien sollten nach der Wahl einen Teil ihrer Ausgaben für den Wahlkampf ersetzt bekommen, sofern sie mindestens 1 % der Wählerstimmen für sich gewonnen hätten; SZ Nr. 209 v. 1. 9. 1965; zustimmend *Plate* S. 119. Zu den z. T. ähnlichen Regelungen in Argentinien und Frankreich siehe oben S. 60 ff.

[28] BVerfGE 20, 56 (113).

[29] aaO S. 117.

[30] ebd.

tung, indem bereits die Bildung neuer Parteien mit der Sperrklausel in Verbindung gebracht wird. Die 5 %-Klausel ist allein damit zu rechtfertigen, daß sie den Gefahren begegnet, die sich nach der Wahl aus einer übermäßigen Parteienzersplitterung im Parlament ergeben können[31]. Sperrklauseln haben insoweit nichts mit der Bildung neuer Parteien zu tun, auch wenn von ihrer bloßen Existenz erhebliche tatsächliche Nebenwirkungen auf die Bildung neuer Parteien ausgehen. Die Bildung neuer Parteien ist von Verfassungs wegen (Art. 21 I 2 GG) geschützt. Für die Funktionsfähigkeit des Parlaments ist noch keine Gefahr ersichtlich, wenn viele — auch viele kleine — Parteien bestehen und sich an Wahlen beteiligen. Der mit der Sperrklausel zulässigerweise verfolgte Zweck kann also in diesem Zusammenhang nicht herangezogen werden.

Ferner betont das BVerfG die „Gefahr einer übermäßigen Aufsplitterung der Stimmen" — ein Gesichtspunkt, der die Zulässigkeit von Unterschriftenquoren begründet[32]. Hier liegt nun zweifellos ein Nachteil der allgemeinen Erstattung von Wahlkampfkosten: es könnten möglicherweise neue kleine Parteien nur dadurch in die Lage gesetzt werden bei Wahlen aufzutreten, daß sie die Kosten ihrer Wahlwerbung erstattet bekommen. Auf diese Weise könnten erheblich mehr Stimmen auf Parteien entfallen, die an der Sperrklausel scheitern, und somit ihren Einfluß auf die Mandatsverteilung verlieren. Der Gefahr nicht ernsthafter Kandidaturen wird aber schon bei der Wahlzulassung dadurch entgegengewirkt, daß jede neue Partei einen gewissen Ernsthaftigkeitsnachweis in Form von Wählerunterschriften beizubringen hat. Sollte dieses Quorum nicht ausreichen, um Mißbrauch bei einer finanziell vom Staat geförderten Wahlteilnahme zu verhindern, so wäre zu erwägen, ob nicht insoweit schärfere Voraussetzungen in dieser Richtung aufgestellt werden sollten. Es erscheint jedoch bedenklich, erst einen bestimmten Wahlerfolg[33] zur Voraussetzung für eine Teilhabe an der staatlichen Wahlkampfhilfe zu machen und dadurch nur die kleinen Parteien mit einem finanziellen Wahlkampfrisiko zu belasten[34].

Nach der Abgrenzung des Kreises der solchermaßen begünstigten Parteien stellt sich die Frage des Umfanges der Erstattung. Auch hier

---

[31] Vgl. dazu oben § 8 I 1.

[32] Vgl. dazu oben § 8 II 1.

[33] Das BVerfG hat hier einen Mindestanteil an Stimmen genannt, der „freilich erheblich unterhalb der 5 v.H.-Grenze" liegen müsse; BVerfGE 20, 56 (118). *Mußgnug* NJW 66, 1691 empfiehlt eine 2,5 %-Grenze.

[34] Bedenken gegen die Verbindung von Kostenerstattung und Wahlerfolg äußert auch *Eschenburg* Die Zeit Nr. 34 v. 19. 8. 1966.

hat das BVerfG unter Hinweis auf die Sendezeiten-Verteilung im Rundfunk eine Differenzierung „in gewissen Grenzen" für zulässig angesehen.

„Es würde dem Sinn des Ersatzes der Wahlkampfkosten aus öffentlichen Mitteln widersprechen, wenn alle Parteien, die sich an der Wahl beteiligen, ohne Rücksicht auf ihre Bedeutung und ihr eigenes personelles, ideelles und materielles Potential, in den Stand gesetzt würden, den gleichen Aufwand zu treiben. Denn dadurch würde gerade die vom Staat vorgefundene tatsächliche Wettbewerbslage verfälscht werden[35]."

Während die Zahlung eines staatlichen Wahlkampfzuschusses nach Maßgabe des vorangegangenen Wahlerfolges einer Partei als unzulässig angesehen werden muß, sind Zuschüsse, die sich an der bevorstehenden Wahl orientieren, nicht rückwärts gerichtet. Aber auch die Zahlung nach der Wahl enthält eine Prämie auf den politischen Machtbesitz, die den Wahlkampf rückwirkend im Sinne einer Verfestigung der unterschiedlichen faktischen Startchancen beeinflußt[36]. Die erfolgreichen Parteien erhalten eine staatliche Prämie, die sie für ihren Aufwand entschädigt; für die kleinen Parteien wird der Wahlkampf zum finanziellen Risiko[37]. Demgegenüber läßt sich wohl auch nicht einwenden, daß letztlich nicht der Staat, sondern der Wähler die Verteilung des Geldes mit seiner Wahlentscheidung bestimme. Denn die Parteienfinanzierung spielt für den Wähler bei der Stimmabgabe, wenn er sie überhaupt in sein Bewußtsein aufnimmt, nur eine untergeordnete Rolle.

Nach einem Hinweis darauf, daß der Gesetzgeber andererseits auch nicht die bestehende faktische Ungleichheit der Wettbewerbschancen der Parteien verschärfen dürfe, hat das BVerfG für die Wahlkampfkostenerstattung nicht — wie bei der Sendezeitenverteilung — eine Abstufung nach dem Wahlerfolg oder anderen Kriterien der „Bedeutsamkeit" vorgeschlagen. Vielmehr werde der Gesetzgeber künftig, „von dem Verhältnis ausgehen können, in dem die Aufwendungen zueinander standen, die die Parteien in der Vergangenheit gemacht haben"[38].

Soweit damit grundsätzlich die Wahlkampfkostenerstattung in Beziehung zum eigenen Einsatz der Parteien gebracht wird, ist dies nicht nur unbedenklich, sondern als ein neuer Ansatz zu begrüßen. Daß als Maßstab jedoch wiederum ein in der Vergangenheit liegender Zeit-

---

[35] BVerfGE 20, 56 (118).

[36] *Kitzinger* ZPol 7 (1960), 403 hat darum auch eine gleiche Erstattung vorgeschlagen — allerdings unter Beschränkung auf die Parteien mit einem Stimmenanteil von über 5 %.

[37] Eine Wirkung, die an die als unzulässig erachteten Hinterlegungsklauseln erinnert.

[38] BVerfGE 20, 56 (119).

punkt fixiert wird, wirkt status quo-fördernd, indem alle Parteien auf ihre bisherigen Ausgaben festgelegt werden. Insbesondere neue auftretende Parteien würden dadurch benachteiligt, daß sie an der Wahlkostenerstattung nur nach Maßgabe ihrer vier Jahre vorher vorhandenen Eigenmittel berücksichtigt würden.

Dem Grundsatz der Chancengleichheit entspräche es mehr, einen gegenwartsbezogenen Verteilungsmodus in der Weise zu bestimmen, daß jeder Partei ein bestimmter Prozentsatz der von ihr für den Wahlkampf aufgebrachten Eigenmittel erstattet wird. Das BVerfG hat dem Gesetzgeber ausdrücklich diese Möglichkeit aufgezeigt[39]. Bei einem Erstattungsumfang von 60—70 % würde das bedeuten, daß eine Partei zwei Drittel der von ihr tatsächlich aufgewendeten Wahlkampfkosten erstattet bekäme. Durch die Notwendigkeit, ein Drittel der Wahlkampfkosten selbst zu tragen, würde nicht nur ein unangemessener Wahlkampf verhindert, sondern zugleich ein Verteilungsmodus gefunden sein, der die eigene Leistungsfähigkeit einer Partei im Zeitpunkt des Wahlkampfes berücksichtigt. Es bleibt allerdings nur wenig Hoffnung, daß der Gesetzgeber angesichts der vom BVerfG für zulässig erachteten hundertprozentigen Wahlkampfkostenerstattung den Parteien diese Beschränkung auferlegt[40].

II. Mittelbare staatliche Parteienfinanzierung

Vorschläge für eine staatliche Subventionierung der Parteien unter Einschaltung der Staatsbürger, die über die Verteilung der Gelder entscheiden sollen, sind schon gemacht worden, bevor es unmittelbare staatliche Leistungen gegeben hat. Bereits die Parteienrechtskommission[41] hatte die Möglichkeit eines *Bürgerbeitrags* erwogen, bei dem „jeder steuerpflichtige und wahlberechtigte Bürger von seiner Steuer (nicht vom Einkommen) jährlich einen gewissen kleineren, für alle gleichen Betrag absetzen darf, sofern er nachweist, daß er diesen Betrag in voller Höhe einer politischen Partei zugewendet hat"[42]. Nach

[39] aaO S. 116; vgl. auch *Mußgnug* NJW 66, 1690 und *Menzel* DöV 66, 598.

[40] Eine Erstattung in Höhe von 70 % der tatsächlich geleisteten Ausgaben — allerdings bezogen auf die Wahlkreisebene — hat bisher nur der SPD-Abgeordnete *Schäfer* vorgeschlagen, Die Zeit Nr. 39 v. 23. 9. 1966.
§ 17 PartGEntw der interfraktionellen Arbeitsgruppe (1966) verzichtet auf eine solche Beschränkung und sieht eine Pauschalierung der erstattungsfähigen Wahlkampfkosten auf 2,50 DM je Wahlberechtigten vor; das Geld soll nach dem Verhältnis der erreichten Zweitstimmen auf die Parteien verteilt werden, die mindestens 2,5 % der gültigen Zweitstimmen erreicht haben.

[41] Bericht S. 213 ff. Vgl. auch *Meyer-Arndt* DöV 58, 886 FN 5.

[42] Bericht S. 214. Bedenken daselbst und insbesondere bei *Dübber*, Parteifinanzierung, S. 80 wegen des befürchteten jährlichen „monetären Plebiszits".

angelsächsischen Vorbildern hat *Eschenburg*[43] einen Pflichtbeitrag der Wähler (Parteisteuer) vorgeschlagen, wobei es prinzipiell gleichgültig sei, ob diese zusätzlich aufgebracht werde oder von der Steuer abgezogen werden könne bzw. ob Nichtsteuerzahlern eine Verfügungsberechtigung über ihren Betrag aus öffentlichen Mitteln eingeräumt werde. An anderer Stelle hat derselbe Autor angeregt, jedem Wähler von Staats wegen jährlich eine Wertmarke von beispielsweise drei Mark zuzuteilen, die dieser an eine Partei weitergeben könne[44].

Da in allen diesen Fällen nicht der Staat das Geld zuteilt, sondern der einzelne Bürger über einen begrenzten und gleichen Betrag verfügt, stellt sich unter dem Gesichtspunkt der Chancengleichheit ein Verteilungsproblem nicht. Wenn die Regelung so getroffen wird, daß alle Parteien als Empfänger der Zahlungen in Betracht kommen, befindet sie sich im Einklang mit dem Grundsatz der Chancengleichheit[45].

Erstmalig in §§ 23, 24 PartGEntwKoal findet sich ein konkreter Vorschlag hinsichtlich mittelbarer staatlicher Zuschüsse in Form von *Spendengutscheinen,* die vom Staat an die Parteien gegeben, von diesen im Wert von 40 % einer empfangenen Spende an den Spender ausgehändigt und vom Spender wiederum gegen Rückgabe bei den Postämtern oder anderen Stellen zum Nennwert eingelöst werden können. Wenn man von den Bedenken absieht, die wegen der unbegrenzten Höhe einer einzelnen solchermaßen begünstigten Spende bestehen[46], ist auch hier nach dem Kreis der berücksichtigten Parteien und der Verteilung der Spendengutscheine auf sie zu fragen.

Ausgeteilt werden sollen die Spendengutscheine an Parteien, die an der letzten vorausgegangenen Bundestagswahl mit eigenen Wahlvorschlägen teilgenommen und mindestens 0,5 % der im Wahlgebiet abgegebenen gültigen Zweitstimmen erhalten oder einen Sitz in mindestens einem Wahlkreis errungen haben (§ 23 I 1). Diese Regelung ist insofern nicht mit der Chancengleichheit der Parteien vereinbar, als sie für die jährliche Zahlung auf das vergangene Wahlergebnis abstellt und überdies einen bestimmten Wahlerfolg voraussetzt[47].

---

[43] Probleme, S. 40; ders., Gewerkschaftsgroschen, S. 252 ff; ders., Die Zeit Nr. 13 v. 27. 3. 1964.

[44] Die Zeit Nr. 15 v. 9. 4. 1965 mit dem Bemerken, keine Partei wolle diese Regelung.

[45] Abweichend *Plate* S. 118, der von einem undifferenzierten Begriff der Chancengleichheit (vgl. oben S. 95 f) ausgeht.

[46] Dies um so mehr, als nach dem Entwurf auch juristische Personen Spendengutscheine erwerben können. Dagegen *Dübber* Die neue Gesellschaft 64, 109 sowie *Plate* S. 116 f.

[47] Bedenken wegen dieser rückwärtsgerichteten Tendenz auch *Eschenburg* Die Zeit Nr. 33 v. 16. 8. 1963. Für Verfassungswidrigkeit der Regelung auch *Gross* Gewerksch. Monatshefte 65, 275.

Verteilungsmaßstab für die Spendengutscheine soll das Verhältnis der bei der letzten vorausgegangenen Bundestagswahl auf die Parteien entfallenen gültigen Zweitstimmen sein (§ 24 I). Er entspricht der Chancengleichheit aus denselben Gründen nicht[48].

III. Steuerbegünstigung

Eine andere Möglichkeit mittelbarer staatlicher Leistungen an die Parteien besteht im Bereiche des Steuerrechts. Hier können einmal die Parteien selbst von der Pflicht zur Zahlung von Steuern befreit werden; zum anderen ist an eine steuerliche Begünstigung von Spenden zu denken, die an Parteien geleistet werden.

1. Steuerbefreiung der Parteien

Der Verzicht auf den staatlichen Steueranspruch, wie ihn das geltende Steuerrecht kennt[49], ist mit dem Grundsatz der Chancengleichheit vereinbar, da die betreffenden Befreiungsregelungen nicht auf einen bestimmten Kreis von Parteien beschränkt sind[50].

2. Steuerliche Begünstigung von Parteispenden

Nach dem Verdikt des BVerfG[51] ist die Frage einer steuerlichen Begünstigung von Parteispenden nur sehr zaghaft erörtert worden[52]. Es ist zu fragen, ob sich auch hier mit dem Grundsatz der Chancengleichheit zu vereinbarende Formen finden lassen.

Als Empfänger derart begünstigter Spenden müssen alle politischen Parteien in Betracht kommen. Insbesondere ist eine Beschränkung auf Parlamentsparteien unter Hinweis auf die technischen Schwierigkeiten

---

[48] Dagegen kann *Meyer-Arndt* DöV 58, 887 nicht zugestimmt werden, wenn er meint, es sei mit der Verfassung unvereinbar, daß nur die Bürger, die sich zu eigenen Leistungen entschließen, das Recht haben sollen zu bestimmen, welche Partei Staatszuwendungen erhält. Entscheidend ist, daß jeder Bürger die Möglichkeit hat, seiner Partei den jeweils gleichen Betrag zukommen zu lassen; dafür wäre es allerdings erforderlich, die Höhe der begünstigten Spenden pro Person zu begrenzen.

[49] Vgl. oben S. 54 FN 10.

[50] Eine sinnverwandte Befreiung enthält § 4 II Nr. 3 Bundesleistungsgesetz i. d. F. v. 27. 9. 1961 (BGBl I, 1769) unter bedenklicher Beschränkung auf die im Bundestag oder in der Volksvertretung eines Landes vertretenen Parteien.

[51] BVerfGE 8, 51—71; s. dazu oben S. 56 f.

[52] So erklärt *Henke*, Parteienrecht, S. 194 kategorisch: „Die steuerliche Begünstigung der Parteispenden ist damit in Zukunft ausgeschlossen.“ Ebenso *Plate* S. 114.

einer Abgrenzung zwischen Parteien und anderen politischen Gruppen unzulässig[53]. Das BVerfG hat die damalige Form der Steuerbegünstigung unter dem Gesichtspunkt der Chancengleichheit der Parteien für verfassungswidrig erklärt, weil diese in ihrer tatsächlichen Auswirkung — infolge der Steuerprogression und der unterschiedlichen soziologischen Struktur der Parteien — zu einer Verschärfung der schon bestehenden faktischen Ungleichheit der Wettbewerbschancen geführt hatte[54]. Diese Mängel ließen sich beheben durch eine Begrenzung der Höhe sowohl des prozentualen Steuerabzugssatzes als auch des zu berücksichtigenden Spendenbetrages[55].

IV. Sachgebundene staatliche Wahlkampfhilfen

In mannigfacher Hinsicht wird den Parteien in Wahlkämpfen öffentliche Förderung zuteil, die zwar nicht unmittelbar in Geldzuwendungen besteht, aber im Zusammenhang mit der staatlichen Parteienfinanzierung gesehen werden muß, weil sie den Parteien bestimmte Ausgaben erspart[56].

Die älteste und allgemein verbreitete Form einer Übernahme wahlbezogener Sachkosten der Parteien durch den Staat ist die amtliche Bereitstellung der Stimmzettel für die Wahlen[57]. Eine weitere Möglichkeit besteht darin, den Parteien für die Dauer von Wahlkämpfen eine gewisse Anzahl portofreier Postwurfsendungen zu gewähren[58] oder andere postalische Einrichtungen gebührenfrei zu überlassen[59]. Weiter sind hier Sachleistungen wie die zu nennen, daß den Parteien öffent-

---

[53] BVerfGE 6, 273 (281).

[54] s. FN 51.

[55] Eine solche Regelung sahen im Ergebnis auch die Vorentwürfe des Bundesinnenministeriums aus dem Jahre 1963 vor; vgl. *Eschenburg* Die Zeit Nr. 33 v. 16. 8. 1963; *Dübber*, Die neue Gesellschaft 64, 108. Vgl. dazu auch *Maunz* in Maunz-Dürig, Rdn. 85 FN 2 zu Art. 21 und den ähnlichen Vorschlag von *Willms* Rhein. Merkur Nr. 30 v. 24. 7. 1964. Weitere Überlegungen wären allerdings hinsichtlich der Freibeträge, der Nichtsteuerzahler und der juristischen Personen anzustellen. — Nach dem Urteil des BVerfG v. 19. 7. 1966 ist jedoch diese Möglichkeit versperrt.

[56] Diese Form staatlicher Beihilfen an die Parteien empfehlen insbesondere *Kewenig* DöV 64, 330 FN 15, *Plate* S. 118 f, *Menzel* DöV 66, 602 ff.

[57] § 31 I BWG; vorher schon § 25 RWG (seit 1924).

[58] Vgl. *Zinn* Bundesrat 210. Sitzg v. 23. 10. 1959, StenBer S. 174 A; ders. FR v. 31. 8. 1963. Nach *Dübber*, Parteifinanzierung, S. 84 kämen zwei portofreie Postwurfsendungen an alle Haushalte des Bundesgebiets, und zwar je eine für den Wahlkreisbewerber und für die Landesliste, einem öffentlichen Zuschuß von je rund 800 000— DM pro Bundespartei gleich.

[59] Zu den entsprechenden Regelungen in Argentinien s. oben S. 61.

liche Versammlungsräume[60] und Rundfunksendezeiten[61] zur Verfügung gestellt werden. Eine besonders sinnvolle und bedeutsame, wegen ihrer lokalen Reichweite unterschiedlich gehandhabte Praxis[62] ist das Aufstellen von Werbeträgern für den Plakatanschlag. Diese Anschlagtafeln, die von den Kommunen oder auf Grund besonderer Vereinbarungen mit diesen von privaten Werbeunternehmen aufgestellt werden[63], können die Parteien im Wahlkampf kostenlos benutzen[64].

Bei allen diesen Förderungsmaßnahmen kann die Zugangsfrage unter Beachtung des Grundsatzes der Chancengleichheit nur so entschieden werden, daß alle Parteien, die sich im Bereich der jeweiligen Maßnahmen an der Wahl beteiligen, berücksichtigt werden[65]. Aber auch hinsichtlich des Umfangs der Gewährung sind allen Parteien die gleichen Möglichkeiten einzuräumen[66]. Abstufungen können sich allenfalls nach dem Umfang der Wahlbeteiligung einer Partei ergeben[67].

Das BVerfG hat im Parteienfinanzierungs-Urteil vom 19. 7. 1966 die Möglichkeit staatlicher Sachleistungen an die Parteien nicht erwähnt, sondern den Gesetzgeber nur auf die unmittelbare Wahlkampfkostenerstattung verwiesen. Dies muß angesichts der psychologischen Wirkungen eines solchen Ausspruches auf die Gesetzgebungsvorbereitungen als ein bedauerliches Versäumnis gewertet werden.

---

[60] Vgl. die amtliche Begründung zu § 8 I PartGEntwReg; auch *Dübber*, Parteifinanzierung, S. 84.

[61] Dazu oben § 9.

[62] *Dübber*, Parteifinanzierung, S. 84 FN 477 gibt allerdings an, daß gemeindliche Anschlagflächen regelmäßig zu gleichen Teilen an alle konkurrierenden Listen vergeben werden.

[63] In Münster werden zB die Anschlagtafeln auf Grund jeweiliger Vereinbarungen zwischen den politischen Parteien, der Stadt und der Deutschen Städtereklame GmbH aufgestellt. Kosten entstehen für die Stadt nicht, da die Tafeln nach der Wahl eine gewisse Zeit für Wirtschaftswerbung weiter benutzt werden dürfen.

[64] Zumeist unter Verzicht aller Parteien auf wildes Plakatieren und andere aufdringliche Propagandamittel. Vgl. dazu auch *Wulf* StuKvw 65, 219 f.

[65] Übereinstimmend insoweit auch § 8 I 3 PartGEntwReg; § 6 II 1 PartG-EntwKoal und § 5 II PartGEntwSPD. Laut SZ Nr. 51 v. 1. 3. 1966 hat der BayVGH die Stadt Nürnberg für verpflichtet erklärt, auch der zur Kommunalwahl in Bayern zugelassenen NPD die Meistersingerhalle für eine Wahlveranstaltung zur Verfügung zu stellen.

[66] Vgl. *Seifert*, Kommentar, Rdn. 5 vor § 17. Unklar *Nass*, Wahlorgane, S. 192, nach dem die an der Wahl teilnehmenden Parteien „unter Anlegung gleicher Maßstäbe" berücksichtigt werden müssen. Für Zuteilung gleicher Plakatierflächen auch *Schneider* S. 107. Dagegen hält *Wulf* StuKvw 65, 219 f, der allerdings den gegenüber dem allgemeinen Gleichheitssatz besonderen Charakter des Grundsatzes der Chancengleichheit verkennt, Differenzierungen bei der Vergabe von Plakatflächen nach der staatstragenden Bedeutung der Parteien für zulässig.

[67] Vgl. dazu die Begründung im Zusammenhang mit der Frage der Verteilung von Rundfunksendezeiten oben § 9 I 2.

Nicht zu den zulässigen wettbewerbsneutralen staatlichen Wahlkampfhilfen zählen dagegen die aus allgemeinen oder geheimen Fonds der Regierung finanzierten Maßnahmen, die *Eschenburg* als getarnte und geheime staatliche Parteienfinanzierung bezeichnet hat[68]. Hierher gehören etwa einseitig parteipolitisch ausgerichtete Plakataktionen oder Zeitungsinserate, die vor Wahlen für eine bestimmte Politik und deren Vertreter werben sollen[69]. Diese Praktiken sind — als mit dem Grundsatz der Chancengleichheit der Parteien unvereinbar — verfassungswidrig[70]. Die Öffentlichkeitsarbeit der Regierung ist nur in dem Maße zulässig, in dem sie sich darauf beschränkt, die jeweiligen Maßnahmen und Pläne der Regierung, d. h. ihre „Organtätigkeit", darzulegen und zu erläutern[71].

---

[68] *Eschenburg*, Probleme, S. 36 ff. Über öffentlich finanzierte sog. Parallelaktionen vgl. auch *Kitzinger* S. 73 ff; ders. ZPol 7 (1960), 392.

[69] Vor dem Bundestagswahlkampf 1965 etwa die Anzeigenserie „Mitbürger fragen — der Kanzler anwortet", die aus dem Haushaltstitel 314 (Aufklärung und Unterrichtung der Bevölkerung auf dem Gebiet der Sozialinvestitionen) finanziert worden ist: „Wenn Sie mir weiter folgen und helfen, so wie bisher, dann werden wir diese Zukunft meistern" (SZ Nr. 129 v. 31. 5. 1965). Dazu auch *Eschenburg* Die Zeit Nr. 35 v. 27. 8. 1965.

[70] Es kann deshalb *Eschenburg*, Probleme, S. 37 nicht zugestimmt werden, wenn er sie für Erscheinungen eines „rechtlich nicht faßbaren politischen unlauteren Wettbewerbs" hält. Die Schwierigkeiten werden allerdings häufig in der Abgrenzung zwischen erlaubter sachlicher Aufklärung und unzulässiger Propaganda liegen. Vgl. auch die Nachweise bei *Seifert*, Kommentar, S. 347 f zur Abgrenzung von zulässiger und unzulässiger Wahlbeeinflussung durch die Regierung. Dazu ebenfalls *Schneider* S. 114. — Zu weitgehend *Leisner* S. 163, der es nur für einen „guten Stil" hält, „in Wahlnähe Bereiche, wo Regierung und Mehrheitspartei sich völlig identifizieren, durchweg der Aufklärungsarbeit der Partei(en) zu überlassen". Vgl. auch *v. Mangoldt-Klein* Art. 38 Anm. III 2 d, S. 881.

[71] BVerfGE 20, 56 (100).

§ 11: Folgerungen für ein Parteiengesetz

I. Vorschlag zur Regelung der Chancengleichheit

Nach dem Ergebnis der Untersuchungen empfiehlt sich für das künftige Parteiengesetz folgende Regelung der Chancengleichheit der Parteien:

(1) Soweit der Staat oder ein anderer Träger öffentlicher Gewalt den Parteien seine Einrichtungen zur Verfügung stellt oder ihnen sonst öffentliche Leistungen gewährt, sind alle Parteien gleich zu behandeln.

(2) Bei Einrichtungen und Leistungen, die im Zusammenhang mit einer Wahl zur Verfügung gestellt oder gewährt werden, sind diejenigen Parteien zu berücksichtigen, die eigene Wahlvorschläge eingereicht haben. Zu Rundfunksendungen brauchen nur Parteien zugelassen zu werden, deren Wahlvorschläge nach Art und Zahl in einem angemessenen Verhältnis zum Sendegebiet stehen. Der Umfang der Gewährung kann nach dem Ausmaß der Wahlbeteiligung einer Partei abgestuft werden. Dies gilt sinngemäß auch für Volksabstimmungen, an denen sich Parteien stimmwerbend beteiligen.

(3) Bei Rundfunksendungen, die nicht mit einer Wahl im Zusammenhang stehen, kann nach der Bedeutung der Parteien abgestuft werden; dabei kann insbesondere der Stimmenanteil einer Partei bei den Wahlen der letzten vier Jahre berücksichtigt werden.

II. Vorschläge zur Förderung der Parteien aus öffentlichen Mitteln

1. Mittelbare staatliche Finanzierung

Jeder Wahlberechtigte erhält jährlich einen *Wertgutschein* in Höhe von 10,— DM, dessen Wert er einer Partei seiner Wahl insoweit zukommen lassen kann, als er eine gleich hohe Spende aus eigenen Mitteln an diese Partei zahlt. Die Wertgutscheine werden mit der Zahlung der Spende von den Postämtern und Landeszentralbanken angenommen. Die Höhe der Spende wird auf ihnen vermerkt; den Parteien wird mit der Spende ein zusätzlicher Betrag in gleicher Höhe, jedoch höchstens 10,— DM, überwiesen.

2. Wahlkostenzuschüsse

Bei Teilnahme an einer Wahl erhält jede Partei einen staatlichen Wahlkostenzuschuß in der Weise, daß für jede zugelassene Landesliste und für jeden zugelassenen Kreiswahlvorschlag ein bestimmter, nach der Zahl der Wahlberechtigten festgesetzter Betrag gezahlt wird.

3. Sachgebundene Wahlkampfhilfe

Bei Teilnahme an einer Wahl erhält jede Partei die Möglichkeit, für jede zugelassene Landesliste und für jeden zugelassenen Kreiswahlvorschlag je eine gebührenfreie Postwurfsendung an die Haushalte des betreffenden Gebiets zu verschicken.

Ergebnisse

Als Ergebnisse der Arbeit lassen sich folgende Thesen aufstellen:

1. Der Grundsatz der Chancengleichheit der politischen Parteien läßt sich verfassungsrechtlich mehrfach begründen. Als Strukturelement der parteienstaatlichen Demokratie nimmt er an der Bestandsgarantie des Art. 79 III GG teil. Für den Rechtsschutz der Parteien ausreichend ist eine Bezugnahme auf Art. 3 I und 21 I GG.

2. Träger der Chancengleichheit sind die politischen Parteien — unter Einschränkungen auch Wählergruppen und Rathausparteien.

3. Sachbereich der Chancengleichheit ist der politische Wettbewerb der Parteien, der funktional von der Repräsentation ihres politischen Besitzstandes zu unterscheiden ist.

4. Adressat des Rechts auf Chancengleichheit ist die öffentliche Gewalt; gesellschaftliche Gruppen einschl. der Parteien sind nicht Adressaten.

5. Der Grundsatz der Chancengleichheit beinhaltet das Recht der Parteien auf Nichtbeeinträchtigung ihrer (unterschiedlichen) faktischen Ausgangspositionen durch staatliches Handeln.

6. Der Umfang des Rechts auf Chancengleichheit wird durch eine formale Anknüpfung an die Parteieigenschaft bestimmt.

7. Durchbrechungen der Chancengleichheit können nur gerechtfertigt werden durch zwingende verfassungsrechtliche, verfassungspolitische oder sachimmanente Gründe.

8. Im Wahlrecht bestehen solche rechtfertigenden Gründe nur für (Prozent-)Sperrklauseln und Unterschriftenquoren.

9. Bei der Wahlpropaganda im Rundfunk sind alle Parteien zu berücksichtigen, deren Wahlvorschläge in einem angemessenen Verhältnis zum Sendegebiet stehen. Abstufungen können nur nach dem Umfang der Wahlbeteiligung der Parteien vorgenommen werden.

10. Bei der staatlichen Finanzierung sind alle für eine Wahlzulassung in Betracht kommenden Parteien zu beteiligen. Abstufungen nach anderen Gesichtspunkten als dem Umfang der Teilnahme einer Partei am politischen Wettbewerb sind unzulässig. Die (begrenzte) Verteilung staatlicher Gelder durch die Staatsbürger berührt nicht die Chancengleichheit der Parteien.

Literaturverzeichnis[1]

Abadan, Yavuz: Das türkische Parteiengesetz. In: Die moderne Demokratie und ihr Recht. Festschrift für Gerhard Leibholz. Tübingen 1966. Bd. 2, S. 283—304.

Anschütz, Gerhard: Zur Entwicklung des öffentlichen Rechts in Preußen im Jahre 1906. JöR 1 (1907), 194—241.

— Die Verfassung des Deutschen Reiches vom 11. August 1919. Kommentar. 14. Aufl. 1933. Unveränd. Nachdruck Darmstadt 1965. Zit.: Kommentar.

Apelt, Willibalt: Geschichte der Weimarer Verfassung. München 1946. Zit.: Geschichte.

— Die Wahlrechtsentscheidungen des Staatsgerichtshofs und die letzte Regierungsbildung in Sachsen. AöR 57 (1930), 121—134.

Arndt, Adolf: Verfassung des Deutschen Reiches. 5. Aufl. Berlin 1913. Zit.: Verfassung.

Arndt, Adolf: Anmerkung zum Urteil des BVerfG v. 15. 11. 1960 betr. KWG Nds (BVerfGE 12, 10—32). JZ 61, 88/89.

— Plädoyer vor dem BVerfG im Verfahren betr. § 10 b EStG — 2 BvF 1/57 —. Manuskript. 1958. Zit.: Plädoyer.

— Schriftsatz v. 16. 4. 1962 an das BVerfG im Verfahren betr. Sendezeitenverteilung des WDR (2 BvR 158/62). Zit.: Schriftsatz.

Badura, Peter: Bundeswahlgesetz. Anh. z. Art. 38. In: Bonner Kommentar, Zweitbearbeitung 1965.

Bausch, Hans: Politik im Rundfunk. Die politische Meinung Heft 28 (1958), 9—24.

— Der Rundfunk im politischen Kräftespiel der Weimarer Republik 1923 bis 1933. Tübingen 1956. Zit.: Rundfunk.

Bergsträsser, Ludwig: Der Entwurf des Parteiengesetzes. Politische Studien Heft 113 (1959), 596—605.

— Geschichte der politischen Parteien in Deutschland. 10. Aufl. München 1960. Zit.: Geschichte.

Besson, Waldemar: Regierung und Opposition in der deutschen Politik. PVS 3 (1962), 225—241.

Bläsi, Bernhard: Die Gleichheit des parlamentarischen Wahlrechts des Bundes und der Länder. Diss. jur. Heidelberg 1956.

Böckenförde, Werner: Der allgemeine Gleichheitssatz und die Aufgabe des Richters. Berlin 1957.

---

[1] Die während der Drucklegung der Arbeit erschienenen Aufsätze von *Abadan, Rinck, Simson* und *Zweigert* (alle in der Leibholz-Festschrift) sowie von *Tsatsos* und *Walter* (ZaöRV) konnten im Text nicht weiter berücksichtigt werden.

Brack, Hans / *Hermann*, Günter / *Hillig*, Hans-Peter: Organisation des Rundfunks in der Bundesrepublik Deutschland 1948—1962. Hamburg 1962.

Braunias, Karl: Das parlamentarische Wahlrecht. 2 Bde. Berlin, Leipzig 1932.

Burgbacher, Fritz: Der Wahlkampf ein Mummenschanz? (Spiegel-Gespräch). Der Spiegel Nr. 6 v. 3. 2. 1965, S. 22—27.
— Steuergelder für die Parteien. Rheinischer Merkur Nr. 30 v. 24. 7. 1964.

Domes, Jürgen: Bundesregierung und Mehrheitsfraktion, Köln, Opladen 1964.

Dübber, Ulrich: Aufgaben und Grenzen eines Parteiengesetzes. Die neue Gesellschaft 58, 118—126.
— Zur öffentlichen Finanzierung politischer Parteien. Die neue Gesellschaft 64, 105—111.
— Die Parteien — ausgehalten vom Staat? Die Zeit Nr. 45 v. 6. 11. 1964.
— Parteifinanzierung in Deutschland. Köln, Opladen 1962. Zit.: Parteifinanzierung.

Dürig, Günter: Gleichheit. In: Staatslexikon Bd. 3 (1959), Sp. 983—989.

Duverger, Maurice: Die Entwicklung der Demokratie in Frankreich. In: Die Demokratie im Wandel der Gesellschaft. Hrsg. v. Richard Löwenthal. Berlin 1963, S. 68—89. Zit.: Entwicklung.
— Die politischen Parteien. Tübingen 1959. Zit.: Parteien.

Eschenburg, Theodor: Ein „Gewerkschaftsgroschen"? In: Institutionelle Sorgen in der Bundesrepublik. Stuttgart 1961. S. 252—256. Zit.: Gewerkschaftsgroschen.
— Grenzen der Freiheit des Rundfunks. RuF 63, 136—146.
— Was können die Parteien tun? Die Zeit Nr. 34 v. 19. 8. 1966.
— Wer finanziert die Parteien? Die Zeit Nr. 33 v. 16. 8. 1963.
— Ist Parteifriede erste Fernsehpflicht? Die Zeit Nr. 21 v. 24. 5. 1963.
— Probleme der modernen Parteifinanzierung. Tübingen 1961. Zit.: Probleme.
— Die Rechnung der Parteien. Die Zeit Nr. 13 v. 27. 3. 1964.
— Renaissance des Lehnswesens? Die Zeit Nr. 35 v. 27. 8. 1965.
— Staat und Gesellschaft in Deutschland. 4. Aufl. Stuttgart 1960. Zit.: Staat.
— Staatsgelder für die Parteien. Die Zeit Nr. 15 v. 14. 4. 1961.
— Das Zweiparteiensystem in der deutschen Politik. In: Forschungen zu Staat und Verfassung. Festgabe für Fritz Hartung. Berlin 1958. S. 403 bis 417. Zit.: Hartung-Festgabe.

Feneberg, Hermann: Bundeswahlgesetz, Handkommentar. 4. verbesserte u. ergänzte Aufl. München 1961. Zit.: BWG.
— Bayerisches Landeswahlgesetz und Bezirkswahlgesetz mit Landeswahlordnung. Handkommentar. 4. neubearb. Aufl. München 1962. Zit.: LWG.

Flechtheim, Ossip K.: Die Institutionalisierung der Parteien in der Bundesrepublik. ZPol 9 (1962), 97—110.

Forsthoff, Ernst: Anmerkung zu den Urteilen des OVG Lüneburg v. 19. 6. und 4. 7. 1950 betr. LWG SchlH. AöR 76 (1950), 369—376.
— Zur verfassungsrechtlichen Stellung und inneren Ordnung der Parteien. DRZ 50, 313—318.

Friesenhahn, Ernst: Parlament und Regierung im modernen Staat. VVDStRL 16 (1958), 9—73.

— Die Verfassungsgerichtsbarkeit in der Bundesrepublik Deutschland. In: Verfassungsgerichtsbarkeit in der Gegenwart. Länderberichte und Rechtsvergleichung. Hrsg. v. Hermann Mosler. Köln, Berlin 1962. S. 89—197. Zit.: Verfassungsgerichtsbarkeit.

Füßlein, Werner: Die Fortentwicklung des Bundeswahlrechts in den Bundeswahlgesetzen von 1949, 1953 und 1956. DöV 57, 601—606.

Fuß, Ernst Werner: Freiheit und Gleichheit des Parteiwirkens. JZ 59, 392 bis 396.

Geiger, Willi: Gesetz über das Bundesverfassungsgericht. Kommentar. Berlin, Frankfurt a. M. 1952.

Giese, Friedrich: Parteien als Staatsorgane. AöR 80 (1955/56), 377—379.

Giese, Friedrich / *Schunck,* Egon: Grundgesetz für die Bundesrepublik Deutschland. 6. Aufl. Frankfurt a. M. 1962.

Grau, Richard: Anmerkung zum Urteil des StGH v. 22. 3. 1929 betr. württ. LWG (L-S II, 136—150). JW 29, 2380—2385.

Grewe, Wilhelm: Zum Begriff der politischen Partei. In: Um Recht und Gerechtigkeit. Festgabe für Erich Kaufmann. Stuttgart, Köln 1950.

Gross, Rolf: Zur Frage der staatlichen Finanzierung politischer Parteien. Gewerksch. Monatshefte 65, 274—75.

Grundlagen: Grundlagen eines deutschen Wahlrechts. Bericht der vom Bundesminister des Innern eingesetzten Wahlrechtskommission. Bonn 1955. Zit.: Grundlagen.

Grundmann, Werner: Die Finanzierung der politischen Parteien. ZgesStW 115 (1959), 113—130
— Die Rathausparteien. Göttingen 1960. Zit.: Rathausparteien.

Hamann, Andreas: Anmerkung zum Urteil des BVerfG v. 23. 1. 1957 betr. § 6 IV BWG (BVerfGE 6, 84—99). NJW 57, 377—378.
— Das Grundgesetz. Kommentar. 2. Aufl. Neuwied, Berlin 1956. Zit.: Kommentar.
— Das Recht auf Opposition im außerparlamentarischen Bereich. PVS 3 (1962), 242—255.

Hartmann, Heinrich: Die Parteifähigkeit der politischen Parteien und Fraktionen in Verfassungsstreitigkeiten vor dem Staatsgerichtshof. Diss. jur. Jena 1932.

Hasbach, Wilhelm: Die Moderne Demokratie. Jena 1912.

Haungs, Peter: Parteifinanzierung. Freiheit und Ordnung, Heft 31. Mannheim 1963.

Heinemann, Gustav: Die Rechtsordnung des politischen Kampfes. NJW 62, 889—893.

Heller, Hermann: Die Gleichheit in der Verhältniswahl nach der Weimarer Verfassung. Berlin, Leipzig 1929.

Henke, Wilhelm: Artikel 21. In: Bonner Kommentar, Zweitbearbeitung 1965.
— Die Parteien unter dem Gesetz. DöV 61, 13—20.
— Das Recht der politischen Parteien. Göttingen 1964. Zit.: Parteienrecht.
— Der Regierungsentwurf eines Gesetzes über die politischen Parteien. DöV 60, 664—667.

Henrichs, Wilhelm: Der Parteibegriff im deutschen Kommunalwahlrecht. DVBl 52, 677—682.
— Zur Verfassungsmäßigkeit der Sperrklauseln in Wahlgesetzen. NJW 56, 1703—1706.

Herrmann, Günter: Die Rundfunkanstalt. Eine Studie zum heutigen Rechtszustand. AöR 90 (1965/66), 286—340.

Hesse, Konrad: Der Gleichheitsgrundsatz im Staatsrecht. AöR 77 (1951/52), 167—224.
— Die verfassungsrechtliche Stellung der politischen Parteien im modernen Staat. In: VVDStRL 17 (1959), 11—52.

v. d. Heydte, Friedrich August Frhr.: Freiheit der Parteien. In: GrR II, S. 457—506.
— Politische Parteien. In: Staatslexikon Bd. 6 (1961), Sp. 369—377.

v. d. Heydte, Friedrich August Frh. / *Sacherl*, Karl: Soziologie der deutschen Parteien. 2. Aufl. München 1955.

Hielscher, Erwin: Die Finanzierung der politischen Parteien. Politische Studien, Heft 64 (1955), 6—19.

Ipsen, Hans Peter: Gleichheit. In: GrR II, S. 111—198.

Jacobi, Erwin: Die verfassungsmäßigen Wahlrechtsgrundsätze als Gegenstand richterlicher Entscheidung. Leipzig 1932.

Jahrreiß, Hermann: Die staatsbürgerliche Gleichheit. In: HDStR II, S. 624 bis 637.

Jank, Klaus Peter: Die Verfassung der deutschen Rundfunkanstalten. DVBl 63, 44—50.

Jellinek, Walter: Der Staatsgerichtshof für das Deutsche Reich und die Splitterparteien. AöR 54 (1928), 99—139.
— Die Zusammensetzung der Landesparlamente, insbesondere das Wahlrecht und die Wahlprüfung. In: HDStR I, S. 620—630.

Johnson, Nevil: State Finance for Political Parties in Western Germany. Parliamentary Affairs 18 (1965), 279—292.

Kaack, Heino: Die Parteien in der Verfassungswirklichkeit der Bundesrepublik. 2. Aufl. Bonn 1964.

Kafka, Gustav E.: Die verfassungsrechtliche Stellung der politischen Parteien im modernen Staat. In: VVDStRL 17 (1959), 53—102.

Kahn, Joachim-Friedrich: Die britischen Wahlen vom 15. Oktober 1964. Aus Politik und Zeitgeschichte, B 2/65 v. 13. 1. 1965.

Kaisenberg, Georg: Die Wahl zum Reichstag. Führer für die Reichstagswahlen. 4. neubearb. Aufl. Berlin 1930.

Katz, Rudolf: Zur Änderung des Wahlgesetzes. In: Festgabe für Carlo Schmid. Tübingen 1962. S. 119—128.

Kelsen, Hans: Vom Wesen und Wert der Demokratie. 2. Aufl. Tübingen 1929.

Kewenig, Wilhelm: Die Problematik der unmittelbaren staatlichen Parteifinanzierung. DöV 64, 829—840.
— Zur Rechtsproblematik der Koalitionsvereinbarungen. AöR 90 (1965/66), 182—204.

Kitzinger, U. W.: Wahlausgaben: ein deutsch-englischer Vergleich. ZPol 7 (1960), 382—404.
— Wahlkampf in Westdeutschland. Eine Studie der Bundestagswahl 1957. Göttingen 1960. Zit.: Wahlkampf.

Klein, Friedrich: Bundesverfassungsgericht und richterliche Beurteilung politischer Fragen. Münster 1966.

Koellreutter, Otto: Die politischen Parteien im modernen Staate. Breslau 1926.

Köttgen, Arnold: Parteibegriff und Gemeindewahlrecht. DVBl 58, 593—597.
— Subventionen als Mittel der Verwaltung. DVBl 53, 485—491.

Krause-Ablass, Günter B.: Die Neutralitätspflicht der Rundfunkanstalten. RuF 62, 113—121.

Krüger, Herbert: Der Rundfunk im Verfassungsgefüge und in der Verwaltungsordnung von Bund und Ländern. Hamburg 1960. Zit.: Rundfunk.
— Allgemeine Staatslehre. Stuttgart 1964. Zit.: Staatslehre.

Krüger, Hildegard: Verfassungsrechtliche Einschränkung von Wahlrechtsänderungen? NJW 56, 246—248.

Küchenhoff, Erich: Landesverrat, Oppositionsfreiheit und Verfassungsverrat. Die neue Gesellschaft 63, 124—139.

Küchenhoff, Günther: Gleichheit und Ungleichheit im Verfassungsrecht. JR 59, 281—285.

Küchenhoff, Günther / *Küchenhoff*, Erich: Allgemeine Staatslehre. 5. neubearb. Aufl. Stuttgart 1964. Zit.: Staatslehre.

Külz, Helmut R.: Der Regierungsentwurf eines Parteiengesetzes. ZPol 6 (1959), 332—340.

Laband, Paul: Deutsches Reichsstaatsrecht. 7. Aufl. Bearb. v. Otto *Mayer*. Tübingen 1919.

Lammers, H. H.: Anmerkung zum Urteil des StGH v. 17. 12. 1927 betr. hess. LWG (L-S I, 329—341). JW 29, 53—62.

Landshut, Siegfried: Formen und Funktionen der parlamentarischen Opposition. In: Wirtschaft und Kultursystem. Alexander Rüstow zum 70. Geburtstag. Hrsg. v. Gottfried Eisermann. Zürich, Stuttgart 1955. S. 214 bis 228.

v. La Roche, Walther: Anmerkungen zum Urteil über die Parteienfinanzierung. Politische Studien, Heft 169 (1966), 570—578.

Lehr, Robert: Ein neues Wahlgesetz. Bulletin Nr. 29 v. 11. 3. 1952, S. 292/293.

Leibholz, Gerhard: Die Auflösung der liberalen Demokratie und das autoritäre Staatsbild. München 1933. Zit.: Auflösung.
— Zum Begriff und Wesen der Demokratie (1956). In: Strukturprobleme der modernen Demokratie. Karlsruhe 1958. S. 142—155. Zit.: Demokratie.
— Bundesverfassungsgericht und Kommunalwahlrecht PVS 1 (1960), 73—82.
— Gleichheit und Allgemeinheit der Verhältniswahl (1929). In: Strukturprobleme der modernen Demokratie. Karlsruhe 1958. S. 1—8. Zit.: Verhältniswahl.
— Die Gleichheit vor dem Gesetz. Eine Studie auf rechtsvergleichender und rechtsphilosophischer Grundlage. 2. erw. Aufl. München, Berlin 1959. Zit.: Gleichheit.

— Die Grundlagen des modernen Wahlrechts (1932). In: Strukturprobleme der modernen Demokratie. Karlsruhe 1958. S. 9—40. Zit.: Grundlagen.
— Freiheitliche demokratische Grundordnung und das Bonner Grundgesetz (1951). In: Strukturproblem der modernen Demokratie. Karlsruhe 1958. S. 132—141. Zit.: Grundordnung.
— Der Parteienstaat des Bonner Grundgesetzes. In: RStW III, S. 99—125.
— Höchstrichterliche Rechtsprechung und Gleichheitssatz. AöR 58 (1930), 428 bis 442.
— Sperrklauseln und Unterschriftenquoren nach dem Bonner Grundgesetz (1954). In: Strukturprobleme der modernen Demokratie. Karlsruhe 1958. S. 41—54. Zit.: Sperrklauseln.
— Verfassungsrechtliche Stellung und innere Ordnung der Parteien. In: Verhandlungen des 38. Deutschen Juristentages in Frankfurt a. M. 1950, Teil C. Tübingen 1951. Zit.: 38. DJT.
— Der Strukturwandel der modernen Demokratie (1952). In: Strukturprobleme der moderen Demokratie. Karlsruhe 1958. S. 78—131. Zit.: Strukturwandel.
— Volk und Partei im neuen deutschen Verfassungsrecht (1950). In: Strukturprobleme der moderen Demokratie. Karlsruhe 1958. S. 71—77. Zit.: Volk und Partei.

Leiling, Otto Heinrich: Einfluß des Staates auf die öffentliche Meinung. In: Vom Bonner Grundgesetz zur gesamtdeutschen Verfassung. Festschrift für Hans Nawiasky. S. 385—393. München 1956.

Leisner, Walter: Öffentlichkeitsarbeit der Regierung im Rechtsstaat. Berlin 1966.

Lent, Friedrich: Zur Wahlentscheidung des Bayer. Staatsgerichtshofs. BayVBl 78 (1930), 177—186.

Lenz, Helmut: Rundfunkorganisation und öffentliche Meinungsbildungsfreiheit. JZ 63, 338—350.

Lerg, Winfried B.: Die Entstehung des Rundfunks in Deutschland. Frankfurt a. M. 1965.

Loewenstein, Karl: Verfassungslehre. 2. Aufl. Tübingen 1959.

Lohmar, Ulrich: Innerparteiliche Demokratie. Stuttgart 1963.

Mahrenholz, Ernst Gottfried: Wahlgleichheit im parlamentarischen Parteienstaat der Bundesrepublik. Diss. jur. Göttingen 1957.

v. Mangoldt, Hermann: Das Bonner Grundgesetz. Berlin, Frankfurt a. M. 1953. Zit.: Kommentar.

v. Mangoldt, Hermann (Hrsg.): Die rechtliche Ordnung des Rundfunks im Ausland. München, Berlin 1953. Zit.: Rundfunk.

v. Mangoldt, Hermann: Die Wahltaktik der schleswig-holsteinischen Landesregierung und das Lüneburger OVG. DöV 50, 569—574.

v. Mangoldt, Hermann / *Klein,* Friedrich: Das Bonner Grundgesetz. 2. Aufl. 2 Bde. Berlin, Frankfurt a. M. 1957 und 1959 ff.

Maunz, Theodor: Deutsches Staatsrecht. 15. Aufl. München, Berlin 1966. Zit.: Staatsrecht.
— Die verfassungsrechtliche Stellung der politischen Partei in Bayern. BayVBl 60, 1—6.

Maunz, Theodor / *Dürig,* Günter: Grundgesetz. München, Berlin 1958 ff.

Meilicke, Heinz: Zuwendungen an politische Parteien aus Mitteln wirtschaftlicher Unternehmen. NJW 59, 409—413.

Menger, Christian-Friedrich: Zur verfassungsrechtlichen Stellung der deutschen politischen Parteien. AöR 78 (1952/53), 149—162.

Menzel, Adolf: Grundgesetz und Verfassungswirklichkeit. DVBl 59, 346 bis 354.

Menzel, Eberhard: Staatliche Parteifinanzierung und moderner Parteienstaat. DöV 66, 585—608.

v. Merkatz, Hans-Joachim: Die Parteien in ihrer heutigen verfassungspolitischen Bedeutung. ZaöRV 19 (1958), 249—268.

Meyer-Arndt, Lüder: Verfassungsrechtliche Fragen der mittelbaren Staatsfinanzierung politischer Parteien. DöV 58, 885—888.

Mikat, Paul: Das Verhältnis von Kirche und Staat in der Bundesrepublik. Berlin 1964.

Moecke, Hans-Jürgen: Die parlamentarischen Fraktionen als Vereine des öffentlichen Rechts. NJW 65, 567—572.

— Die Rechtsnatur parlamentarischer Fraktionen. NJW 65, 276—282.

Möller, Franz: Parteifinanzierung durch Haushaltsmittel auch auf kommunaler Ebene? StuKvw 63, 85—87.

Müller-Meiningen jr., Ernst: Ist die Rundfunkfreiheit in Gefahr? SZ Nr. 257 v. 26./27. 10. 1963.

Münch, Ingo von: Die Bindung des Gesetzgebers an den Gleichheitssatz bei der Gewährung von Subventionen. AöR 85 (1960), 270—300.

Mußgnug, Reinhard: Die staatliche Finanzierung von Wahlkämpfen. NJW 66, 1686—1691.

Nass, Klaus Otto: Anmerkung zum Beschluß des BVerfG vom 12. 7. 1960 betr. KWG SchlH (BVerfGE 11, 266—277). JZ 60, 635/636.

— Wahlorgane und Wahlverfahren bei Bundestags- und Landtagswahlen. Göttingen 1959. Zit.: Wahlorgane.

Nawiasky, Hans: Wahlrechtsfragen im heutigen Deutschland. AöR 59 (1931), 161—193.

Nef, Hans: Gleichheit und Gerechtigkeit. Zürich 1941.

Peter, Christoph: Wahlabsprachen politischer Parteien und ihre rechtlichen Grenzen. Berlin 1964.

Peters, Hans: Demokratie. In: Staatslexikon Bd. 2 (1958), Sp. 560—594.

Philipp, Hans G.: Die politischen und rechtlichen Voraussetzungen einer Wahlrechtsreform in Deutschland. Diss. jur. Köln 1932.

Pitzer, Friedemann: Anmerkung zum Urteil des OVG Münster v. 14. 2. 1962 betr. geistliche Wahlbeeinflussung durch Hirtenbrief (OVGE 18, 1—15). DVBl 63, 118—119.

Plate, Heiko: Parteifinanzierung und Grundgesetz. Berlin 1966.

Pohl, Heinrich: Das Reichstagswahlrecht. In: HDStR I, S. 386—400.

Pohle, Heinz: Der Rundfunk als Instrument der Politik. Hamburg 1955.

Quaritsch, Helmut: Anmerkung zu Entscheidungen von Gerichten der Bundesrepublik Deutschland über die Frage des Anspruchs politischer Parteien auf Sendezeit im Wahlkampf. JIR 8 (1957/58), 339—347.
— Die politischen Parteien und die Programmfreiheit des Rundfunks. RuF 57, 375—390.

Rabus, Günther: Die innere Ordnung der politischen Parteien im gegenwärtigen deutschen Staatsrecht. AöR 78 (1952), 163—193.

Radbruch, Gustav: Die politischen Parteien im System des deutschen Verfassungsrechts. In: HDStR I, S. 285—294.

Rechtliche Ordnung: Rechtliche Ordnung des Parteiwesens. Bericht der vom Bundesminister des Inneren eingesetzten Parteienrechtskommission. 2. Aufl Frankfurt, Berlin 1957. Zit.: Bericht.

Reif, Hans: Verfassungsrechtliche Stellung und innere Ordnung der Parteien. In: Verhandlungen des 38. Deutschen Juristentages in Frankfurt a. M. 1950, Teil C. Tübingen 1951.

Ridder, Helmut: Anmerkung zum Urteil des OVG Münster v. 14. 2. 1962 betr. geistliche Wahlbeeinflussung durch Hirtenbrief (OVGE 18, 1—15). JZ 62, 771—775.
— Kirche, Staat, Rundfunk. Frankfurt a. M. 1958. Zit.: Rundfunk.
— Meinungsfreiheit. In: GrR II, S. 243—290.
— Grundgesetzwidrige Wettbewerbsbeschränkungen im politischen Prozeß durch staatliche Direktfinanzierung der politischen Parteien? In: Wirtschaftsordnung und Rechtsordnung. Festschrift für Franz Böhm. Karlsruhe 1965. S. 21—39. Zit.: Böhm-Festschrift.

Rinck, Hans-Justus: Der Grundsatz der Wahlrechtsgleichheit und das Bonner Grundgesetz. DVBl 58, 221—227.
— Parteienstaat und Selbstverwaltung. JZ 61, 73—78.
— Die höchstrichterliche Rechtsprechung zum Gleichheitssatz in der Bundesrepublik, Österreich, Italien, den USA und Indien. JöR 10 (1961), 269 bis 351.
— Der verfassungsrechtliche Status der politischen Parteien in der Bundesrepublik. In: Die moderne Demokratie und ihr Recht. Festschrift für Gerhard Leibholz. Tübingen 1966. Bd. 2, 305—329.

Röhl, Hellmut: Die Bekämpfung der Splitterparteien in Gesetzgebung und Rechtsprechung. DVBl 54, 557—564 u. 589—593.

Rubehn, Justus: Parteienprivileg auch für nichtpolitische Wählergruppierungen? DöV 60, 667—672.

Schäfer, Friedrich: Ums Geld der Parteien. Ein Vorschlag zur künftigen Wahlkampf-Finanzierung. Die Zeit Nr. 39 v. 23. 9. 1966.

Schäfer, Hans: Die Regierungsvorlage eines Parteiengesetzes. NJW 59, 1249 bis 1253.

Scheuner, Ulrich: Grundfragen des modernen Staates. In: RStW III, S. 126 bis 165.
— Die Parteien und die Auswahl der politischen Leitung im demokratischen Staat. DöV 58, 641—645.
— Das parlamentarische Regierungssystem in der Bundesrepublik. DöV 57, 633—638.
— Schriftsatz v. 24. 4. 1962 an das BVerfG im Verfahren betr. Sendezeitenverteilung des WDR (2 BvR 158/162). Zit.: Schriftsatz.

Schleth, Uwe: Die Finanzen der CDU. In: Zur Soziologie der Wahl. Kölner Zeitschrift für Soziologie und Sozialpsychologie, Sonderheft 9/1965. Hrsg. v. Erwin K. Scheuch und Rudolf Wildenmann. S. 215—293.

Schmitt, Carl: Der Hüter der Verfassung. Tübingen 1931. Zit.: Hüter.
— Legalität und Legitimität. München, Leipzig 1932. Zit.: Legalität.
— Verfassungslehre. Neudruck Berlin 1954. Zit.: Verfassungslehre.

Schmitt, Oskar: Der Begriff der freiheitlich-demokratischen Grundordnung und Art. 79 Abs. 3 des Grundgesetzes. DöV 65, 433—443.

Schneider, Gerhard: Die unzulässige Beeinflussung politischer Wahlen. Diss. jur. Tübingen 1960.

Schreiber, Walter: Die geltenden Wahlrechtsgrundsätze und die Frage der Splitterparteien. Diss. jur. Halle 1931.

Schröder, Gerhard: Parlamentsreform und Parteiengesetz. Bulletin Nr. 64 v. 3. 4. 1958, S. 617/618.
— Probleme eines Parteiengesetzes. Bulletin Nr. 163 v. 4. 9. 1957, S. 1517/1518.

Schröder, Heinz: Der Rechtsbegriff der Gleichheit. Diss. jur. Münster 1961.

Schröder, Oskar: Splitterparteien. Diss. jur. Köln 1955.

Schubach, Hans: Die Rechtsprechung des Bundesverfassungsgerichts zum Allgemeinen Gleichheitssatz (Art. 3 Abs. 1 GG). Diss. jur. Münster 1964.

Schüle, Adolf: Koalitionsvereinbarungen im Lichte des Verfassungsrechts. Tübingen 1964.

Schwarz, Karl: Die Ursachen der Überhangmandate bei Bundestagswahlen und Möglichkeiten zu ihrer Beseitigung. DöV 62, 373—378.

Scupin, Hans Ulrich: Über den Wandel der Wesensbestimmung der Demokratie in Deutschland während des letzten Jahrhunderts. In: Recht im Dienste der Menschenwürde. Festschrift für Herbert Kraus. 1964. S. 313 bis 330.

Seifert, Karl-Heinz: Das Bundeswahlgesetz. DöV 56, 257—260.
— Das Bundeswahlgesetz. Kommentar. 2. Aufl. Berlin, Frankfurt 1965. Zit.: Kommentar.
— Zur Rechtsstellung der politischen Parteien. DöV 56, 1—7.
— Der Regierungsentwurf für ein Parteiengesetz. Bulletin Nr. 101 v. 9. 6. 1959, S. 989—994.
— Zum Verbot politischer Parteien. DöV 61, 81—91.
— Das Schleswig-Holsteiner Wahlrechtsurteil des Bundesverfassungsgerichts. DöV 53, 42—45.

Seuffert, Walter: Zu den Grundlagen des Begriffs der politischen Partei. In: Festgabe für Carlo Schmid. Tübingen 1962. S. 199—212.

Siegert, Karl: Fernsehrecht und Schutz der Einzelperson. NJW 63, 1953 bis 1958.

Simson, Gerhard: Die staatlichen Geldzahlungen an die schwedischen Parteien. In: Die moderne Demokratie und ihr Recht. Festschrift für Gerhard Leibholz. Tübingen 1966. Bd. 2. S. 331—344.

Spanner, Hans: Art. 5 GG und die Ordnung des Rundfunks in materiellrechtlicher Hinsicht. Rechtsgutachten 1959. In: Der Fernsehstreit vor dem Bundesverfassungsgericht. Hrsg. v. Günther Zehner. Karlsruhe 1964. S. 357—389.

Sternberger, Dolf: Gewaltenteilung und parlamentarische Regierung in der Bundesrepublik Deutschland. PVS 1 (1960), 22—37.
— Über parlamentarische Opposition. In: Wirtschaft und Kultursystem. Alexander Rüstow zum 70. Geburtstag. Hrsg. v. Gottfried Eisermann. Zürich, Stuttgart 1955. S. 301—322. Zit.: Rüstow-Festschrift.
— Die große Wahlreform. Köln, Opladen 1964. Zit.: Wahlreform.

Thiele, Willi: Zum Begriff der politischen Partei. DVBl 64, 660—663.

Thoma, Richard: Der Begriff der modernen Demokratie in seinem Verhältnis zum Staatsbegriff. In: Erinerungsgabe für Max Weber. Bd. 2. München, Leipzig 1923. S. 37—64. Zit.: Begriff.
— Das Reich als Demokratie. In: HDStR I, S. 186—200.

Triepel, Heinrich: Die Staatsverfassung und die politischen Parteien. Berlin 1927.

Tsatsos, Dimitris: Die Urteile des deutschen Bundesverfassungsgerichts vom 19. Juli 1966 zur Frage der Zulässigkeit staatlicher Parteienfinanzierung. ZaöRV 26 (1966), 371—387.
— *Bleckmann*, Albert / *Bothe*, Michael: Die Finanzierung politischer Parteien. Ein rechtsvergleichender Überblick. ZaöRV 25 (1965), 524—550.

Türk, Hans-Gerd: Artikel 21 I GG und die Fragen eines Parteiengesetzes. Diss. jur. Köln 1960 (Stand 1955).

Unkelbach, Helmut: Grundlagen der Wahlsystematik. Göttingen 1956.

Unland, Hermann Josef: Die Verfassungsmäßigkeit der Bekämpfung politischer Splitterparteien durch Minderheitsklauseln in Wahlgesetzen. Diss. jur. Köln 1955.

Urbich, Günther: Die Entscheidungen des Staatsgerichtshofs für das Deutsche Reich über Wahlgesetze. Annalen des Deutschen Reichs 63 (1930), 367—419.

Varain, Heinz Josef: Das Geld der Parteien. Geschichte in Wissenschaft und Unterricht 1961, S. 489—511.
— Parteien und Verbände. Köln, Opladen 1964. Zit.: Parteien.

v. Wachter, Walter: Die Beschränkung der Wettbewerbsmöglichkeiten kleiner Gruppen im Rahmen der geltenden westdeutschen staatlichen Wahlrechtssysteme. Diss. jur. München 1956.

Walter, Hannfried: Staatliche Parteienfinanzierung in Schweden seit dem Reichstagsbeschluß vom 15. Dezember 1965. ZaöRV 26 (1966), 390—402.

Weber, Harald / *Timmermann*, Franz Hubert: Der Koalitionsvertrag. Überarbeitet von Franz Hubert Timmermann. Bonn 1966.

Weber, Werner: Sendezeiten für Wahlpropaganda der politischen Parteien im Rundfunk. DöV 62, 241—245.
— Spannungen und Kräfte im westdeutschen Verfassungssystem. 2. Aufl. Stuttgart 1958. Zit.: Spannungen.

Wenzel, Max: Die reichsrechtlichen Grundlagen des Landesverfassungsrechtes. In: HDStR I, S. 604—619.

Wernicke, K. G.: Artikel 18 und 21. In: Bonner Kommentar. 1954.

Westerath, Heribert: Die Wahlverfahren und ihre Vereinbarkeit mit den demokratischen Anforderungen an das Wahlrecht. Berlin 1955.

Willms, Günther: Zur Problematik eines Parteiengesetzes. JZ 58, 265—268.
— Steuergelder für die Parteien. Rheinischer Merkur Nr. 30 v. 24. 7. 1964.

Wildenmann, Rudolf / *Kaltefleiter*, Werner: Funktionen der Massenmedien. Frankfurt a. M. 1965.

Wolff, Hans J.: Verwaltungsrecht. Ein Studienbuch, Bd. 1, 6. Aufl. München, Berlin 1965. Bd. 2, 2. Aufl. München, Berlin 1966.

Wulf, Hubert: Zur Frage der Differenzierung bei der Zuteilung von Plakatflächen an politische Parteien. StuKvw 65, 219—220.

Ziebill, Otto: Politische Parteien und Selbstverwaltung. Stuttgart 1964.

Zinn, Georg August: Geld für die Parteien. FR v. 31. 8. 1963.

Zweigert, Konrad: Das Wahlkampfabkommen und seine Schiedsstelle. In: Die moderne Demokratie und ihr Recht. Festschrift für Gerhard Leibholz. Tübingen 1966. Bd. 2, S. 367—374.

Sachverzeichnis

[Die eingeklammerten Zahlen bezeichnen jeweils die Nummer der Fußnote]